Nuestro idioma, nuestra herencia

Nuestro idioma, nuestra herencia

Español para hispanohablantes

Heidi Ann García

Carmen Carney
Thunderbird School of Global Management

Trino Sandoval
Phoenix College

This book is printed on acid-free paper.

6 7 8 9 10 11   QVS/QVS   22 21 20 19 18

ISBN: 978-0-07-338526-6
MHID: 0-07-338526-3

Vice President, Editorial: *Michael Ryan*
Editorial Director: *William R. Glass*
Executive Marketing Manager: *Stacy Best Ruel*
Marketing Manager: *Jorge Arbujas*
Director of Development: *Scott Tinetti*
Developmental Editor: *Janina Tunac Basey*
Editorial Coordinators: *Margaret Young, Laura Chiriboga*
Production Editor: *Holly Paulsen*
Manuscript Editor: *Danielle Havens*
Design Manager: *Laurie Entringer*
Text and Cover Designer: *Laurie Entringer*
Photo Research Coordinator: *Sonia Brown*
Supplements Producer: *Louis Swaim*
Production Supervisor: *Tandra Jorgensen*
Composition: *10/12 Palatino by Aptara®, Inc.*
Printing: *45# New Era Matte Plus, Quad/Graphics*

Cover: Ronnie Kaufman/Larry Hirshowitz/Getty Images

Credits: The credits section for this book is on page 230 and is considered an extension of the copyright page.

Library of Congress Cataloging-in-Publication Data has been applied for.

The Internet addresses listed in the text were accurate at the time of publication. The inclusion of a Web site does not indicate an endorsement by the authors or McGraw-Hill, and McGraw-Hill does not guarantee the accuracy of the information presented at these sites.

Índice

*Note que Costa Rica aparece tanto en el Capítulo 3 como en el Capítulo 4. Se incluye en el Capítulo 3 puesto que los países de enfoque son los países centroamericanos. Está incluido en el Capítulo 4 debido a que Costa Rica es conocido por el ecoturismo y el tema del capítulo es el turismo y el medio ambiente.

Preface

To the Instructor

Philosophy and Goals

Nuestro idioma, nuestra herencia: Español para hispanohablantes is a Spanish for Heritage Speakers textbook. It has been especially crafted for students in the United States who grew up speaking or hearing Spanish at home or in their community and who, for the most part, have been educated in English. Due to the presence of both Spanish and English in their lives, heritage speakers have a unique set of needs in terms of Spanish language acquisition. While they are typically proficient at understanding and speaking Spanish, their reading and writing skills in this language need to be further developed. Heritage speakers can often benefit from an increased command of grammatical structures, improvement in orthography, expansion of vocabulary, and development of an awareness of register—that is, knowledge of the most appropriate language to use in formal vs. informal contexts. As such, the ultimate goal of this textbook is to build upon and refine the students' Spanish language skills so that they develop the ability and confidence to use them in any context—academic, professional, or personal.

Unique in its approach, each of the eight chapters of *Nuestro idioma, nuestra herencia* highlights a Hispanic cultural genre and grounds it in relevant countries of focus. Chapter themes include, among others, the music of the Hispanic Caribbean, Mexican film, and literary traditions, myths, and legends in Peru, Ecuador, and Bolivia. While the topics may be familiar, students will undoubtedly increase their knowledge on each subject and gain a greater appreciation of these particular aspects of Hispanic culture. The in-depth, nuanced, and positive treatment of culture not only provides an engaging framework but also makes the content relevant to the students' lives. Hence, the students will be motivated to learn, and, while they hone their Spanish language skills, they will also develop a deeper sense of pride in their linguistic and cultural heritage.

Organization

Each of the seven distinct sections—**Para empezar, Lecturas culturales, Ortografía, Gramática, Escritura, Negocios,** and the **Proyecto final**—work in unison to address the particular needs of the heritage speaker.

- Each chapter begins with the **Para empezar** section, which contains an **encuesta:** a fun and engaging survey or self-test that students take to gauge how much they already know about the chapter theme and how it relates to the country/countries of focus. At the end of each chapter, students return to the survey and retake it to see how much they have learned.

- The **Lecturas culturales,** of which there are three per chapter, are interesting and informative cultural readings that showcase the depth and richness of a given Hispanic cultural genre; they are preceded by an **Introducción,** which presents an overview of the chapter theme. The post-reading activities in this section consist of basic comprehension-check questions, small-group conversation questions to encourage critical thinking, and a three-part Web exercise where students delve deeper into the reading topic by doing research online. In the three-part Web exercise, they research and answer specific questions (**Paso 1**), share their findings in groups (**Paso 2**), and engage in a more personalized discussion guided by key conversation questions (**Paso 3**).

- The **Ortografía** section focuses on the most common spelling problems for heritage speakers (accent marks and how to know where to put them, **b** vs. **v, g** vs. **j,** and the like).

- The **Gramática** section focuses primarily on verb tenses and moods (the indicative vs. the subjunctive) that tend to be challenging for heritage speakers. Students learn the subtle and not-so-subtle differences between these tenses and moods and complete activities to practice what they have learned.

- The **Escritura** section presents an opportunity for students to sharpen their essay-writing skills by practicing different writing techniques such as comparison and contrast, biography and autobiography, and the argumentative essay.

- Unlike other Spanish for Heritage Speakers textbooks on the market, *Nuestro idioma, nuestra herencia* contains a **Negocios** section with a business-oriented reading related to the chapter theme. These readings enable the students to examine the intricate relationship between Hispanic cultures and the business world. The corresponding activities follow the same structure as the activities in the **Lecturas culturales** section.

- At the end of each chapter is the **Proyecto final,** a theme-related, culminating final project that students work on in pairs. The project builds on the knowledge students have gained over the course of the chapter. Examples of final projects include creating promotional posters and brochures, magazine ads, websites, and even new and innovative products. Moreover, the **Proyecto final** provides the instructor with an additional opportunity to assess student performance.

Each chapter also contains two boxed features:

- The **Nuestro idioma** boxed feature presents a brief history behind words in Spanish originally derived from a different language (Taino, Nahuatl, Greek, Visigoth, Quechua, Guarani, Arabic, and English), a list of some words from that language, and related activities.

- The **Personajes destacados** boxed feature contains several short biographies of prominent individuals from the country/countries of focus of the chapter followed by related activities.

Supplements

- The *Manual de actividades* provides additional individual practice in the areas of vocabulary, grammar, spelling, and writing.

- The *Online Learning Center* (**www.mhhe.com/nuestroidioma**) contains the online component of the **Investigación y conversación** activities that appear in every chapter of the text.

It is our sincere hope that you as the instructor find teaching the Spanish for Heritage Speakers course with the *Nuestro idioma, nuestra herencia* program to be a fun, inspiring, and fulfilling experience.

Warmly,
Heidi Ann García, Carmen Carney, and Trino Sandoval

To the Student

We wrote *Nuestro idioma, nuestra herencia* for students like you who were either born in the United States or immigrated to this country as a child or as a youth, grew up hearing or speaking Spanish at home or in their community, and who, for the most part, have been educated in English.

As we conceptualized and developed *Nuestro idioma, nuestra herencia*, we thought about many of our students and their frequent requests for help with improving their Spanish. They wished to further develop their Spanish language skills in order to be able to confidently use their Spanish in any context—whether it be in a university classroom, in a future business meeting, or even while on vacation in a Spanish-speaking country. Moreover, many of our students expressed a genuine interest in learning more about the culture of their families and Hispanic culture in general. As a result, the ultimate goal of *Nuestro idioma, nuestra herencia* is to help you polish the reading, speaking, and writing skills in Spanish that you already possess. Another principal goal is to help you deepen your understanding of your own culture as well as that of other Hispanic cultures. While you hone your Spanish language skills and accrue cultural knowledge, you will undoubtedly develop a greater sense of pride in your linguistic and cultural heritage.

Using the *Nuestro idioma, nuestra herencia* program will enable you to:

- acquire further knowledge about the culture of the Spanish-speaking country you or your family is from as well as other Hispanic cultures
- learn about the contributions Hispanics have made to the United States and the world at large so that you are inspired by and proud of the men and women with whom you have a shared language and heritage
- hone your reading skills
- refine your writing skills
- increase your command of grammatical structures
- improve your orthography
- expand your vocabulary
- learn the most appropriate language to use in formal vs. informal contexts

We hope that you are proud of the Spanish language skills and cultural knowledge that you already have. We also hope that you find the experience of building upon these skills and expanding your cultural horizons to be intellectually and emotionally fulfilling as well as tremendous fun!

Sincerely,
Heidi Ann García, Carmen Carney, and Trino Sandoval

Acknowledgments

The authors are grateful to their families and friends for their patience, support, and inspiration throughout this project.

We would like to thank the following instructors for reviewing *Nuestro idioma, nuestra herencia* at different stages of development.

Ana Maria Afzali, *Citrus College*
Elena Avilés, *University of New Mexico, Albuquerque*
Sara Beaudrie, *University of Arizona*
María A. Beltrán-Vocal, *DePaul University*
Marta Fairclough, *University of Houston*
Javier A. Galván, *Santa Ana College*
Olympia B. Gonzalez, *Loyola University, Chicago*
Frozina Goussak, *Collin County Community College*
Ana Maria Hernandez, *LaGuardia Community College*
Louis Imperiale, *University of Missouri, Kansas City*
Andrew Lynch, *University of Miami*
Daniel Enrique Pérez, *University of Nevada, Reno*
Kim Potowski, *University of Illinois at Chicago*
Luz Mary Rincon, *Texas A&M University, Texarkana*
Damián Vergara Wilson, *University of New Mexico, Albuquerque*
Lucy G. Willis, *University of Texas at Brownsville*

We would also like to acknowledge our colleagues Dr. Matilde Franchiulli, Professor Emeritus of the Thunderbird School of Global Management; Dr. Barbara Riess at Allegheny College; Dr. Daniel Enrique Pérez at the University of Nevada, Reno; and Gloria Encinas at Arizona State University for their insight and invaluable feedback on the content of the book. Many thanks are owed to Deborah Kimball and Carlos Tirado-Angel at Thunderbird School of Global Management for their assistance with this project.

We are very grateful to the entire McGraw-Hill staff for all of their hard work, guidance, and encouragement. We specifically would like to thank our editorial director, William R. Glass, and our director of development, Scott Tinetti, for their overall ideas and support. We would like to express our deep gratitude to our development editor Nina Tunac Basey for her advice, expertise, and tireless dedication to this project. We sincerely thank Laura Chastain (El Salvador) and Danielle Havens for their careful reading of the manuscript, which significantly added to the overall quality of the final version. We would also like to thank other members of the McGraw-Hill family, including Christa Neumann, Allen J. Bernier, Margaret Young, and Laura Chiriboga for their invaluable contributions to the editorial process. We are grateful to the following people for their support and promotion of the *Nuestro idioma, nuestra herencia* program: Stacy Best Ruel, our executive marketing manager; Jorge Arbujas, our marketing manager; Alexa Recio, our marketing coordinator; and Mina Mathies, Sherree D'Amico, and the rest of the McGraw-Hill marketing and sales team. Last but not least, special thanks are due to the entire production team at McGraw-Hill, especially to Holly Paulsen and Sonia Brown.

About the Authors

Heidi Ann García holds a Ph.D. in Latin American Literature and Culture from Arizona State University. Since 1996 she has taught several courses at the university and high school levels, including Basic Spanish for Non-native Speakers, Latin American Literature, and Business Spanish. She has also directed several Spanish programs abroad. In addition, she has published articles on topics such as U.S. Latino–Caribbean cultural production. She currently teaches Spanish for Heritage Speakers at North High School in Phoenix, Arizona.

Carmen Carney received her Ph.D. in Spanish Language, Literature, and Culture from the University of Iowa. She is the Director of The Garvin Center for Cultures and Languages at Thunderbird School of Global Management in Phoenix, Arizona. Professor Carney has published extensively on the inter-relationships in *Don Quijote* between literature and the law as well as on the intersection between literature, language, culture, and business. She is the co-author of two business Spanish books: *Informes y proyectos del mundo empresarial* (Arco Libros/Cámara de Comercio de Madrid, 2002) and *Entre socios* (McGraw-Hill, 2011), and has served as editor of the *Journal of Language for International Business*. She currently teaches Spanish for Business and Cross-cultural Communication for Latin American MBA students through interactive live television broadcast to nine countries in the Spanish-speaking world.

Trino Sandoval holds a Ph.D. in Spanish from Arizona State University. Since 1996 he has taught several courses including Conversational Spanish, Business Spanish, Hispanic Heritage in the Southwest, and Spanish for Spanish Speakers at Phoenix College, where he has also served as an administrator. He is co-translator of two books by Margarita Cota-Cardenas: *Puppet* (University of New Mexico Press, 2000) and *Sanctuaries of the Heart* (University of Arizona Press, 2005). He has also published film reviews and contributed to encyclopedia entries on Mexican film.

Prefacio

Al profesor

Filosofía y metas

Nuestro idioma, nuestra herencia: Español para hispanohablantes es un libro de texto de español para hispanohablantes que ha sido diseñado y escrito especialmente para aquellos estudiantes en los Estados Unidos que al crecer, hablaban u oían hablar español en el hogar o en la comunidad, y quienes, en su mayoría, se han educado en inglés. En cuanto al aprendizaje del español, estos hispanohablantes tienen necesidades particulares debido a la presencia de ambas lenguas —el inglés y el español— en su vida. Mientras, por lo general, tienen la habilidad de comprender y hablar el idioma español, necesitan desarrollar su capacidad de leerlo y escribirlo. Con frecuencia, estos hispanohablantes pueden beneficiarse de un dominio mayor de las estructuras gramaticales, el mejoramiento de la ortografía, el enriquecimiento de su vocabulario y el desarrollo de su sentido del registro —es decir, saber usar el lenguaje más apropiado de acuerdo con la situación, formal o informal, en que se encuentren. Por tanto, la meta fundamental de este libro de texto es incrementar los conocimientos del idioma español de los estudiantes y perfeccionar los que ya tienen, para que adquieran así la habilidad y confianza de usarlo en cualquier contexto —ya sea académico, profesional o personal.

El acercamiento de *Nuestro idioma, nuestra herencia* al tema es único en el sentido de que cada uno de los ocho capítulos destaca un aspecto de la cultura hispana y lo ubica en el país pertinente (los países pertinentes). Los temas de los capítulos comprenden, entre otros: la música del Caribe hispano, el cine mexicano y tradiciones literarias, mitos y leyendas de Perú, Ecuador y Bolivia. Aunque los temas pueden ser familiares, los estudiantes, sin duda alguna, adquirirán más conocimientos sobre cada asunto y lograrán apreciar mejor los aspectos propios de la cultura hispana. Se trata la cultura a fondo y de una manera matizada y positiva, lo que no solamente provee un marco interesante, sino que hace que el contenido sea relevante en la vida de los estudiantes. Por lo tanto estos se sentirán motivados a aprender y, mientras perfeccionan sus aptitudes en el idioma español, también se acrecentará en ellos un sentimiento de orgullo por su herencia lingüística y cultural.

Organización del libro

Cada una de las siete secciones distintas —**Para empezar, Lecturas culturales, Ortografía, Gramática, Escritura, Negocios** y el **Proyecto final**— están coordinadas para cumplir con las necesidades particulares del hablante.

- Cada uno de los capítulos comienza con la sección **Para empezar,** la cual contiene una **encuesta:** una amena y entretenida autoprueba. Por medio de esta los estudiantes evalúan cuánto saben ya acerca del tema del capítulo y cómo dicho tema se relaciona con el país o países de enfoque. Al final de cada capítulo los estudiantes vuelven a tomar la encuesta para determinar cuánto han aprendido.

- Las **Lecturas culturales,** tres de las cuales se presentan en cada capítulo, además de ser interesantes e informativas, exponen la profundidad y riqueza de un tema determinado de la cultura hispana. Les precede una **Introducción** que presenta una perspectiva general del tema del capítulo. Las actividades posteriores a las lecturas de esta sección consisten en preguntas básicas sobre la comprensión de lo leído y su verificación; preguntas de conversación en grupos pequeños para estimular el pensamiento crítico y un ejercicio en la Red que consta de tres partes por medio del cual los estudiantes profundizan en el tema de la lectura a través de investigaciones en línea. En el ejercicio de tres partes en la Red, los estudiantes investigan y contestan preguntas específicas (**Paso 1**), comparten en grupos lo que han averiguado (**Paso 2**) y participan en discusiones más individualizadas provocadas por una serie de preguntas (**Paso 3**).

- La sección de **Ortografía** se concentra en los problemas de ortografía más comunes entre estos hispanohablantes (los acentos ortográficos y casos en que estos se emplean; los usos de **b** frente a **v**; **g** frente a **j** y otros de esta índole).

- La sección de **Gramática** se centra principalmente en los tiempos y modos verbales, que tienden a ser un reto para estos hispanohablantes (por ejemplo, el indicativo frente al subjuntivo). Los estudiantes aprenden a distinguir las diferencias —particularmente aquellas poco perceptibles— entre los tiempos y modos verbales y hacen actividades para practicar lo que han aprendido.

- La sección de **Escritura** les presenta a los estudiantes la oportunidad de perfeccionar sus habilidades para escribir un ensayo por medio de la práctica de diferentes tipo de escritura, como comparación y contraste, biografía y autobiografía y el ensayo argumentativo.

- A diferencia de otros libros de texto de español para hispanohablantes que circulan en el mercado, cada capítulo de *Nuestro idioma, nuestra herencia* contiene una sección de **Negocios,** con lecturas con un enfoque en los negocios, las cuales se relacionan con el tema del capítulo. Estas lecturas capacitan a los estudiantes para examinar las relaciones complejas entre las culturas hispanas y el mundo de los negocios en los Estados Unidos. Las actividades de la sección de **Negocios** tienen la misma estructura que las actividades de la sección de **Lecturas culturales.**

- Como culminación, se encuentra al final de cada uno de los capítulos el **Proyecto final,** el cual tiene relación con el tema y se hace a base de los conocimientos adquiridos durante el desarrollo del capítulo. En este proyecto, los estudiantes trabajan en parejas para crear carteles promocionales y folletos, anuncios para revistas, páginas Web y hasta productos innovadores. Por otra parte, el **Proyecto final** le da al profesor una oportunidad más para evaluar el rendimiento de los estudiantes.

Cada capítulo contiene, además, dos cuadros en los que se presentan dos aspectos que tienen que ver con la lengua y cultura hispanas:

- En el cuadro **Nuestro idioma,** se presenta una breve historia de algunas de las palabras españolas que tienen su origen en lenguas diferentes, entre estas el taíno, náhuatl, griego, visigodo, quechua, guaraní, árabe e inglés; una lista de algunas palabras provenientes de esas lenguas y actividades relacionadas con el vocabulario nuevo.

- El cuadro **Personajes destacados** contiene varias biografías breves de personas sobresalientes del país o región que se estudia en el capítulo, seguidas de actividades acerca de lo presentado.

Suplementos

- El *Manual de actividades* proporciona práctica individual y ejercicios adicionales en las áreas de vocabulario, gramática, ortografía y escritura.
- El *Online Learning Center* contiene los ejercicios de **Investigación y conversación** que aparecen en cada capítulo del libro de texto.

Esperamos que Ud., como profesor, encuentre que enseñar el curso Español para hispanohablantes por medio del programa *Nuestro idioma, nuestra herencia,* sea una experiencia entretenida, inspiradora y muy satisfactoria.

Atentamente,
Heidi Ann García, Carmen Carney y Trino Sandoval

Al estudiante

Escribimos este libro, *Nuestro idioma, nuestra herencia,* para estudiantes como Ud. que, o han nacido en los Estados Unidos, o han llegado como inmigrantes a este país cuando eran niños o muy jóvenes, y al crecer hablaban u oían hablar español en el hogar o en la comunidad, y quienes, en su mayoría, se han educado en inglés.

Mientras conceptualizábamos y desarrollábamos este libro de texto, pensábamos en las preguntas de muchos de nuestros alumnos, quienes pedían ayuda para perfeccionar su español y así poder usarlo con seguridad y confianza en cualquier contexto, ya fuese en un salón de clase en la universidad, en una futura reunión de negocios o mientras de visita en un país hispanohablante. Muchos de nuestros alumnos han mostrado verdadero interés en conocer mejor la cultura del país de origen de sus familias, así como de la cultura hispana en general. Como resultado, la meta primordial de *Nuestro idioma, nuestra herencia,* es ayudarle a pulir las destrezas que ya posee respecto a leer, hablar y escribir el idioma español. Otra de las metas principales es poner a su alcance un conocimiento más a fondo de su propia cultura, así como de otras culturas hispanas. Al mismo tiempo que depura su español y adquiere conocimientos culturales, sin duda alguna se sentirá más orgulloso de su herencia lingüística y cultural.

El uso del programa *Nuestro idioma, nuestra herencia,* hará posible que Ud.:

- adquiera un conocimiento más amplio de la cultura del país de habla española de donde Ud. o su familia proceden, así comó de otras culturas hispanas
- se informe acerca de las contribuciones que los hispanos han aportado a los Estados Unidos y al mundo en general, de modo que se sienta inspirado por los hombres y mujeres con quienes comparte la misma lengua y cultura y se enorgullezca de ellos
- perfeccione su habilidad para leer
- refine sus destrezas en cuanto a la escritura
- incremente su dominio de las estructuras gramaticales
- mejore su ortografía
- enriquezca su vocabulario
- aprenda el lenguaje más apropiado para usar en contextos formales frente a contextos informales

Esperamos que Ud. se sienta orgulloso de hablar español y de los conocimientos que hasta ahora ha adquirido sobre la cultura hispana. También esperamos que su experiencia al ampliar esas destrezas y expandir sus horizontes culturales sea intelectual y emocionalmente satisfactoria así como interesante y placentera.

Sinceramente,
Heidi Ann García, Carmen Carney y Trino Sandoval

Reconocimientos

Los autores de esta obra agradecen a sus familias y amigos por su paciencia, apoyo e inspiración a lo largo de este proyecto.

Queremos dar las gracias a los siguientes profesores por revisar *Nuestro idioma, nuestra herencia* durante distintas etapas del desarrollo del proyecto.

Ana Maria Afzali, *Citrus College*
Elena Avilés, *University of New Mexico, Albuquerque*
Sara Beaudrie, *University of Arizona*
María A. Beltrán-Vocal, *DePaul University*
Marta Fairclough, *University of Houston*
Javier A. Galván, *Santa Ana College*
Olympia B. Gonzalez, *Loyola University, Chicago*
Frozina Goussak, *Collin County Community College*
Ana Maria Hernandez, *LaGuardia Community College*
Louis Imperiale, *University of Missouri, Kansas City*
Andrew Lynch, *University of Miami*
Daniel Enrique Pérez, *University of Nevada, Reno*
Kim Potowski, *University of Illinois at Chicago*
Luz Mary Rincon, *Texas A&M University, Texarkana*
Damián Vergara Wilson, *University of New Mexico, Albuquerque*
Lucy G. Willis, *University of Texas at Brownsville*

También queremos reconocer la contribución de nuestros colegas —Dra. Matilde Franchiulli, Profesora Emérita de Thunderbird School of Global Management; Dra. Barbara Riess de Allegheny College; Dr. Daniel Enrique Pérez de University of Nevada, Reno, y Gloria Encinas de Arizona State University— por su lectura cuidadosa y valiosos comentarios sobre el contenido de este libro. Muchas gracias a Deborah Kimball y Carlos Tirado-Angel de Thunderbird School of Global Management por su cooperación en este proyecto.

A todo el personal de la editorial McGraw-Hill, les expresamos nuestro más profundo agradecimiento por sus esfuerzos y guía en la creación de este libro. En particular, queremos dar las gracias a nuestro director editorial, William R. Glass y a nuestro director de desarrollo, Scott Tinetti, por su gran contribución con sus ideas y apoyo. Queremos, de forma muy especial, agradecerle a nuestra editora de desarrollo, Nina Tunac Basey, por su dedicación, tenacidad y su compromiso profesional con este proyecto. Gracias a Laura Chastain (El Salvador) y a Danielle Havens, quienes con su lectura cuidadosa del manuscrito contribuyeron significativamente a la calidad de la versión final. Damos también las gracias a otros miembros de la familia de la editorial McGraw-Hill: Christa Neumann, Allen J. Bernier, Margaret Young y Laura Chiriboga, por su muy valiosa contribución en el proceso editorial. Nuestro agradecimiento a las siguientes personas por su apoyo y promoción del programa *Nuestro idioma, nuestra herencia*: Stacy Ruel, nuestra gerente ejecutiva de marketing; Jorge Arbujas, nuestro gerente de marketing; Alexa Recio, nuestra coordinadora de marketing; y Mina Mathies, Sherree D'Amico y el resto del personal de marketing y ventas de la editorial McGraw-Hill. Finalmente, damos gracias especiales a todo el personal de producción de McGraw-Hill, en particular a Holly Paulsen y a Sonia Brown.

Acerca de los autores

Heidi Ann García tiene un doctorado en Literatura y Cultura Latinoamericana de Arizona State University. Desde 1996 ha enseñado varios cursos a nivel universitario y de escuela secundaria, incluyendo Español elemental para hablantes no nativos, Literatura latinoamericana y Negocios en español. También ha conducido varios programas en español en el extranjero. Además, ha publicado artículos sobre temas como La producción cultural latino-caribeña en los Estados Unidos. Actualmente enseña Español para hispanohablantes en North High School en Phoenix, Arizona.

Carmen Carney obtuvo un doctorado en Lenguaje, Literatura y Cultura en Español de la University of Iowa. Es directora de The Garvin Center for Cultures and Languages en Thunderbird School of Global Management en Phoenix, Arizona. La profesora Carney ha publicado ampliamente sobre las interrelaciones en *Don Quijote* entre la literatura y las leyes, y también sobre la intersección entre la literatura, el lenguaje, la cultura y los negocios. Es coautora de dos libros de negocios en español: *Informes y proyectos del mundo empresarial* (Arco Libros/Cámara de Comercio de Madrid, 2002) y *Entre socios* (McGraw-Hill, 2011). También ha sido editora de *Journal of Language for International Business*. En el presente enseña Español para negocios, así como Comunicación intercultural para estudiantes latinoamericanos de ciencias empresariales, a través de programas de televisión en vivo en nueve países del mundo hispanohablante.

Trino Sandoval recibió un doctorado en Español de Arizona State University. Desde 1996, ha enseñado varios cursos, entre ellos Conversación en español, Negocios en español, Herencia hispana en el Sudoeste, además de Español para hispanohablantes en Phoenix College en donde también ha desempeñado el cargo de administrador. Es cotraductor de dos libros escritos por Margarita Cota-Cardenas: *Puppet* (University of New Mexico Press, 2000) y *Sanctuaries of the Heart* (University of Arizona Press, 2005). También ha publicado crítica cinematográfica y ha contribuido a acepciones sobre el cine mexicano para enciclopedias.

Capítulo 1

La música del Caribe hispano

El grupo musical cubano Rumba Morena

Objetivos

- adquirir información sobre la música del Caribe hispano y su influencia mundial
- aprender y aplicar las reglas de acentuación
- escribir oraciones

- describir y comparar/contrastar por escrito
- aprender sobre el valor económico de la música
- aplicar, por medio de un proyecto final, los conocimientos y destrezas desarrollados

- conocer más a fondo Cuba, la República Dominicana y Puerto Rico

Para empezar

Lecturas culturales

ANTES DE LEER

En parejas, comenten las siguientes preguntas.

1. ¿Qué saben Uds. de la música del Caribe?
2. ¿Escuchan Uds. la música del Caribe? ¿Dónde la escuchan?
3. ¿Compran este tipo de música? ¿Dónde?
4. ¿Quiénes son los intérpretes (*singers; recording artists*) más conocidos del momento?
5. ¿Cuáles son las consecuencias de la llamada «piratería» (*piracy*) para la industria disquera?

Introducción

Los ritmos caribeños, así como toda la música en general, son un medio de expresión artística cultural de sonidos instrumentales y/o vocales que estimulan la sensibilidad del que la escucha y que producen deleite[a] a través de la belleza de su forma, ritmo, melodía y armonía. En muchos casos, la música también transmite circunstancias, pensamientos, ideas y emociones. En concreto, la música caribeña se caracteriza por el sincretismo[b] cultural y por la proyección mundial de sus géneros.[c] Los legados[d] culturales principales que la constituyen son el africano y el europeo y, en menor grado, el de la herencia indígena. Debido a la desaparición de las poblaciones autóctonas[e] durante los primeros 100 años de la colonización española, no quedan rasgos[f] significativos de su música en las composiciones de los pueblos del Caribe. Sin embargo, su influencia es evidente en algunos instrumentos musicales como el güiro,[g] las maracas y el tambor. Entre los países del Caribe hispano —Cuba, la República Dominicana y Puerto Rico— la música cubana ha sido durante mucho tiempo la de mayor difusión internacional, pero cada día crece la popularidad de la música de todos los países hispanos del Caribe.

---

[a]placer [b]fusión [c]clases o tipos de música [d]herencias [e]indígenas [f]características; peculiaridades [g]instrumento musical de percusión compuesto por una calabaza (*gourd*) hueca con una superficie ranurada (*serrated*) que se raspa con un palito

LECTURA CULTURAL 1: Cuba: Modelo de sincretismo musical

En Cuba así como en otros países hispanos surgieron tres variantes[a] musicales distintas: la música popular bailable, la campesina y la seria. La música popular bailable cubana se remonta a[b] la región campesina del este de Cuba: región que se conoce en Cuba como «Oriente» y a su gente como «orientales».* Allí se mezclaron principalmente elementos de la música española y africana con otras influencias que llegaron a través de los colonos[c] franceses que huían de Haití, y se formó un ritmo musical conocido como «el son cubano». El son recogía eventos de la vida cotidiana y

---

[a]variedades [b]se... tiene origen en [c]las personas que habitan una colonia

---

*Esta designación es puramente geográfica y no tiene nada que ver con la acepción que circula en muchos países de habla hispana que exclusivamente se utiliza para denominar a la población de Asia.

El cartel del documental *Buena Vista Social Club*

utilizaba estilos arraigados[d] en la experiencia colonial. Se canta acompañado de la guitarra, el tres,[e] los bongós, las claves[f] —llamados también «palitos»— y el contrabajo,[g] a los que más tarde se les une la trompeta. Muchas de sus melodías, de identidad española, tomaron el estilo de la música africana en la que un cantante principal interpretaba un verso de una canción y un coro le respondía.

Se considera que el son cubano dio origen a la música popular bailable y así creó un sinnúmero de géneros musicales —entre otros, la salsa, la rumba, la conga, el mambo, el cha cha chá, la charanga, el guaguancó y el bolero— que Cuba exportó a otros países. Se puede ver el son como «la célula madre» de los ritmos populares del Caribe. La salsa se enriqueció con aportes[h] musicales de otros países y se ha convertido en uno de los bailes de mayor proyección mundial. La conga es un instrumento además de un baile y es muy popular durante el Carnaval y las fiestas. Alegres y animados, la mayoría de estos bailes requieren movimientos rápidos de todo el cuerpo con énfasis en las caderas y los pies.

A diferencia de los otros géneros de la música popular bailable, el bolero es lento y de marcado acento sentimental y romántico. Proviene también de la región del Oriente, pero surgió de la trova[i] de Santiago de Cuba a finales del siglo XIX. Hoy día el bolero disfruta de un renacimiento entre las generaciones más jóvenes a partir de las interpretaciones de Charlie Zaa y Luis Miguel, el famoso cantante mexicano nacido en Puerto Rico. Las composiciones del bolero, poéticas y de origen europeo, se conocen también como baladas. Se cantan acompañadas de una orquesta o de un trío de guitarras y se baila con los cuerpos de la pareja enlazados en un abrazo. El compás[j] de la música y los movimientos de la pareja son lentos.

Los ritmos populares de origen extranjero, principalmente los de los Estados Unidos, incluyen el hip hop y el rap y también se consideran música popular bailable. En la actualidad, hay un movimiento hip hop cubano, el cual se compone de jóvenes raperos que manifiestan[k] con su música la realidad cubana del momento e incluyen en sus temas los problemas sociales y económicos que un cubano promedio[l] enfrenta a diario. Es notable que el movimiento rapero de Cuba exista dentro de la ideología de la Revolución y no se considere un movimiento de protesta social y política como ha ocurrido con algunos intérpretes de rap de los Estados Unidos. La justificación para la existencia de estos grupos se basa en la política cubana de supuesta tolerancia hacia la creación artística, más aún cuando esta[†] afirme los ideales del sistema político. Los festivales de rap se llevan a cabo[m] en los municipios de las afueras de La Habana. A causa del problema

---

[d]basados [e]guitarra de tres cuerdas dobles [f]instrumento musical de percusión que se toca golpeando un palito contra otro [g]el instrumento musical de cuerda más grande; se toca con arco [h]contribuciones [i]canción amorosa compuesta o cantada por un cantante llamado «trovador» [j]ritmo, cadencia [k]expresan [l]común y corriente [m]se... se realizan, tienen lugar

---

[†]En 1994 la Real Academia Española de Madrid decidió que no es necesario escribir acentos sobre los pronombres demostrativos a no ser que haya ambigüedad con respecto a su significado. El estilo de este libro es de no escribir los acentos sobre dichos pronombres a menos que su significado no sea claro.

del transporte en Cuba, mucha gente no puede asistir a los espectáculos[n] en la capital. De todas formas, dentro de las limitaciones culturales, políticas y económicas de Cuba, igual que en otros países, este género ha encontrado su espacio y su público.

La segunda variante musical en Cuba es la música campesina, conocida con el nombre de «punto guajiro» o «punto cubano». Se remonta a las influencias musicales que llegaron de Andalucía en la época colonial y tiene sus comienzos en la parte occidental y central de la Isla. Se le llama «punto» porque se utiliza la uña para rasgar[ñ] la guitarra, y los instrumentos principales que se usan son el laúd, la guitarra española, el tiple, el guayo, las claves y el güiro. La música guajira generalmente cuenta una historia. La popularidad de la música guajira se extiende por toda la Isla y se considera parte de la esencia de la identidad cubana. Es muy popular en los espectáculos nacionales y, durante la Navidad, se escucha mucho porque es la fuente de la música navideña tradicional. Una canción guajira muy conocida, «Guantanamera», utiliza versos del poeta y héroe de la independencia de Cuba, José Martí.

Un aspecto importante de la música guajira es la interpretación de la décima española: una composición métrica de diez versos octosílabos que se canta. La décima española es el cimiento[o] de la música guajira o campesina. En Cuba, igual que en otros países hispanos cuya música campesina es muy parecida a la cubana, se hace la composición de la décima española (también conocida como «la décima cantada») de repente. Es decir, dos cantantes, poetas de mucho talento, glosan[p] un tema del momento y toman un punto de vista que cada uno desarrolla. A cada parte le corresponde una contraparte que debe rimar y ser ingeniosa. A estos creadores de la décima cantada se les conoce como «repentistas». Hay muchas familias que pasan la práctica de esta música de generación en generación y, de este modo, perdura entre la población a pesar de la aparición de ritmos modernos y del extranjero.

La tercera variante musical de Cuba es la música seria. Dentro de este tipo existen composiciones de ópera, operetas, zarzuelas[q] y piezas para el piano. El músico serio de mayor fama internacional fue Ernesto Lecuona, compositor de «La malagueña», una pieza clásica que todavía interpretan los más cotizados cantantes de ópera. Lecuona escribió más de 176 piezas para el piano, zarzuelas y una ópera.

El otro tipo de música considerado serio, aunque no clásico, es el danzón cubano. El danzón, cuyo origen se remontaba a la contradanza inglesa,[‡] llegó con la contradanza que trajeron los franceses de Haití a Cuba. Es un ritmo que se combinó con las cadencias[r] de raíz africana. Luego pasó a Puerto Rico, donde se le dio el nombre «danza». Después, pasó a la región de Veracruz en México, donde se le conoce como «danzón». En la actualidad, el danzón y la danza han pasado a ser parte del folclore de estos pueblos. Existen otras expresiones folclóricas provenientes de las tradiciones que acompañan cantos[s] relacionados con la santería, una creencia religiosa de origen africano que se practica en la Isla.

La música cubana, en su proyección mundial, se reconoce tanto por sus intérpretes como por sus ritmos. En los últimos años el grupo musical Buena Vista Social Club le dio la vuelta al mundo en una gira que incluyó los Estados Unidos y participó en un documental del mismo nombre que se

---

[n]diversiones públicas en las que se congrega la gente para presenciarlas [ñ]tocar, rozando al mismo tiempo las cuerdas [o]principio o raíz de algo [p]comentan [q]obras dramáticas y musicales en que se declama y se canta [r]ritmos, repetición de sonidos [s]canciones

---

[‡]Esta música folclórica con un fuerte sentido nacional se conocía en Inglaterra como *country dances;* la frase pasó al español como «contradanza».

rodó[t] en Cuba sobre la vida y la música de sus intérpretes. Este grupo se componía de cultivadores del son que vivieron un período de labor artística antes de 1959, año en que empezó la Revolución cubana, al mando de Fidel Castro. Cuarenta años después, el grupo resurgió del olvido, trascendió los escenarios nacionales y ganó un Premio Grammy en 2001. Sus integrantes, casi todos de la tercera edad, pudieron compartir con el público internacional la música que los hizo famosos en los años 30, 40 y 50. Otros conocidos intérpretes de esa época son el Trío Matamoros, la Sonora Matancera, la Orquesta Casino de la Playa, Celia Cruz, Benny Moré, Dámaso Pérez-Prado, también conocido como «El Rey del Mambo», y muchos otros. También han alcanzado renombre[u] en el exilio en los Estados Unidos artistas de generaciones más jóvenes como Willy Chirino, Gloria Estefan y Jon Secada.

La música cubana en todas sus formas es —sin duda— un modelo de sincretismo. Su éxito durante mucho tiempo a nivel internacional pone de manifiesto su popularidad duradera.

_____

[t]se... se filmó   [u]fama

DESPUÉS DE LEER

A. Comprensión

Conteste las siguientes preguntas sobre la lectura.

1. ¿Cuáles han sido las influencias formativas de la música cubana? ¿Por qué estas y no otras?
2. ¿Cuáles son las tres variantes de la música cubana. ¿Cómo se caracterizan?
3. ¿Qué importancia tiene el son cubano para el desarrollo de la música caribeña moderna?
4. ¿Cuáles son los varios tipos de música que se desarrollan en Cuba? ¿Cuáles han llegado y han perdurado en Latinoamérica? ¿Cómo explica Ud. este fenómeno?
5. ¿En qué aspectos se diferencia el rap de los Estados Unidos del rap de Cuba, según la lectura?
6. ¿Qué grupo musical renovó en el mundo el interés por la música cubana?
7. ¿Dónde se encuentran muestras de la proyección mundial de la música cubana?

B. ¡A charlar!

En grupos de tres, comenten las siguientes preguntas y temas.

1. ¿A qué se debe que la influencia indígena sea mínima en la música del Caribe?
2. Buena Vista Social Club fue muy popular en el mundo durante los años 90. ¿Por qué creen Uds. que se dio este fenómeno?
3. ¿Por qué creen Uds. que el bolero sigue siendo popular en todo el mundo?
4. ¿Por qué creen Uds. que la música del Caribe es popular en todo el mundo?
5. Hablen de las influencias musicales de los Estados Unidos en Cuba como el rap y el hip hop. En su opinión, ¿por qué el hip hop y el rap tienen recepción en Cuba?

C. Investigación y conversación

Paso 1. Para investigar y contestar las siguientes preguntas relacionadas con el tema de la lectura, visite su buscador preferido en Internet y utilice las palabras clave que aparecen después de cada pregunta como punto de partida.

1. Busque y escuche por lo menos tres muestras de la música cubana. ¿Cómo se caracterizan en cuanto a la variante, el género, el ritmo, etcétera? Si tienen letra, ¿cuál es el tema que se trata en cada muestra? (*música popular bailable cubana, música guajira, música seria cubana, rap cubano*)

2. ¿Cuáles son los instrumentos cubanos típicos? (*instrumentos música tropical*)

3. Busque a músicos que tocan algunos de los géneros de la música popular bailable mencionados en esta lectura. ¿Quiénes son algunos de los artistas que Ud. investigó? ¿Qué tipo de música toca cada artista? ¿Cuál es su estilo musical? ¿Cuáles son los temas que suelen tratar? (*músicos la rumba cubana, músicos guaguancó, músicos la conga*)

4. ¿Quiénes son los más famosos compositores cubanos y por qué? Escuche algunas muestras de su música y descríbalas. (*compositores cubanos, orquestas cubanas*)

5. Describa al personaje que interpretaba Desi Arnaz en la serie *I Love Lucy*. ¿Cuál era el papel que desempeñaba? (*Desi Arnaz, I Love Lucy*)

6. ¿Qué músicos cubanos son los más conocidos en los Estados Unidos? (*músicos cubanos famosos EE.UU.*)

Paso 2. En grupos de tres, compartan los resultados de su investigación del **Paso 1.**

Paso 3. Comenten las siguientes preguntas.

1. De las muestras de música que escucharon, ¿cuáles les gustaron más? ¿Por qué? Si pueden, compartan con la clase una breve muestra de la música que les ha gustado más.

2. ¿Qué instrumentos cubanos conocen Uds.? ¿Dónde los han escuchado tocar?

3. Según su punto de vista, ¿el personaje que interpretaba Desi Arnaz fue, en aquel entonces, una representación realista de los cubanos? ¿Es una representación fiel de los cubanos de hoy día?

4. En su opinión, ¿por qué es tan popular la música cubana en los Estados Unidos? De los músicos cubanos conocidos en este país, ¿a quiénes conocen Uds.?

LECTURA CULTURAL 2: El merengue y la bachata de la República Dominicana

El merengue es el prototipo de la música popular de la República Dominicana, famoso por todo el mundo por su ritmo alegre, acelerado y repetitivo. En el baile del merengue, el hombre y la mujer se desplazan lateralmente por la pista, sin separarse. Combinan pasos breves y mantienen el cuerpo en equilibrio. Se considera el baile como una transformación de la contradanza

Una pareja baila merengue en una discoteca.

europea. Los campesinos de las varias regiones de este país caribeño imitaban a la alta sociedad de la Isla, y el toque criollo transformó la contradanza en una versión americanizada del baile.

A mediados del siglo XIX, al baile y a la música se les empezó a llamar «merengue». Se popularizaron a través del uso de la estética[a] y los instrumentos propios de las culturas regionales del país donde la transformación afroamericana de la contradanza europea es evidente.

Hoy día el merengue se considera la música y el baile nacional de la República Dominicana. Se toca y se baila en todos los pueblos y ciudades y en festejos populares, celebraciones familiares y discotecas. Existen también variaciones en el estilo musical y coreográfico de las distintas regiones de la Isla. Por ejemplo: el merengue dominicano —o merengue cibaeño— viene de la región de El Cibao; el merengue atabales del este de la Isla; el merengue palo echa'o o pri-pri, de Villa Mella; y el merengue redondo de Samaná. Algunos exponentes de la música de la Isla son Raúl Acosta y Juan Luis Guerra. Además de estos artistas dominicanos, existen otros merengueros como Elvis Crespo y Olga Tañón, ambos puertorriqueños.

La internacionalización del merengue ocurre con la alta inmigración de los dominicanos a los Estados Unidos y a Europa a fines del siglo XX. La proliferación de la música y los bailes caribeños, como el merengue en los Estados Unidos, ha provocado una evolución del ritmo merengue tradicional. La convivencia[b] de la comunidad dominicana con otros grupos étnicos en los Estados Unidos, junto con la modernización de sistemas de grabación, medios de comunicación y redes de distribución, han generado un intercambio de ideas. Como resultado han aparecido nuevos tipos de música y de baile como el merengue-house y el merengue-rap en los cuales se combinan elementos del merengue tradicional con elementos de la música rap y house. Algunos intérpretes de este nuevo estilo de merengue son Proyecto Uno, Los Ilegales y Sandy y Papo.

A diferencia del merengue, la bachata, un tipo de merengue que se originó en la República Dominicana, surgió a principios de los años 60 como

[a]belleza [b]coexistencia

expresión musical del campesino y se extendió en las fiestas populares. La influencia mayor viene del son cubano y de la guaracha.[c] Más tarde, al evolucionar hacia un tipo de música bailable, influyeron en su desarrollo otros géneros como el bolero, los corridos[d] y las rancheras de México; y también la plena[e] y la música jíbara[f] de Puerto Rico. Los instrumentos esenciales para la bachata son la guitarra, las maracas, las claves, el güiro, el bongó y la marimba.

La bachata, aunque rechazada al principio por la alta sociedad, llegó a convertirse en la música y el baile de preferencia en celebraciones y fiestas callejeras, llamadas también «bachatas». Raulín Rodríguez, Sonia Silvestre y Joe Veras son algunos de los intérpretes más conocidos de esta expresión musical.

---

[c]baile popular afroantillano   [d]un tipo de música y el baile que lo acompaña   [e]un canto y baile popular de ritmo afroantillano   [f]del campesino puertorriqueño, generalmente de las regiones montañosas

DESPUÉS DE LEER

A. Comprensión

Conteste las siguientes preguntas sobre la lectura.

1. ¿Cuáles son las raíces del merengue?
2. ¿Cómo se baila el merengue?
3. ¿Cuáles son los diferentes estilos de merengue?
4. En la República Dominicana, ¿dónde se suele tocar el merengue?
5. ¿Qué fenómenos dieron como resultado el merengue-house y el merengue-rap?
6. ¿Cuáles son las diferencias entre el merengue y la bachata?
7. Mencione los tipos de instrumentos de la bachata.
8. ¿Conoce a otros intérpretes del merengue y de la bachata que no se hayan mencionado en la lectura?

B. ¡A charlar!

En grupos de tres, comenten las siguientes preguntas y temas.

1. ¿Qué sabían Uds. del merengue antes de leer esta lectura?
2. ¿A qué se debe que se conozca más el merengue que la bachata?
3. ¿Por qué creen Uds. que a pesar de que el merengue se ha proyectado exitosamente por todo el mundo, otros aspectos de la cultura dominicana no se conocen con la misma magnitud?

C. Investigación y conversación

Paso 1. Para investigar y contestar las siguientes preguntas relacionadas con el tema de la lectura, visite su buscador preferido en Internet y utilice las palabras clave que aparecen después de cada pregunta como punto de partida.

1. Busque ejemplos del merengue la música y merengue el baile. ¿Cómo se caracteriza este tipo de música? Puede identificar algún tema común en las canciones de merengue que ha escuchado? ¿Cómo es el baile?

   (*merengue, Juan Luis Guerra, Elvis Crespo*)

(Continúa.)

2. Busque y escuche ejemplos musicales del merengue-hip hop y del merengue-house. ¿Cómo se caracterizan los dos? ¿En qué aspectos se asemejan al merengue tradicional? ¿Cómo se diferencian estas tres variaciones?

    (*merengue-hip hop, merengue-house*)

3. ¿Cuál es la importancia del grupo Sandy y Papo con respecto al merengue-hip hop y al merengue-house?

    (*Sandy y Papo*)

4. Busque ejemplos de la bachata como género musical y como baile. Describa los dos. ¿Cuáles son las semejanzas y diferencias en comparación con el merengue?

    (*bachata, Joe Veras*)

 Paso 2. En grupos de tres, compartan los resultados de su investigación del **Paso 1.**

 Paso 3. Comenten las siguientes preguntas.

1. ¿Qué prefieren Uds.: el merengue, el merengue-hip hop o el merengue-house? ¿Por qué? Si es posible, compartan con la clase una breve muestra de su tipo preferido.

2. ¿Conocen la música de Sandy y Papo? ¿Les gusta? ¿Por qué sí o por qué no?

LECTURA CULTURAL 3: Puerto Rico: De la danza a la plena y de la plena al rap latino

La música es el lenguaje universal a través del cual los pueblos expresan quiénes son, su cultura y su historia. Cada género musical puertorriqueño demuestra un pedazo de su pasado y de su herencia multicultural —la indígena, la española y la africana.

De los taínos, pueblo indígena que poblaba la Isla antes de la llegada de los españoles, el puertorriqueño heredó el güiro. De los españoles heredó

Un baile folclórico en Ponce, Puerto Rico

expresiones musicales ibéricas, junto con instrumentos como la guitarra, la vihuela, el laúd y el órgano. De los africanos heredó el tambor y los instrumentos de cuero.[a] La música del tambor africano dio origen al género folclórico bailable conocido como «bomba». Hasta entances principalmente en las zonas africanas de la Isla, en los años 50 la música de Rafael Cortijo contagió con su ritmo a todos los puertorriqueños y la bomba se convirtió en música popular.

A partir de 1850, la danza es el género musical que representa la identidad cultural puertorriqueña. Su historia nos lleva a los momentos despúes de la Revolución francesa de 1789 cuando los países europeos buscan un nuevo orden político-social y tratan de hacerlo despertando el orgullo nacional de sus pueblos. Lo logran descubriendo sus raíces culturales en las comunidades campesinas. Los compositores de música se inspiran en las danzas folclóricas que exaltan el orgullo nacional. A esta música los ingleses la llamaban *country dances* que pasó al español como «contradanzas».

Las contradanzas que se bailan en Puerto Rico hacia comienzos del siglo XIX son el cotillón, el rigodón, el minué y el gallop.* En el sur de los Estados Unidos y en Latinoamérica se desarrolla también esta música que busca definir la identidad nacional. Este período se conoce como el período romántico-nacionalista. Las contradanzas evolucionan y dan paso a danzas nacionales tales como el *ragtime* en los Estados Unidos, el danzón cubano y la danza puertorriqueña. El padre de la danza puertorriqueña fue Manuel Gregorio Tavárez y la danza que simboliza la identidad romántico-nacionalista de la Isla es el himno nacional, «La Borinqueña».

La plena nace en el siglo XX. Se bailaba y se tocaba en los arrabales[b] y en los cañaverales[c] del país. En sus orígenes funcionaba como un periódico arrabalero que daba información, noticias, acontecimientos, chismes de barrio, historias de amor y celos, crímenes y pasiones. Hoy día la plena, aunque se considera música folclórica, sigue siendo muy popular en la Isla.

En 1970 surge en Puerto Rico el género llamado la Nueva Trova que a partir de 1959 se había popularizado en Cuba y luego desarrollado en muchas partes del mundo hispano. En Puerto Rico esta música, de protesta política, evoluciona de las manifestaciones universitarias. Este movimiento se centra en el cantautor,[d] un trovador[e] intelectual que utiliza sus temas para expresar las injusticias sociales. Algunos intérpretes de esta música son Roy Brown, Antonio Cabán Vale, también conocido como «El Topo», y el grupo Haciendo Punto en Otro Son.

Dos géneros musicales que se formaron en Nueva York y tienen lazos[f] fuertes con el Caribe —y con Puerto Rico en concreto— son la salsa y el rap latino. La salsa es una mezcla de ritmos caribeños y ritmos de otras regiones de Latinoamérica. Se originó en Nueva York hacia los años 60. Esta expresión musical le sirvió a la población hispana de Nueva York —sobre todo a los puertorriqueños, a los cubanos y a los dominicanos— como lazo integrador. A los ritmos caribeños y latinoamericanos se les unieron varios

---

[a]instrumentos… instrumentos de percusión como el tambor, la conga y el timbal [b]barrios a las afueras de una región, generalmente pobres [c]sitios poblados de caña de azúcar [d]cantante que suele escribir sus canciones [e]el que canta trovas [f]conexiones, vínculos

---

*Estos bailes franceses de los siglos XVIII y XIX llegaron a América y se bailaban en los bailes de la alta sociedad. El cotillón es una danza con figuras, generalmente al compás del vals, que solía ejecutarse al final de los bailes. El rigodón es una especie de contradanza (baile de figuras que ejecutan muchas parejas a un tiempo). El minué es un baile francés para dos personas que ejecutan diversas figuras y mudanzas; estuvo de moda en el siglo XVIII. El gallop es un baile francés que se introdujo a comienzos del siglo XIX y se hacía al terminar los bailes de máscaras de la ópera francesa.

ritmos estadounidenses como el jazz, haciendo de la salsa una expresión musical ecléctica y multicultural. La salsa ya es música internacional. Se escucha y se baila en Japón, Alemania, Rusia, Inglaterra y donde haya jóvenes que quieran moverse con su ritmo.

El rap latino tiene origen en el hip hop que se desarrolló en los años 70 en Nueva York. Desde el comienzo del hip hop, los jóvenes puertorriqueños en Nueva York siempre bailaban y se identificaban con la música. Para muchos sociólogos, el hip hop es un modo de vida o, dicho de otra forma, un movimiento cultural; para otros, es una forma genérica que engloba[g] varios tipos de música y bailes como el funk y el breakdancing que surgieron en los años 70.

El rap es un género musical que en sus orígenes representaba el panorama social de los afroamericanos en los barrios marginales de las ciudades estadounidenses. Los puertorriqueños de las barriadas[h] vecinas comparten muchas de sus experiencias sociales y son éstas las que se reflejan en la nueva modalidad de rap latino. No fue hasta los años 90 que se integraron al rap el castellano y algunos estilos musicales latinos. En aquel entonces se formó un rap pegadizo[i] en *Spanglish*[†] que combina ritmos del merengue y de la salsa. A finales de los 90 el rap latino es un género maduro que refleja la realidad de una comunidad que rima en dos idiomas.

En un verso de la canción de rap, «We're Puerto Rican and Proud, Boyee», el rapero MC KT, también conocido como Anthony Boston y que forma parte del grupo Puerto Rock, rima sobre su experiencia:

> *I rarely talk Spanish and a little* trigueño
> *People be swearin' I'm a* moreno
> Pero *guess what? I'm* puertorriqueño.
> *Word 'em up.*
> *All jokes aside, I ain't tryin' to dis any race*
> *and*

PUERTO ROCK

> *He'll announce everyplace…*

MC KT

> *That I'll perform at, so chill, don't panic*
> *It is just me*, Antonio, *another* desos Hispanics.

---

[g]incluye [h]barrios [i]que se recuerda con facilidad

[†]El *Spanglish* es un dialecto híbrido formado a partir del español al introducirle términos en inglés sin traducir o traducidos incorrectamente.

DESPUÉS DE LEER

A. Comprensión

Conteste las siguientes preguntas sobre la lectura.

1. ¿Cuál es la herencia cultural de la música puertorriqueña?
2. ¿Cuáles son los instrumentos musicales predominantes en la música puertorriqueña y de qué cultura ancestral provienen?
3. ¿Qué género musical representa la identidad puertorriqueña?
4. ¿Qué son los llamados *country dances*?
5. ¿Cuál es el origen de la plena?
6. Describa la música de la Nueva Trova.
7. ¿Dónde se originó la salsa? Descríbala.
8. ¿Según la lectura, ¿cuáles son las distintas maneras de ver el hip hop?

B. ¡A charlar!

En grupos de tres, comenten las siguientes preguntas y temas.

1. ¿Cómo evolucionó la danza en Puerto Rico?
2. En su opinión, ¿cómo llegó la danza a representar la identidad puertorriqueña?
3. ¿Hay similitudes y diferencias entre la danza, la plena, la salsa y el rap latino? Expliquen.
4. Comenten el lenguaje, el concepto racial y la identidad en el poema «We're Puerto Rican and Proud, Boyee» de MC KT.
5. ¿Hay otros tipos de música que provienen de Puerto Rico que no se hayan mencionado en esta lectura? ¿Cuáles son?

C. Investigación y conversación

Paso 1. Para investigar y contestar las siguientes preguntas relacionadas con el tema de la lectura, visite su buscador preferido en Internet y utilice las palabras clave que aparecen después de cada pregunta como punto de partida.

1. Busque muestras de la música puertorriqueña y escuche algunos ejemplos. ¿Cómo se caracterizan? ¿Puede identificar algún tema común en las canciones que ha escuchado? ¿Cuál? Si no encuentra un tema en común, ¿cuáles son algunos temas de las canciones que escuchó?

   (*música puertorriqueña, música campesina puertorriqueña, Luis Manuel Álvarez*)

2. ¿En qué países se escucha la salsa y la bailan? ¿Por qué este baile es tan popular en todo el mundo?

   (*música salsa*)

3. En los comienzos de la salsa, ¿quiénes eran los intérpretes más conocidos? ¿Quiénes lo son hoy día?

   (*Héctor Lavoe, Ismael Rivera*)

4. Con respecto al rap latino, ¿cuáles son los temas que más sobresalen en este tipo de música?

   (*rap latino, hip hop español*)

5. Actualmente, ¿quiénes son los intérpretes más famosos en el ámbito del rap latino?

   (*rap latino, Calle 13, Orishas*)

Paso 2. En grupos de tres, compartan los resultados de su investigación del **Paso 1.**

Paso 3. Comenten las siguientes preguntas.

1. De las muestras de música que escucharon, ¿cuáles les gustaron más? ¿Por qué? ¿Se parecen en algo a la música pop? Expliquen.
2. Antes de leer este ensayo, ¿sabían Uds. el origen de la salsa? ¿Les sorprenden sus orígenes? ¿Por qué sí o por qué no?
3 ¿Les gusta la música salsa? ¿Saben bailar salsa? ¿Dónde la bailan?
4. ¿Quiénes son los intérpretes del rap latino que a Uds. les gustan más? ¿Por qué?
5. ¿Prefieren escuchar el rap en inglés o el rap latino? Expliquen.

Ortografía

División de palabras en sílabas

Muchas palabras en español llevan acento ortográfico. Para aprender a poner los acentos, primero hay que saber cómo se dividen las palabras en sílabas, qué sílaba de una palabra dada lleva el énfasis tonal (también llamada sílaba tónica) y cuáles son las distintas clases de palabras según donde lleven el énfasis tonal.

Reglas básicas de la división de palabras en sílabas

- Por lo general, las sílabas en español empiezan con una consonante y terminan con una vocal (consonante + vocal).

  casa = ca-sa   para = pa-ra   música = mú-si-ca

- Dos vocales se dividen a no ser que una de las vocales sea una **i** sin acento o una **u** sin acento. Acentos sobre las otras vocales no afectan la división de palabras en sílabas.

feo = fe-o	preocupado = pre-o-cu-pa-do
río = rí-o	actúe = ac-tú-e
necesario = ne-ce-sa-rio	bueno = bue-no
boicoteo = boi-co-te-o	aplauso = a-plau-so
avión = a-vión	después = des-pués

- Normalmente si una palabra tiene dos consonantes seguidas, las consonantes se dividen.

  ritmo = rit-mo   símbolo = sím-bo-lo   centra = cen-tra

- La **rr, ll, ch,** nunca se dividen porque se les consideran un solo sonido.

  puertorriqueño = puer-to-rri-que-ño   caballo = ca-ba-llo
  bachata = ba-cha-ta

- La **cc** y la **nn** siempre se dividen y forman sílabas separadas.

  acción = ac-ción   innato = in-na-to

- La **r** y la **l** nunca se separan de ninguna consonante que las preceda, excepto la **s** y la **n.**

clase = cla-se	expresar = ex-pre-sar
explicación = ex-pli-ca-ción	isla = is-la
Enrique = En-ri-que	arreglo = a-rre-glo
grado = gra-do	

- La **h** nunca se separa de la vocal que le sigue.

  alcohol = al-co-hol   prohíbe = pro-hí-be

- Combinaciones de tres o cuatro consonantes se dividen según las reglas ya mencionadas. Dentro de estas combinaciones, la **s** no se separa de la vocal que le precede.

estructura = es-truc-tu-ra	constante = cons-tan-te
obscuro = obs-cu-ro	instrucción = ins-truc-ción
inflexible = in-fle-xi-ble	extraño = ex-tra-ño
convertir = con-ver-tir	estrella = es-tre-lla

Práctica

A. Divida las siguientes palabras en sílabas.

1. herencia, cubana, difusión
2. Caribe, ritmos, expresión
3. bailable, sincretismo, perdurable
4. aporte, festivales, influencia
5. huella, callejeras, corrido
6. ranchera, criollo, guaracha
7. lección, protección, corrección
8. cañón, español, leona
9. creen, raíz, nacional
10. pasión, sensaciones, países
11. experiencia, exilio, exterior
12. social, precio, hacienda

B. Separe las siguientes palabras en sílabas y subraye la sílaba que lleve el énfasis tonal.

1. hombre, sincero, palma
2. antes, morirme, quiero
3. echar, versos, alma
4. verde, claro, carmín
5. encendido, ciervo, herido
6. monte, amparo, guantanamera
7. guitarra, trovador, excelente
8. acciones, instrumento, pentagrama
9. álbum, fácil, muchachos
10. lluvia, accesorio, ámbito

Reglas de acentuación y clases de palabras de acuerdo con la sílaba tónica

Agudas

Estas son las palabras cuyo énfasis tonal cae en la última sílaba de la palabra. En los ejemplos, la sílaba tónica se representa con el número 1 y también está subrayada (*underlined*). Dichas palabras llevan acento escrito sobre la vocal en la última sílaba si terminan en **n, s** o vocal.

a-za-frán	bo-tín	fran-cés	ca-fé	tam-bor
3 2 1	2 1	2 1	2 1	2 1

Práctica

A. Primero, divida las siguientes palabras agudas en sílabas. Segundo, subraye la sílaba tónica. Por último, escriba el acento ortográfico donde sea necesario.

1. redaccion
2. saxofon
3. despues
4. percusion
5. ingles
6. general
7. compas
8. menor
9. festival
10. difusion

B. Subraye las palabras agudas de la siguiente lista.

1. laúd	11. origen
2. evolución	12. principal
3. popularidad	13. árabe
4. vanguardia	14. república
5. edad	15. campesino
6. estética	16. movimiento
7. folclórica	17. lugar
8. creador	18. híbrido
9. trompeta	19. composición
10. jíbara	20. rumba

Llanas o graves

Estas son las palabras cuyo énfasis tonal cae en la penúltima sílaba. En los ejemplos, la sílaba tónica se representa con el número 2 y también está subrayada. En estas palabras se acentúa la vocal de la penúltima sílaba cuando no termina en **n, s** o vocal.

a-zú-car	ár-bol	bai-lan	ce-los	prin-ci-pa-les	sal-sa
3 2 1	2 1	2 1	2 1	4 3 2 1	2 1

Práctica

A. Primero, divida las siguientes palabras llanas en sílabas. Segundo, subraye la sílaba tónica. Por último, escriba el acento ortográfico cuando sea necesario.

MODELOS importante → im-por-<u>tan</u>-te
        sombrio → som-<u>brí</u>-o

1. catorce	6. angel
2. versos	7. bolero
3. dominicana	8. ritmos
4. sincretismo	9. Hector
5. automovil	10. volumen

B. Subraye las palabras llanas de la siguiente lista.

1. origen	11. caen
2. ambigüedad	12. fiesta
3. instrumento	13. métrica
4. creencia	14. décima
5. bachata	15. malagueña
6. intérprete	16. influencia
7. maracas	17. sistemático
8. ruido	18. mundial
9. edad	19. cibaeño
10. artístico	20. ritmo

Esdrújulas

Palabras de esta clase tienen el énfasis tonal en la antepenúltima sílaba y siempre se acentúa la vocal en la antepenúltima sílaba. En los ejemplos se representa la sílaba tónica con el número 3 y también está subrayada.

gé- ne-ro	mú-si-ca	ór-ga-no	in-dí-ge-na	in-tér-pre-te
3 2 1	3 2 1	3 2 1	4 3 2 1	4 3 2 1

Práctica

A. Primero, divida las siguientes palabras esdrújulas en sílabas. Segundo, subraye la sílaba tónica. Por último, escriba el acento ortográfico donde sea necesario.

1. publico
2. camara
3. exito
4. jovenes
5. artistica
6. America
7. fenomeno
8. fantastico
9. paginas
10. coreografico

B. Subraye las palabras esdrújulas de la siguiente lista.

1. danzón
2. generación
3. dominicano
4. período
5. interpretar
6. último
7. música
8. celebraciones
9. marimba
10. octosílabos
11. inmigración
12. santería
13. cadencia
14. género
15. contradanza
16. internacionalización
17. espectáculo
18. étnicos
19. región
20. magnitud

Las vocales: Diptongos, triptongos e hiatos

Las vocales del español son **a, e, i, o, u.** Se clasifican como vocales fuertes y vocales débiles. Esta clasificación determina si una combinación de vocales forma una sílaba o más de una.

Las vocales fuertes son: **a, e, o**

Las vocales débiles son: **i (y), u**

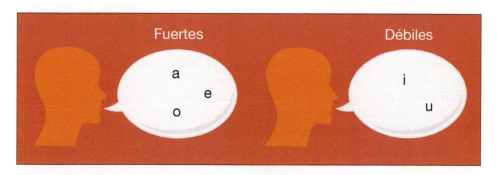

La vocal **u** no tiene sonido cuando le precede la **q** y le sigue la **e** o la **i** en las sílabas **-que-** y **-qui-.**

queso   **qu**iero   **qu**izás

La vocal **u** tampoco tiene sonido si le precede la **g** y le sigue la **e** o la **i** en las sílabas **-gue-** y **-gui-**.

guerra   **gui**tarra

Sin embargo, la **u** sí tiene sonido en las sílabas **-gue-** y **-gui-** cuando se representa con dos puntitos sobre sí misma —**ü**— para formar los sonidos «gwe» y «gwi», respectivamente. Se le llama «diéresis» a este signo ortográfico.

bilin**güe**   lin**güi**sta   **güi**ro

Diptongos

Un diptongo es un conjunto de dos vocales distintas que forman una sola sílaba y tienen un solo sonido.

En una palabra se forma un diptongo cuando contiene una sílaba en la que se combinan las siguientes vocales.

- una vocal débil (**i** [**y**], **u**) + una fuerte (**a**, **e**, **o**)

  f**ie**l   f**ue**go

- una vocal fuerte + una débil

  l**ey**   d**eu**da

- una vocal débil + otra vocal débil

  v**iu**da   f**ui**

Cuando una palabra con diptongo se divide en sílabas, el diptongo nunca se separa.

deu-da   fiel   fue-go   fui   ley   viu-da

Triptongos

En una palabra se forma un triptongo cuando contiene una sílaba en la que se combinan:

una vocal débil + una vocal fuerte + una vocal débil

averi**guái**s   limp**iái**s   m**iau**

Cuando una palabra con triptongo se divide en sílabas, el triptongo nunca se separa.

a-ve-ri-guáis   lim-piáis   miau

Hiatos

El hiato se forma cuando dos vocales —una fuerte y una débil— se separan en dos sílabas en vez de mantener el diptongo. En estos casos se requiere acento escrito en la vocal débil para que caiga énfasis sobre esta vocal. Ya que dos vocales que llevan énfasis no pueden estar juntas en una misma sílaba, las vocales pasan a formar dos sílabas en vez de una.

co-re-o-gra-fí-a   Ma-rí-a   pa-ís   ra-í-ces   Ra-úl   ta-í-nos

Práctica

A. Divida las siguientes palabras en sílabas. Luego, subraye e identifique los diptongos (con la letra **d**), los triptongos (con una **t**) y los hiatos (con una **h**).

1. oigo
2. ataúd

3. crear

4. siguiente

5. laúd

6. Areito

7. vihuela

8. confieso

9. repitieron

10. herencia

B. Acentúe las siguientes palabras si es necesario. Luego, subraye e identifique los diptongos (con la letra **d**), los triptongos (con una **t**) y los hiatos (con una **h**).

1. cai	4. baile	7. abierta	10. leian
2. tragedia	5. maestria	8. anterior	11. sangria
3. policia	6. bien	9. camion	12. religioso

Monosílabos

Los monosílabos son palabras que contienen una sola sílaba.

de   dé   fue   ley   sol   vio

Ciertos monosílabos tienen la misma pronunciación pero no se los puede intercambiar. Las diferencias principales entre estos monosílabos tienen que ver con su significado y, en menor grado, su función gramatical en la oración.

En la lengua escrita, se distingue entre estos monosílabos con un acento. Es decir, si el monosílabo lleva acento (por ejemplo: **dé**), tiene un significado y una cierta función gramatical. Si el monosílabo no lleva acento (por ejemplo: **de**), tiene otro significado y pertenece a otra clase gramatical.

MONOSÍLABO	EJEMPLO	TRADUCCIÓN AL INGLÉS	FUNCIÓN GRAMATICAL EN LA ORACIÓN
aun	**Aun** (Incluso/Hasta) de vieja me gusta bailar.	*even*	adverbio
aún	**Aún** (Todavía) no lo he visto.	*yet, still*	adverbio
cual	Esa es la casa en la **cual** vive Marc Anthony.	*(to/in/of) which*	pronombre relativo
cuál	¿**Cuál** es su casa?	*which*	adjetivo
de dé	La guitarra es **de** Juan. No se lo **dé**. Mi madre quiere que (yo) le **dé** más dinero. (Yo) quiero que mi madre me **dé** más dinero.	*of, from* *give* *give*	preposición verbo **dar** conjugado en la 3ª persona singular del imperativo verbo **dar** conjugado en la 1ª o 3ª persona del presente de subjuntivo
el él	**El** perro de Suzy se llama Chico. Me lo dijo **él**.	*the* *he*	artículo definido masculino pronombre de sujeto
mas más	Quise convencerlo, **mas** fue imposible. Quiero **más** azúcar en el café.	*but* *more*	conjunción equivalente a **pero** o **sino** adverbio
mi mí	Esa es **mi** casa. ¿Eso es para **mí**?	*my* *me*	adjetivo posesivo pronombre personal

(Continúa.)

MONOSÍLABO	EJEMPLO	TRADUCCIÓN AL INGLÉS	FUNCIÓN GRAMATICAL EN LA ORACIÓN
que	El hombre, **que** vino esta tarde, se compró una partitura musical.	*who, that*	pronombre relativo
	Yo quiero **que** vengas a Cuba con nosotras.	*that*	conjunción
qué	¡**Qué** bueno verte! ¿**Qué** quieres?	*what, how*	adjetivo
se	**Se** lo di.	*him, her, you*	pronombre del complemento indirecto
se	Ella **se** levanta temprano.		pronombre reflexivo de la 3ª persona singular/plural
	Se baile bien en el Caribe.		**se** impersonal
	Se dan lecciones de piano.		**se** pasiva
	Se me olvidó la cartera en el concierto.		**se** accidental
sé	**Sé** tocar la trompeta.	*I know (how to)*	verbo **saber** conjugado en la 1ª persona del presente de indicativo
	Sé buen músico.	*be*	verbo **ser** conjugado en la 2ᵈᵃ persona singular del imperativo
si	**Si** llueve, no iremos al festival de hip hop.	*if*	conjunción
sí	Dile que **sí**.	*yes*	adverbio
	Está muy encerrado en **sí** mismo.	*himself, herself, themselves*	pronombre personal reflexivo
te	¿**Te** divertiste del concierto?	*yourself, your, you*	pronombre reflexivo
	Te quiero.	*you*	pronombre del complemento directo o indirecto
	Te he comprado un CD.		
té	Me gusta el **té** verde.	*tea*	sustantivo
tu	**Tu** carro es muy bonito.	*your*	adjetivo posesivo
tú	**Tú** sabes mucho de la música.	*you*	pronombre de sujeto

Práctica

Acentúe las palabras subrayadas que así lo requieran y explique la función gramatical de cada una.

1. Aquel señor es el profesor de música <u>de</u> Raquel.
   Ella quiere que le <u>de</u> $25 para el baile de fin de año.
2. Yo <u>se</u> cómo conseguir boletos para el concierto.
   El grupo de baile <u>se</u> reúne a las 8:00 para practicar la coreografía.
3. Siempre me gusta tomar <u>te</u> de manzanilla.
   ¿A qué hora <u>te</u> acuestas?
4. <u>Si</u> ensayas mucho, bailarás bien el merengue.
   Ella <u>si</u> que sabe bailar salsa.
5. <u>Aun</u> no he visto a Shakira en concierto.
   Ella baila bien <u>aun</u> cuando no ensaya.

Repaso

Acentúe las palabras que así lo requieran.

Fui al concierto de Marc Anthony en Santo Domingo el viernes pasado con mi mejor amiga, Marta. Antes de empezar el espectaculo, aproveche la oportunidad para comprarme una camiseta de mi cantante favorito.

Para mi sorpresa, mientras hacia cola, me encontre con un amigo de la escuela primaria, Juan. ¡Hacia casi diez años que no nos habiamos visto! Estaba muy contenta de verlo y el parecia muy contento de verme a mi tambien.

Nos pusimos a hablar de muchas cosas y resulta que se habia ganado cuatro boletos para el concierto de Marc Anthony además de cuatro pases para entrar en los camerinos a traves de un concurso de una cadena de radio. ¡No me lo podia creer! El locutor de radio hizo la siguiente pregunta sobre el interprete famoso: ¿Como se llama la pelicula de 2004 en que sale Marc Anthony y en la que secuestran a su hija en el D.F.?

Juan sabia la respuesta y llamo. Despues de un intento, contestaron el telefono y Juan dijo la respuesta: *Hombre en llamas*. Segun el, fue un milagro que gano, porque cosas asi nunca le pasan.

Me dijo: «Oye, como tengo dos pases extras, ¿quieres venir conmigo y mi amigo Kike a los camerinos?».

Respondi: «Pues si, pero puede venir mi amiga Marta, tambien?». «¡Claro que si!», dijo el.

Asi que despues del concierto, los cuatro entramos en los camerinos y vimos a Marc Anthony. ¡Fue genial! ¡Que bien lo pase en el concierto!

Gramática

La oración

Lo que se siente o se piensa se expresa con una serie de palabras que juntas forman oraciones. Una oración básica consta de:

un sujeto (S) + un predicado (P)

El sujeto es el que realiza la acción y el predicado es la acción o lo que se dice del sujeto.

<u>Gloria Estefan</u>   <u>fue muy popular durante su época.</u>
    S   P

La palabra más importante dentro del sujeto es el sustantivo, y en el predicado es el verbo. El sustantivo puede ser un nombre propio, que siempre lleva letra mayúscula.

<u>Celia Cruz</u> fue una gran cantante de salsa.
    S

Cuando el sustantivo es un nombre común se escribe con letra minúscula.

La <u>letra</u> es la parte más importante del bolero.
    S

Otras veces el sujeto no se expresa.

Alfredo fue a la filarmónica. No encontró a su amigo allí.

En la segunda oración de este ejemplo el sujeto no está expresado, pero se sabe que se refiere a Alfredo.

Normalmente, el orden de la oración es, el sujeto seguido por el predicado.

<u>Víctor Manuelle</u> <u>es muy guapo.</u>
    S   P

Pero, en español el orden de las partes de la oración puede cambiar.

María canta en el coro.
Canta María en el coro.
En el coro, canta María.

Una parte muy importante en la formación de oraciones en español es la concordancia. En una oración el sujeto tiene que concordar en género (masculino o femenino) y número (singular o plural) con cualquier adjetivo que lo modifique.

El coche nuevo del cantante es un híbrido.
Las canciones de Gilberto Santa Rosa son románticas.

Práctica

A. Identifique el sujeto y el predicado de las siguientes oraciones. Subraye con una línea el sujeto, y con dos, el predicado.

1. La salsa es muy popular por todo el mundo.
2. A Gilberto Santa Rosa se le conoce como «El Caballero de la Salsa».
3. La música del Caribe sigue impactando con su ritmo a los jóvenes de los Estados Unidos.
4. Los japoneses tienen grupos de salsa muy famosos.
5. Hoy día el merengue se considera la música y baile nacional de la República Dominicana.
6. El compás del merengue es más fácil de bailar que el de la salsa.
7. Muchos clubes en los Estados Unidos tocan música bailable del Caribe.
8. En los municipios en las afueras de La Habana, se celebran festivales de rap.
9. Para poder aprender a bailar salsa, muchas personas asisten a clases de baile.
10. Hacen falta mucho tiempo y dedicación para aprender a tocar un instrumento musical bien.

B. Forme oraciones combinando las siguientes frases. Preste atención a la concordancia de género y número. Si es necesario, use otros verbos o adjetivos.

MODELO Willy Chirino, que logró conocerse como «el pionero del sonido de Miami», canta una música salsa dinámica.

	VERBOS	ADJETIVOS
1. Willy Chirino	basarse	alegre
2. La Lupe	conocerse	bello
3. la bachata	convertirse	dinámico
4. concierto(s)	desarrollar	excelente
5. la letra	establecerse	exitoso
6. ritmos	llevar a cabo	interesante
7. festival(es)	lograr	notable
8. la trova	poner en evidencia	nuevo
9. la venta de discos	ser	pobre
10. grabación	triunfar	popular

Palabras en español de origen taíno

El idioma español tiene un número importante de palabras que vienen de idiomas indígenas de las Américas. Entre estas palabras hay nombres de objetos, lugares y flora y fauna que no existían en el idioma español y también léxico (*words*) de la agricultura local. Además, muchos de los nombres de las ciudades, campos, ríos, islas, montañas y otros puntos geográficos llevan nombres indígenas del área. Estas palabras no existían en español, pero ahora son aceptadas por la Real Academia Española como palabras legítimas. Existen por ejemplo, palabras españolas de origen náhuatl, quechua y guaraní por nombrar algunos. En el caso del Caribe, cuyos habitantes hablaban taíno, también existen muchas palabras en español que vienen de ese idioma. La siguiente es una lista de palabras en español de origen taíno.

Un tallado (*carving*) en piedra de la cultura taína

la batata	la ceiba	la hamaca
el/la boricua	el colibrí	el huracán
el cacique	el coquí	la iguana
el caimán	el guajiro	la papaya
la canoa	la guanábana	la piragua
el carey	la guayaba	el tabaco
el Caribe	el güiro	

Actividades

A. Conteste las siguientes preguntas.

1. ¿Sabe Ud. lo que significan estas palabras de origen taíno? Si hay palabras que no conoce, búsquelas en el diccionario y apréndalas.

2. ¿Emplea Ud. algunas de las palabras de la lista? ¿Cuáles usa?

3. ¿Conoce Ud. otras palabras provenientes del taíno? ¿Cuáles son?

B. En parejas, identifiquen categorías o patrones con respecto a estas palabras. ¿Qué conclusiones se pueden sacar al analizar esta lista?

Escritura

La descripción

En la descripción, el narrador detiene la acción de la narración y presenta —por medio del lenguaje— una imagen de los personajes, objetos y lugares de un relato. Describe sus distintos rasgos, cualidades o circunstancias.

La descripción es como una fotografía o una pintura mediante la cual el narrador decide lo que «verá» el lector. Cuando se describe hay que determinar claramente lo que se quiere conseguir con la descripción que se hace.

La descripción se logra mediante el uso de:

- sustantivos (nombres propios y comunes)
- modificadores (artículos, adjetivos, frases preposicionales)

Verifique cuidadosamente la concordancia entre el sustantivo y sus modificadores.

EJEMPLOS DE SUSTANTIVOS Y MODIFICADORES

SUSTANTIVOS	MODIFICADORES
cantante	famoso
música	estruendosa (*deafening*)
instrumento	de viento
países	hispanos
concierto	clásicas
ritmo	rápido
melodías	dulces

A continuación hay una descripción del coquí —una pegueña rana autóctona de Puerto Rico— de la «Serenata del coquí» de Tomás Blanco.

La onomatopeya* de su propio nombre reproduce satisfactoriamente el tema de su canto: inacabable repetición rítmica de las dos sílabas, co-quí, la última más aguda y cristalina[a] y algo más prolongada, ambas muy netas[b] y precisas, seguidas de una pausa que dura doble tiempo del que toman las dos notas juntas. El timbre es límpido,[c] agradable, bastante semejante al del silbido[d] humano, pero un poco ahuecado[e] y un tanto xilofónico o acuático; sin gran volumen, pero muy resonante. El tono es más de tenor que de barítono, como la llamada de un pájaro de mediano tamaño y excelente garganta.

---

[a]clara   [b]claras   [c]puro   [d]el sonido que se produce al silbar   [e]efecto de hablar en un tono más grave

---

*«Onomatopeya» se refiere a vocablos que imitan o recrean el sonido de la cosa o la acción nombrada. Por ejemplo, «miau» es el sonido que hace un gato y se deletrea como suena.

Un coquí

Práctica

A. Conteste las siguientes preguntas sobre el fragmento literario anterior.

1. Describa las dos inacabables sílabas rítmicas.
2. ¿Cómo es el timbre del canto?
3. ¿Cómo es el tono?
4. ¿Por qué dice el autor que la onomatopeya del nombre del coquí reproduce el tema de su canto?

B. Paso 1. Use el párrafo sobre el coquí de modelo y escriba una descripción de tres a cinco oraciones de un animal doméstico o una mascota que tuvo cuando era niño/a sin nombrar el animal.

Paso 2. Léales a sus compañeros la descripción que escribió para que ellos traten de adivinar qué animal describe.

¡Vamos a escribir!

Describa un género musical de la música del Caribe hispano de acuerdo con lo que ha leído sobre el mismo. Utilice sustantivos y modificadores y preste atención a la concordancia de género y número.

Comparación y contraste

La técnica de comparar y contrastar se usa para expresar las cualidades de dos o más fenómenos y para hacer hincapié en (*to emphasize*) lo que tienen y no tienen en común. Se escribe este tipo de ensayo para presentar información sobre:

- algo que el lector no conoce a través de las semejanzas y diferencias que tiene con algo que el lector sí conoce
- dos cosas que el lector desconoce, comparándolas y contrastándolas con algo conocido
- dos entidades que el lector ya conoce mediante la comparación y el contraste de las mismas

Cuando se comparan y se contrastan objetos, lugares, personas, ideas, textos, etcétera, se hace siguiendo la estructura básica a continuación.

ESTRUCTURA BÁSICA

Párrafo 1 Introducción: tema y tesis	En la introducción el autor presenta al lector el **tema** —idea general de lo que quiere hablar— y la **tesis** —idea específica con respecto al tema que va a desarrollar y defender. Para empezar, exponga (*present*) el tema y su tesis en oraciones completas. (Puede cambiarlas más tarde, pero al principio le sirven de guía para redactar el ensayo.)
Párrafo 2 Párrafo de comparación o de contraste que apoya la tesis	Este párrafo de comparación o de contraste apoya la tesis. Consta de una oración principal y dos o tres ideas de apoyo. Idea de apoyo #1 Idea de apoyo #2 Idea de apoyo #3
Párrafo 3 Párrafo de comparación o de contraste que apoya la tesis	Este párrafo de comparación o de contraste apoya la tesis. Consta de una oración principal y dos o tres ideas de apoyo. Idea de apoyo #1 Idea de apoyo #2 Idea de apoyo #3
Párrafo 4 Conclusión	En la conclusión el autor resume las ideas expuestas en el ensayo y termina con una oración bien pensada que le pruebe al lector la validez de su análisis.

Conectores útiles para la escritura

además (*moreover*)

asimismo (*moreover*)

por un lado (*on the one hand*)

por otro lado (*on the other hand*)

en cambio (*on the other hand*)

por eso (*therefore*)

puesto que (*since*)

ya que (*since*)

debido a (*due to*)

sin embargo (*however, nevertheless*)

no obstante (*however, nevertheless*)

a pesar de (*despite, in spite of*)

en resumen (*in summary*)

EJEMPLO DE COMPARACIÓN Y CONTRASTE ENTRE LA SALSA Y LA MÚSICA NORTEÑA

Párrafo 1 Introducción: tema y tesis	La música latina bailable ha cautivado con su ritmo ecléctico a los hispanos por todo el mundo. Hoy día, la salsa y la música norteña, aunque de ritmo y origen diferentes, son muy populares entre la gente joven hispana en los Estados Unidos por las características que tienen en común.
Párrafo 2 Párrafo de apoyo de la tesis: contraste	Estos dos géneros musicales son diferentes en distintos niveles. Idea de apoyo #1: salsa urbana frente a norteña rural Idea de apoyo #2: instrumentos musicales distintos Idea de apoyo #3: bailes diferentes
Párrafo 3 Párrafo de apoyo de la tesis: comparación	Las semejanzas entre los dos tipos de música les hacen a los dos muy populares. Idea de apoyo #1: bailable Idea de apoyo #2: popular Idea de apoyo #3: regional
Párrafo 4 Conclusión	A pesar de sus diferencias, la salsa y la música norteña son muy populares entre la gente joven hispana de los Estados Unidos por lo que tienen en común. Debido al éxito comprobado de estos dos géneros musicales en el mundo, podemos proyectar el impacto de futuras formas musicales hispanas a nivel global.

¡Vamos a escribir!

Escoja uno de los siguientes temas y escriba un ensayo usando las reglas de comparación y contraste.

1. Compare y contraste la música de la generación de sus padres con la de su generación.
2. Compare y contraste dos tipos de música del Caribe hispano.

de la música caribeña

Tito Puente

De origen puertorriqueño, Ernesto Antonio «Tito» Puente nació en Nueva York el 20 de abril de 1923. Conocido como «El Rey de los Timbales»,[a] trabajó y ganó este título por su profesionalismo y destreza[b] en la música desde el año 1937. Al momento de morir había grabado más de 100 discos y ganado cinco Premios Grammy por el Mejor Artista Latino. Entre muchos de sus premios y reconocimientos también fue designado como una «Leyenda» en el *Hispanic Hall of Fame* y su nombre se incluyó en el *Jazz Hall of Fame*. Murió en Nueva York en mayo de 2000.

_____
[a] especie de tambor   [b] habilidad

La Lupe

Guadalupe Yoli, conocida en el mundo artístico como «La Lupe», nació en Santiago de Cuba y emigró a Nueva York en 1960. Comenzó su carrera como cantante de salsa y otros géneros latinos junto a Mongo Santamaría, pero su éxito se concretó[a] al aliarse con Tito Puente, con quien grabó muchos discos e hizo innumerables presentaciones. A La Lupe se le recuerda por su protagonismo dinámico en escena. Murió en 1992 y su tumba se encuentra en el Bronx.

_____
[a] se... se hizo realidad

Marc Anthony

Marc Anthony es uno de los cantantes de salsa más cotizados[a] hoy día. Empezó a cantar a los 14 años y desde entonces escribe canciones. Cantó junto a Tito Puente en el Palladium y en el Madison Square Garden. Nacido y criado en Nueva York, Marc

_____
[a] estimados favorablemente

Anthony canta en inglés y en español y siempre ha tratado de mantener su herencia hispana. Entre sus discos se cuentan: *When the Night is Over* (1991), *Otra nota* (1993), *Todo a su tiempo* (1995), *Contra la corriente* (1997), *Libre* (2001) y *Valió la pena* (2004). Además de dedicarse a la música, Marc Anthony también ha actuado en varias películas en los Estados Unidos.

Juan Luis Guerra

Juan Luis Guerra nació y se crió en Santo Domingo, la República Dominicana. Desde su infancia demostró interés por la música y cantaba en las festividades de sus escuelas. Estudió música en el Conservatorio de Música de Santo Domingo y posteriormente estudió composición y arreglos en el Berklee College of Music de Boston, Massachusetts. En 1984 formó su grupo de música, Juan Luis Guerra y 4:40, con quien grabó varios discos y comenzó una larga y exitosa carrera musical. Algunos de sus discos incluyen: *Soplando, mudanza y acarreo* (1985), *Ojalá que llueva café* (1987), *Bachata rosa* (1990), *No es lo mismo ni es igual* (1998), *Para ti* (2004) y *La llave de mi corazón* (2007). Juan Luis Guerra ha recibido reconocimientos por su trayectoria musical incluso varios Premios Grammy Latinos y Billboard.

DESPUÉS DE LEER

A. **¡A charlar!** En parejas, comenten las siguientes preguntas.

1. ¿Cuáles son algunas de las características que tienen en común estos personajes destacados de la música caribeña?
2. ¿Cuáles son algunas de las diferencias entre ellos?
3. ¿Qué opinan Uds. de los logros de estos artistas hispanos?
4. ¿En qué se comparan Tito Puente, La Lupe, Marc Anthony y Juan Luis Guerra con sus cantantes favoritos? ¿En qué son diferentes?

B. **¡A escribir!** Seleccione a un(a) compañero/a de clase e imagine que en diez años se ha convertido en un(a) músico importante en este país. Escriba una breve biografía inventada y parecida a las biografías en esta sección.

Lectura: La venta de la música latina en los Estados Unidos y en el mundo

Shakira

La música latina se conoce en los Estados Unidos desde el decenio[a] de 1920. Sin embargo, aunque siempre hubo ventas esporádicas de sus grabaciones, no es hasta el final del siglo XX que invade el mercado popular de los Estados Unidos. Por primera vez nos encontramos con artistas procedentes de varios países de habla hispana que se convierten en iconos culturales en los Estados Unidos y en el mundo. Los mercados internacionales son ahora otro punto de venta para artistas que anteriormente triunfaban solamente en su medio nacional. Las puertas a ese espacio parecieron recibir el impulso final con la figura de Ricky Martin, quien sorprendió al público estadounidense en 1999 con su actuación en los Premios Grammy. Aunque Martin ya era conocido en Europa, en la América de habla hispana, entre las comunidades hispanas de los Estados Unidos y en otros puntos del globo, todavía no había conquistado el mercado de habla inglesa del país.

A partir de ese momento se hicieron populares otros intérpretes provenientes de varios países de habla hispana, como por ejemplo: Shakira, Luis Miguel, Chayanne, Thalía y Paulina Rubio. Otros, como Santana, Gloria Estefan y Julio Iglesias, ya eran muy conocidos en los Estados Unidos, aunque para entonces no se les escuchaba tanto. La entrada de los nuevos intérpretes revivió el interés en Santana, cuyo disco *Supernatural*, grabado con un grupo muy popular de México, Maná, llegó a ser el más escuchado del año 2000 y ganó varios Premios Grammy. Aunque Selena, como Santana, también vivía en los Estados Unidos, su música se identificaba con la tradición procedente del norte de México, transformada en los Estados Unidos por la influencia de Texas. A Selena se le conocía como una intérprete de música tejana. Su trágica muerte propició[b] el interés en ella, la cual pasó a ser también un fenómeno de ventas en los Estados Unidos y en otras partes del mundo.

Las ventas de discos de esta música en los Estados Unidos y en el mundo aseguran la estabilidad económica de las compañías disqueras que promueven a los intérpretes de origen hispano. La presencia de poblaciones de habla hispana en los Estados Unidos, ya acercándose a los 40 millones, y la proyección mundial de la música hispana, les asegura a los artistas un mercado significativo y un futuro permanente como parte de la cultura popular.

———
[a] década   [b] causó

DESPUÉS DE LEER

A. Comprensión

Conteste las siguientes preguntas sobre la lectura.

1. ¿Cómo reapareció la música latina en los Estados Unidos y en el mundo?
2. ¿Quiénes fueron algunos de los artistas que se hicieron populares en los Estados Unidos a partir del año 1999?
3. Describa la música de Selena.
4. ¿Qué asegurarán las ventas de la música latina en los Estados Unidos en el futuro?

B. ¡A charlar!

En grupos de tres, comenten las siguientes preguntas y temas.

1. Hablen sobre el mercado de la música popular latina desde su experiencia personal. ¿Qué música latina compran Uds.?
2. ¿Qué influencia ha tenido la música latina en el ambiente musical de los Estados Unidos?
3. Comenten la música de los Estados Unidos en general y su impacto en la música de los países hispanos.
4. ¿Cómo explicarían Uds. la popularidad de la música en español en los Estados Unidos?

C. Investigación y conversación

Paso 1. Para investigar y contestar las siguientes preguntas relacionadas con el tema de la lectura, visite su buscador preferido en Internet y utilice las palabras clave que aparecen después de cada pregunta como punto de partida.

1. Busque y escuche muestras de la música de por lo menos tres artistas mencionados en esta lectura. ¿Son fáciles de bajar (*to download*) gratis esas muestras que escuchó? ¿Cómo es la calidad del sonido? ¿Cuánto cuestan algunas de las canciones?
   (*Shakira, Thalía, Paulina Rubio*)
2. ¿Cuáles son las consecuencias económicas de la piratería para la industria disquera, para un país y para el público?
   (*industria musical, piratería*)
3. ¿Quiénes son los ganadores de los Premios Grammy Latinos de los últimos años?
   (*Premios Grammy Latinos*)
4. ¿Qué son los Premios Lo nuestro?
   (*Premios Lo nuestro*)
5. ¿En qué compañías disqueras graban los artistas hispanos? ¿Graban esos artistas en español, en inglés o en ambos idiomas?
   (*compañías disqueras en los Estados Unidos, Shakira, Julieta Venegas, Juanes, Don Omar*)

Paso 2. En grupos de tres, compartan los resultados de su investigación del **Paso 1.**

Paso 3. Comenten las siguientes preguntas.

1. ¿Cómo podría resolverse el problema de la piratería de la música?
2. ¿Creen Uds. que las decisiones de los Premios Grammy Latinos sean justas?
3. ¿Prefieren los Premios Lo nuestro? ¿Por qué sí o por qué no?
4. ¿Creen Uds. que haya demasiados programas de este tipo?
5. ¿Cómo creen Uds. que ayuden las giras en la venta de discos?
6. ¿Creen Uds. que la popularidad de los artistas hispanos sea una moda pasajera (*fad*) o algo permanente? ¿Por qué?

Proyecto final

En parejas, escojan uno de los siguientes proyectos y preséntenlo a la clase.

1. Póster publicitario para anunciar a un(a) nuevo/a cantante

Uds. trabajan para una agencia publicitaria y necesitan crear un póster publicitario para anunciar a un nuevo (una nueva) cantante que una compañía disquera lanzará al mercado hispanohablante de los Estados Unidos. Usen su creatividad e imaginación para incluir el nombre del / de la cantante, su tipo de música que canta, los nombres de sus canciones y otros aspectos que ayudarían a promover a ese/a artista con éxito. Presenten a la clase el póster publicitario.

2. Página Web de los fans de un(a) nuevo/a cantante

Uds. son los co presidentes/as de un club de seguidores o fans de un(a) cantante y deben crear una página Web sobre un nuevo (una nueva) cantante que una compañía disquera lanzará al mercado hispanohablante de los Estados Unidos. Usen su creatividad e imaginación para incluir el nombre del / de la cantante, el tipo de música que canta, el nombre de su nuevo disco, y los nombres de sus canciones y otros aspectos de la vida del / de la artista que serían de interés para los aficionados. Es recomendable visitar páginas Web de cantantes que ya son conocidos. Presenten a la clase la página Web.

3. Folleto (*Flyer*) publicitario para una tienda de música

Uds. trabajan para una tienda de música en Miami, Florida, y necesitan crear un folleto sobre los instrumentos musicales que allí se venden. Usen su creatividad e imaginación para crear un folleto publicitario para la tienda de música que representan. Presenten a la clase su folleto.

4. Propaganda para un concierto

Uds. trabajan para una empresa organizadora de espectáculos. Diseñen una cartelera (*billboard*) para promocionar un concierto de música latina en los Estados Unidos. La cartelera debe incluir el nombre del concierto, los nombres de los artistas, el tipo de música, las fechas, el horario, las ciudades donde se va a presentar el concierto y otras cosas relevantes para anunciarlo. Presenten a la clase su cartelera.

¿ Encuesta ?

¿Cuánto aprendió Ud. sobre la música del Caribe hispano, el tema del **Capítulo 1?** ¡Seguro que ha aprendido mucho! Ahora que ha llegado al final del capítulo, vuelva a la página 2 al principio del capítulo y complete la encuesta de nuevo. ¿La segunda vez que la tomó le fue mejor que la primera vez?

Capítulo 2

El cine mexicano

Los directores mexicanos Alfonso Cuarón, Alejandro González Iñárritu y Guillermo del Toro

Objetivos

- adquirir información sobre la industria cinematográfica mexicana

- aprender los usos de la letra **h**

- aprender las formas y los usos del pretérito y del imperfecto

- aprender a narrar en el pasado: la biografía y la autobiografía

- comprender el valor económico de la industria cinematográfica

- aplicar, por medio de un proyecto final, los conocimientos y destrezas desarrollados

- conocer más a fondo México

Para empezar

Encuesta ¿Cuánto sabe Ud. del cine mexicano?

A. Conecte el nombre de los actores de la primera columna con los apodos de la segunda columna. **NOTA** Hay más apodos que nombres.

1. _____ María Félix
2. _____ Mario Moreno
3. _____ Emilio Fernández
4. _____ Germán Valdez

a. La Tongolele
b. La Guarachera
c. La Doña
d. Cantinflas
e. Tin Tan
f. El Indio

B. Conecte el nombre de los actores o directores de la primera columna con las películas de la Época de Oro del cine mexicano en las que colaboraron de la segunda columna. **NOTA** Hay más películas que personajes.

1. _____ María Félix
2. _____ Mario Moreno
3. _____ Emilio Fernández
4. _____ Luis Buñuel

a. *Ahí está el detalle*
b. *Doña Bárbara*
c. *Los olvidados*
d. *La perla*
e. *Cuando los hijos se van*
f. *El hijo desobediente*

C. Conecte el nombre de los actores o directores de la primera columna con las películas mexicanas contemporáneas en las que colaboraron de la segunda columna. **NOTA** Hay más películas que personajes.

1. _____ Guillermo del Toro
2. _____ Salma Hayek
3. _____ Gael García Bernal
4. _____ Alfonso Arau

a. *Como agua para chocolate*
b. *Diarios de motocicleta*
c. *El callejón de los milagros*
d. *El laberinto del fauno*
e. *Corazones rotos*
f. *Sin dejar huella*

- Si Ud. tuvo ocho o más respuestas correctas, eso indica que sabe mucho sobre el cine mexicano.
- Si tuvo de cinco a siete respuestas correctas, eso indica que su conocimiento sobre el tema es moderado.
- Si tuvo menos de cinco respuestas correctas, eso indica que Ud. va a aprender mucho sobre el cine mexicano.

A. 1 c 2 d 3 f 4 e   B. 1 b 2 a 3 d 4 c   C. 1 d 2 c 3 b 4 a

Lecturas culturales

ANTES DE LEER

En parejas, comenten las siguientes preguntas.

1. ¿Les gusta ir al cine? ¿Qué tipo de películas les gusta ver? ¿Por qué?
2. ¿Cuál es la última película que han visto? ¿Les gustó?
3. ¿Prefieren ver películas extranjeras o prefieren las de Hollywood? ¿Por qué?
4. Para ver películas, ¿prefieren ir al cine o prefieren verlas en casa? ¿Por qué?
5. ¿Cuáles son las ventajas y/o desventajas de ver las películas en casa en vez de ir al cine?

Introducción

A fines del siglo XIX se comienza a desarrollar en España y Latinoamérica una industria cinematográfica. En la actualidad, a pesar de la influencia y el dominio de los Estados Unidos y de Europa en este campo, los países latinoamericanos contribuyen significativamente en la producción de películas. Antes Brasil, Argentina y México sobresalían en este arte, pero ahora encontramos que otros países de Latinoamérica también producen películas. Este capítulo se centra en la industria del cine mexicano debido a su larga trayectoria histórica en el desarrollo del cine en español. Reconocemos, sin embargo, que en toda Latinoamérica y en España esta industria es importante y valiosa.

LECTURA CULTURAL 1: La Época de Oro del cine mexicano

La Época de Oro del cine mexicano abarca[a] desde los años 30 hasta mediados de los años 50. La participación de los Estados Unidos y de varios países europeos en la Segunda Guerra Mundial limitó la producción cinematográfica de las naciones involucradas[b] en el conflicto bélico.[c] Esta situación le abrió el camino a la incipiente industria mexicana. Con artistas y directores con mucho talento, México llegó a dominar el mercado latinoamericano. El auge[d] de este cine fue tal que se llegó a producir un promedio de 70 películas al año, un número significativo para esa época, y ya a partir de los años 40 México comenzó a desarrollar el cine en color. Las películas que se filmaban incluían adaptaciones de obras literarias, temas policíacos e históricos, comedias rancheras, comedias musicales y melodramas urbanos y rancheros.

Tres géneros de cine sobresalieron: el cómico, el de melodrama urbano y el rural. En el primero, el actor Mario Moreno logró internacionalizar al personaje cómico de Cantinflas y Germán Valdés a Tin Tan. Mario Moreno basó a Cantinflas en dos personajes típicos de aquel entonces: el campesino mexicano y el mexicano pobre residente en las áreas marginales de la ciudad. *Ahí está el detalle* (1940), *El mago* (1948) y *Si yo fuera diputado* (1952) son algunos de los largometrajes[e] de ese género. En películas como *El hijo desobediente* (1945), *El rey del barrio* (1950) y *El vagabundo* (1953), Tin Tan popularizó la

---

[a]cubre [b]incluidas [c]guerrero [d]*peak* [e]producciones cinematográficas que en general duran entre 60 y 120 minutos

María Félix

manera de vestir de un personaje de los Estados Unidos —«el pachuco*»— y su lenguaje caló,[†] que era una mezcla de español e inglés.

En el cine de melodrama urbano, directores de la talla de Alejandro Galindo, Ismael Rodríguez y el español Luis Buñuel usaron los vecindarios y los barrios pobres de la ciudad mexicana como escenarios en los que personajes de la clase trabajadora y de la clase media eran los protagonistas. Un ejemplo del melodrama familiar urbano es la película *Cuando los hijos se van* (1941), de Juan Bustillo de Oro, la cual pone en evidencia los conflictos generacionales, el cuestionamiento de los valores tradicionales de la familia mexicana y la transformación de esta a causa de las nuevas exigencias[f] de la vida urbana.

En el cine rural, gracias a la aportación[g] de Emilio «El Indio» Fernández, director y actor, se presentó el paisaje de la provincia mexicana y se dramatizaron los temas de la revolución mexicana.

La popularidad del cine mexicano en territorio nacional y en el extranjero llevó a la fama a una serie de productores, directores, realizadores, actores y técnicos. Entre los actores destacaron María Félix, Pedro Infante, Marga López, Dolores del Río, Pedro Armendáriz, Arturo de Córdova, Jorge Negrete y la argentina Libertad Lamarque. También se dieron a conocer mundialmente directores como los ya mencionados Emilio «El Indio» Fernández y Alejandro Galindo, además de Julio Bracho. Por último, entre los productores sobresalieron Juan Bustillo de Oro, Miguel Zacarías, Fernando de Fuentes y el fotógrafo, Gabriel Figueroa. *Allá en el rancho grande* (1936), *Doña Bárbara* (1943), *Flor Silvestre* (1943), *Bugambilia* (1944), *La perla* (1945), *Enamorada* (1946), *Río Escondido* (1947), *Salón México* (1948) y *Los olvidados* (1950) constituyen varios de los títulos que triunfaron en toda Latinoamérica.

María Félix es una de las figuras más iconográficas[h] de su tiempo. Se llegó a conocer por el apodo de «La Doña» por su carácter soberbio,[i] personalidad imponente, presencia imperial en el escenario y por su larga y destacada trayectoria en el cine. Aunque nunca llegó a participar en el cine de Hollywood, su actuación en películas como *El peñón[j] de las ánimas* (1942), *Doña Bárbara* (1943), *La devoradora* (1946), *Enamorada* (1946) y *Doña diabla* (1948) la convirtieron en una estrella de fama internacional.

Según el crítico de cine mexicano, Emilio García Riera, a finales de los años 50 la industria cinematográfica mexicana empezó a disminuir en calidad y cantidad. Varias circunstancias aceleraron su declive.[k] El fin de la Segunda Guerra Mundial ocasionó un florecimiento de la industria cinematográfica en los Estados Unidos y en Europa, lo cual significó que más países se

---

[f]requisitos, necesidades [g]contribución [h]notables, conocidas [i]grandioso [j]*craggy rock* [k]caída

---

*Los pachucos eran personajes estadounidenses de origen mexicano que llevaban un traje llamado *zoot suit* que constaba de: l. un pantalón muy holgado con tirantes adornado con cadenas a un costado y ceñido en la cintura y en los tobillos y 2. un saco largo con solapas y hombros amplios. Con el traje llevaban sombrero al estilo francés. En México este personaje fue popularizado por el actor de cine Germán Valdés (Tin Tan).

[†]El caló es el lenguaje popular entre la comunidad de los pachucos en las zonas urbanas del suroeste de los Estados Unidos. Aunque el caló de España tiene su origen en los dialectos de la comunidad gitana, en el suroeste de los Estados Unidos la palabra se refiere a una mezcla de inglés y español, pero del español del siglo XVI que permaneció en los territorios españoles de América.

disputaron[l] el mercado mundial. Las nuevas producciones del extranjero comenzaron a llegar a Latinoamérica, en particular las provenientes de España y de los Estados Unidos. Los estudios cinematográficos locales no pudieron competir con las campañas publicitarias de los Estados Unidos. La Revolución en Cuba, hizo que México perdiera uno de sus más importantes mercados. La falta de visión en la política cultural gubernamental y la ausencia[m] de un programa de desarrollo de formación de talento que pudiera hacer frente a[n] la maquinaria[ñ] comercial del cine foráneo,[o] condujeron a la caída de la industria nacional mexicana. El nivel de fama y prestigio mundial que el cine mexicano disfrutó durante la Época de Oro del cine mexicano no se ha podido recobrar[p] jamás. En la actualidad, los directores y actores mexicanos que circulan en el ámbito de Hollywood y del cine europeo forman parte de la transnacionalización del talento que se está dando mundialmente en todas las profesiones, fieles a su carrera, pero no sujetos al rumbo[q] de la industria en su país de origen.

---

[l]se... compitieron   [m]*absence*   [n]hacer... enfrentarse a   [ñ]industria   [o]extranjero   [p]*regain*   [q]dirección

DESPUÉS DE LEER

A. Comprensión

Conteste las siguientes preguntas sobre la lectura.

1. ¿Qué eventos mundiales permitieron el desarrollo de la industria cinematográfica mexicana durante los años 30, 40 y 50?
2. ¿Cuáles son algunos de los temas que trataban las películas de la Época de Oro del cine mexicano?
3. ¿Cuáles son algunas de las características de los géneros de la Época de Oro del cine mexicano?
4. ¿Quiénes eran los directores más importantes de aquella época del cine mexicano?
5. Revise los títulos de las películas de María Félix. Basándose en los títulos de sus películas, ¿qué relación ve entre estos y el apodo con el que se conoció a dicha actriz?
6. Revise los títulos de algunas de las películas de Mario Moreno «Cantinflas» y de Germán Valdéz «Tin Tan». ¿Qué relación ve entre los títulos de sus películas con el género de cine que estas representaban?
7. ¿Qué acontecimientos históricos y sociales dieron fin a la Época de Oro del cine mexicano?

B. ¡A charlar!

En grupos de tres, comenten las siguientes preguntas y temas.

1. ¿Han visto Uds. algunas de las películas de la Época de Oro del cine mexicano? ¿Cuáles?
2. ¿Han escuchado a sus familiares hablar de algunas de estas películas o de los actores de esta época? ¿De cuáles han hablado?
3. ¿Por qué creen Uds. que Cantinflas y Tin Tan fueron tan populares durante su época?

(Continúa.)

4. ¿Qué actrices del cine o de las telenovelas actuales serían las equivalentes al personaje de La Doña? ¿Por qué?

5. ¿Cuáles son algunos de los títulos de las películas que han visto recientemente? ¿Cómo se comparan esos títulos con los de las películas de la Época de Oro del cine mexicano?

C. Investigación y conversación

Paso 1. Para investigar y contestar las siguientes preguntas relacionadas con el tema de la lectura, visite su buscador preferido en Internet y utilice las palabras clave que aparecen después de cada pregunta como punto de partida.

1. Haga una búsqueda sobre una película de Mario Moreno en que interpreta el papel de Cantinflas. ¿De qué se trata?
(*Mario Moreno, Cantinflas*)

2. ¿Qué eventos de su vida llevaron a Germán Valdés a crear el personaje de Tin Tan?
(*Germán Valdés, Tin Tan*)

3. Busque una película de Alejandro Galindo, Ismael Rodríguez o Juan Bustillo de Oro. ¿Cuál es la trama (*plot*)? ¿Qué temas se tratan? ¿Por qué se caracteriza como un melodrama urbano?
(*Alejandro Galindo, Ismael Rodríguez, Juan Bustillo de Oro*)

4. Busque dos películas de Emilio «El Indio» Fernández. ¿Qué características tienen que las hacen pertenecer al género de cine rural?
(*Emilio Fernández, El Indio*)

5. Haga una búsqueda sobre una persona famosa que trabajaba en la industria cinematográfica de la Época de Oro del cine mexicano. Describa tanto su vida personal como su trayectoria profesional.
(*Julio Bracho, María Félix, Gabriel Figueroa, Pedro Infante, Dolores del Río*)

Paso 2. En grupos de tres, compartan los resultados de su investigación del **Paso 1.**

Paso 3. Comenten las siguientes preguntas.

1. ¿Qué opinan de las películas de Mario Moreno que han investigado? Según lo que han leído sobre el argumento (*plot*), ¿las encuentran graciosas? ¿Por qué sí o por qué no? ¿Hay equivalentes de estas películas en la actualidad?

2. ¿Hay algún artista moderno (alguna artista moderna) que haya hecho algo parecido a lo que hizo Germán Valdés con el personaje de Tin Tan?

3. ¿Les gustan las películas del género de melodrama urbano? Por qué sí o por qué no? ¿Conocen algunas películas modernas en español o en inglés que pertenezcan a este género?

4. ¿Les gustan las películas del género de cine rural? Por qué sí o por qué no? ¿Conocen algunas películas modernas en español o en inglés que pertenezcan a este género?

5. ¿Qué les parece más interesante sobre la persona famosa de la Época de Oro del cine mexicano que escogieron? ¿Por qué escogieron a esa persona? ¿Conocen a algún/alguna artista actual que haya tenido una carrera parecida?

LECTURA CULTURAL 2: El cine mexicano del nuevo milenio

Gael García Bernal en la película *Amores perros*

La Época de Oro del cine mexicano concluyó a mediados de los años 50. A partir de esa fecha surgieron notables producciones de algunos cineastas[a] mexicanos como Arturo Ripstein, Felipe Cazals, Jaime Humberto Hermosillo y Paul Leduc. Sus películas lograron los elogios[b] de los críticos de cine durante los años de la segunda parte del siglo XX. Sin embargo, durante esta época una gran parte de las películas que se produjeron se caracterizaron por su baja calidad artística y presupuesto[c] bajo. En esta época surgieron el cine lépero, el cine de temática fronteriza, el cine de cantantes, el cine de ficheras y el cine de la lucha libre* con personajes tales como El Santo. La crisis en la industria cinematográfica de estas décadas se agudizó[d] aún más por la falta de apoyo gubernamental, el desinterés del público y la invasión de películas extranjeras, especialmente de Hollywood. Estas últimas llegaron a México acompañadas de un gran presupuesto publicitario con el que los distribuidores y exhibidores del cine nacional no pudieron competir.

A pesar de la crisis en que se encontraba el cine mexicano de estas décadas, en 1992 la película *Como agua para chocolate*, de Alfonso Arau, tuvo un éxito sin precedentes, tanto de parte de la crítica como de taquilla[e] nacional

---

[a]directores de cine   [b]*praise*   [c]*budget*   [d]se... empeoró   [e]*box office*

---

*El cine lépero es un género de películas de baja calidad artística de los años 70 y 80 caracterizado por prostitutas, desnudez, palabrotas, cabarets, personajes populares y travestismo. El cine de temática fronteriza incluye un género de películas mexicanas de baja calidad artística en donde las tramas se llevan a cabo entre la frontera de México y los Estados Unidos y se basan en el contrabando de drogas y los narcotraficantes. El cine de cantantes, otro género de películas de baja calidad artística, se caracteriza por historias simples en donde participaban las estrellas de la música popular de la época. El cine de ficheras, género de películas picarescas de baja calidad artística, se caracteriza por historias simples de personajes populares de la vida real y sobre vedettes (*stars*) y en el que se enfatizan las palabras de doble sentido. El cine de lucha libre es un género de películas caracterizado por historias en las que el tema central incluye el deporte o espectáculo de luchadores y que popularizó a personajes como El Santo, Blue Demon y Mil Máscaras.

e internacional. En 1999, la película *Sexo, pudor y lágrimas*, de Antonio Serrano, logró duplicar el éxito de Arau. Estas dos producciones sustentaron[f] la esperanza de un nuevo cine de calidad artística con un significativo potencial económico. En las producciones a partir de esta década, y en las de los siguientes años, se han podido observar algunas características representativas del cine mexicano del nuevo milenio que se comentan más adelante.

Desde entonces, se empezaron a producir películas mexicanas con la ambiciosa meta de rescatar al cine mexicano del atraso en el que se encontraba. Ahora, se han comenzado a producir películas que aspiran a recuperar un público desinteresado en el cine nacional y a captar el interés de los inversionistas. Algunos de los cineastas mexicanos como Alejandro Gamboa y Luis Mandoki triunfaron en el extranjero y volvieron a México a hacer cine. Directores mexicanos, tales como Carlos Carrera, Luis Estrada y Fernando Sariñana, producen cine de alta calidad artística y con éxito comercial. Quizás los directores mexicanos más famosos del momento que han trabajado tanto en el cine mexicano como en el cine internacional son Alfonso Cuarón, Guillermo del Toro y Alejandro González Iñárritu, también conocidos como «Los tres amigos». En 2006, los tres fueron nominados para el Óscar en distintas categorías. Cuarón recibió dos nominaciones por la misma película *Children of Men* (Reino Unido, 2006) en las categorías de mejor guión[g] adaptado y mejor montaje.[h] González Iñárritu fue nominado en la categoría de mejor director por *Babel* (México, Francia, EE.UU., 2006) en la que actuaron Gael García Bernal y Brad Pitt, entre otros. Para *El laberinto del fauno* (México, España, 2006), Del Toro recibió dos nominaciones: una por mejor guión original y otra por mejor película extranjera.

Entre las mujeres que se destacan por realizar películas se encuentran María Novaro, Guita Schyfter, Eva López Sánchez, María del Carmen de Lara y Marisa Sistach. En sus películas, que abordan temas característicos del movimiento feminista, han creado un espacio legítimo en el que, como cineastas, han sido capaces de producir cine de calidad en un mundo tradicionalmente masculino.

El cine mexicano contemporáneo ha producido la temática urbana en donde un evento o un espacio, compartido al azar[i] por los personajes, enlaza historias que de lo contrario parecerían independientes la una de la otra. Tal es el caso en películas como *Amores Perros* (2000), de Alejandro González Iñárritu; *Ciudades oscuras* (2002), de Fernando Sariñana; *Corazones rotos* (2002), de Rafael Montero y *Cero y van cuatro* (2004), de Carlos Carrera, Alejandro Gamboa, Fernando Sariñana y Antonio Serrano.

Otra característica del cine mexicano del nuevo milenio es la colaboración con otros países latinoamericanos o europeos. En estas películas, la historia incluye a personajes de todos los países involucrados en la producción. Algunos ejemplos de dichas películas son *Nicotina* (2004), del argentino nacionalizado mexicano Hugo Rodríguez, hecha con financiamiento de México, España y Argentina; *Sin dejar huella* (2000), de María Novaro, realizada, con el respaldo[j] económico de México y España; *Conejo en la luna* (2004), de Jorge Ramírez Suárez, financiada por México y el Reino Unido; *Sólo Dios sabe* (2006), de Carlos Bolado, hecha con financiamiento de Brasil y México.

Aunque no se ha llegado al nivel de calidad artística, ni al número de producciones del pasado, el cine mexicano actual tiene un futuro prometedor.

---

[f]mantuvieron   [g]*script*   [h]*editing*   [i]al... de manera arbitraria   [j]apoyo

DESPUÉS DE LEER

A. Comprensión

Conteste las siguientes preguntas sobre la lectura.

1. ¿Cuáles son los tipos de películas que proliferaron en México durante la segunda parte del siglo XX?
2. ¿Cuáles son algunos de los factores que contribuyeron a la baja calidad de las películas de esta época?
3. ¿Cuáles son las razones de la mejora artística del cine mexicano del nuevo milenio?
4. ¿Cuáles son las características de las películas mexicanas que se han venido produciendo en México en lo que va del siglo?

B. ¡A charlar!

En grupos de tres, comenten las siguientes preguntas y temas.

1. ¿Por qué creen Uds. que mejoró la calidad de las películas mexicanas a finales de los 90 y a principios del milenio?
2. ¿Han visto algunas de las películas del cine mexicano del nuevo milenio? ¿Cuáles? ¿Les gustaron? ¿Por qué sí o por qué no?
3. Una característica del cine mexicano actual es el número significativo de películas en producción con otros países. ¿Por qué creen Uds. que esta práctica es más común ahora que en el pasado? ¿Cuáles pueden ser los beneficios de hacer una película en colaboración con otros países?
4. Algunos mexicanos han salido de su país para educarse como directores o actores de cine. ¿Cuáles podrían ser las ventajas de estudiar en el extranjero?

C. Investigación y conversación

Paso 1. Para investigar y contestar las siguientes preguntas relacionadas con el tema de la lectura, visite su buscador preferido en Internet y utilice las palabras clave que aparecen después de cada pregunta como punto de partida.

1. ¿De qué se trata la película *Sexo, pudor y lágrimas* de Antonio Serrano? ¿Quiénes son los protagonistas? ¿Por qué es una película importante del cine mexicano?

    (Sexo, pudor y lágrimas)

2. Haga una búsqueda sobre una película del cine mexicano del nuevo milenio y vea el tráiler. ¿Quién es el director de la película que escogió? ¿A qué género de cine pertenece (drama, comedia, terror, etcétera)? ¿Cuál es la trama? ¿Ha sido nominada o ha ganado algunos premios? (Amores perros, Y tu mamá también, Amar te duele, Temporada de patos)

3. Entre las categorías premiadas con el Óscar, hay una a la mejor película extranjera. ¿Cuáles son algunas de las películas hispanas nominadas para el Óscar o que recibieron el galardón de mejor película extranjera? (*mejor película extranjera Los Óscar*)

4. Aparte de «Los tres amigos» mencionados en la lectura, ¿quiénes son algunos/as cineastas o artistas hispanos/as de cine que han sido nominados/as para el Óscar o que han recibido este premio? ¿En qué categoría fueron nominados/as o recibieron el premio? (*los Premios Óscar, hispanos Premio Óscar, actor de reparto*)

Paso 2. En grupos de tres, compartan los resultados de su investigación del **Paso 1.**

Paso 3. Comenten las siguientes preguntas.

1. ¿Por qué creen Uds. que tuvo tanto éxito la película *Sexo, pudor y lágrimas*?
2. ¿Qué opinan de las películas del nuevo milenio que investigaron? Si pueden, compartan con la clase el tráiler de la película.
3. ¿Han visto Uds. algunas de las películas que han sido nominadas o han recibido el Óscar para mejor película extranjera? ¿Les gustaron? ¿Creen que merecieran las nominaciones o los premios?
4. ¿Han visto algunas de las películas de los/las cineastas o artistas hispanos/as de cine que fueron nominados al Óscar o recibieron el premio? ¿Qué opinan de su trabajo? ¿Creen que merecieran las nominaciones o los premios?

LECTURA CULTURAL 3: Cine y literatura en México

La adaptación de obras literarias al cine es una práctica común. Por ejemplo, en los últimos años las películas de Harry Potter, dirigidas por el estadounidense Chris Columbus, el mexicano Alfonso Cuarón, el inglés Mike Newell y el inglés David Yates han sido un éxito en todo el mundo. Estas películas fueron adaptadas de los libros de Harry Potter escritos por la inglesa J. K. Rowling. Otro ejemplo mundialmente famoso de una adaptación de la literatura al cine es la trilogía fílmica de *El señor de los anillos* (2001, 2002 y 2003), del director de Nueva Zelandia Peter Jackson, basada en las novelas del escritor británico J.R.R. Tolkien. En el mundo hispano, la novela famosísima de Miguel de Cervantes, *Don Quijote,* ha sido adaptada al cine en diferentes países de habla hispana. Las obras de Gabriel García Márquez también han sido populares entre las productoras[a] de cine de diferentes países. Por ejemplo, el director inglés, Mike Newell, dirigió la versión norteamericana de *El amor en los tiempos del cólera* (2007).

En México también existen varios ejemplos de adaptaciones literarias al «séptimo arte». Esta práctica ha funcionado para la industria de cine, ya que al público le gusta ver la versión cinematográfica de una novela o un cuento y, en algunos casos, prefiere ver la película a leer la obra literaria. Las productoras de cine se aprovechan del éxito de una novela o un cuento y los llevan a la pantalla grande con un fin económico. Esto funciona porque en muchos casos el espectador ya ha leído el libro, y tiene curiosidad sobre la interpretación o la visión del director acerca de la obra literaria. Cuando uno ve una película, siempre tiene una reacción al ver las imágenes normalmente diferentes a las que se formó durante la lectura. Por esta razón, en México como en otros países, desde hace tiempo, el cine se ha apoyado en la literatura.

Dentro del cine mexicano existen películas basadas en novelas locales o de otros países. Algunos ejemplos de la Época de Oro del cine mexicano son las obras *Santa* (1932), *El peñón de las ánimas* (1944) y *Doña Bárbara* (1943). El filme *Santa* fue adaptado de la novela del mismo nombre del escritor mexicano Federico Gamboa; lo dirigió Antonio Moreno y salieron en la película Lupita Tovar y Carlos Orellana. La segunda, basada en la obra clásica de *Romeo y Julieta* de William Shakespeare, fue dirigida por Miguel Zacarías y actuada por María Félix y Jorge Negrete. *Doña Bárbara* fue dirigida por Fernando de

---

[a] *production companies*

Fuentes; María Félix y Julián Soler interpretaron los papeles de los protagonistas. Esta, igual que *El peñón de las ánimas*, es un ejemplo de una adaptación cinematográfica basada en una obra escrita por alguien de otro país —en este caso, el escritor venezolano, Rómulo Gallegos. Otras obras literarias adaptadas al cine son, *El lugar sin límites* (1978) y *Coronación* (1976)— las dos escritas por el chileno, José Donoso.

Las productoras siguieron haciendo adaptaciones desde finales del siglo XX y continúa hasta hoy día. Algunas de las películas más famosas son *Como agua para chocolate* (1992), basada en la novela del mismo nombre por Laura Esquivel y dirigida por Alfonso Arau, así como la película *Santitos* (1998), adaptada de la novela escrita por María Amparo Escandón. Estos dos ejemplos son importantes por dos razones principales: Las novelas fueron escritas por mujeres mexicanas y, en el caso de *Como agua para chocolate*, provocó la recuperación del cine mexicano debido al éxito taquillero que tuvo y a la aclamación de la crítica internacional.

En 2008 se presentó en México la película *Arráncame la vida*, dirigida por Roberto Sneider y actuada por Ana Claudia Talancón y Daniel Giménez Cacho. Este filme está basado en la novela del mismo nombre de Ángeles Mastreta. *Arráncame la vida* es un ejemplo cinematográfico mexicano que indica la popularidad de las adaptaciones de las obras literarias al cine. Es también ejemplo del vínculo[b] entre las dos artes que se ha visto a lo largo de la historia del cine.

_____

[b]lazo

El cartel en inglés de la película *Como agua para chocolate*

DESPUÉS DE LEER

A. Comprensión

Conteste las siguientes preguntas sobre la lectura.

1. ¿Cuáles son algunos de los ejemplos exitosos de adaptaciones de la literatura universal al cine?
2. ¿Cuáles son algunos de los ejemplos de adaptaciones de obras literarias de Latinoamérica al cine mexicano?
3. ¿Cuáles son algunos de los ejemplos de adaptaciones de novelas mexicanas al cine de ese país?
4. ¿Por qué son populares las adaptaciones de obras literarias entre las productoras de cine?
5. ¿Por qué son populares las adaptaciones de obras literarias entre los espectadores?

B. ¡A charlar!

En grupos de tres, comenten las siguientes preguntas y temas.

1. ¿Creen Uds. que hoy día las personas prefieran ir a ver una película a leer una obra literaria? Expliquen.
2. ¿Qué prefieren Uds.: ver una película o leer una novela? Expliquen.

(Continúa.)

3. ¿Han visto alguna de las películas mencionadas en la lectura? ¿Han visto alguna película basada en una obra literaria? ¿Han leído un libro después de haber visto una película basada en ese libro? ¿Cuáles?

C. Investigación y conversación

Paso 1. Para investigar y contestar las siguientes preguntas relacionadas con el tema de la lectura, visite su buscador preferido en Internet y utilice las palabras clave que aparecen después de cada pregunta como punto de partida.

1. Haga una búsqueda sobre tres adaptaciones cinematográficas mexicanas y las obras literarias en que se basaron. ¿Encontró más información sobre la película o la obra literaria? Explique.

   (Santa *película*, Santa *de Federico Gamboa*, Como agua para chocolate *película*, Como agua para chocolate *de Laura Esquivel*)

2. Busque información sobre un director, un actor y un escritor mencionados en la lectura. ¿Cuáles son algunos de los acontecimientos más importantes en la vida de las personas que investigaron? ¿Cuáles son algunos de sus logros relacionados con el cine?

   (*María Félix, Alfonso Cuarón, Federico Gamboa, Alfonso Arau*)

3. Tanto la novela como la película *Como agua para chocolate* son muy reconocidas en muchas partes del mundo. ¿Cuál es el argumento de la obra? ¿Quiénes son los protagonistas? ¿Qué significa la frase «como agua para chocolate»? ¿Cómo se aplica a la novela y al filme?

   (Como agua para chocolate *película*, Como agua para chocolate *novela*, *Como agua para chocolate frase*)

Paso 2. En grupos de tres, compartan los resultados de su investigacion del **Paso 1.**

Paso 3. Comenten las siguientes preguntas.

1. En su investigación sobre obras literarias adaptadas al cine, ¿por qué creen que encontraron más información sobre las películas o vice versa? ¿Qué conclusiones pueden sacar sobre este hecho?

2. En su búsqueda sobre directores, actores y escritores, ¿cuáles son algunos datos que les parecieron interesantes al leer sobre estas personas?

3. ¿Les gusta la idea en que se basan tanto la novela como el filme *Como agua para chocolate*? ¿Por qué creen que se adaptó la obra literaria para la pantalla grande? ¿Por qué creen que han tenido las dos versiones tanto éxito a nivel mundial? ¿Conocen a alguien que haya estado en la misma situación que la protagonista?

Ortografía

Los usos de la letra h

La **h** nunca se pronuncia en español; por eso, puede confundir a la hora de escribir.

Puede aparecer al principio o en medio de una palabra.

Se escriben con **h:**

- todas las formas del verbo **haber.**

  Hubo una cola larga para ver esta película.
  Hay muy buenos directores mexicanos.

El próximo año **habrá** muchos estudiantes en la clase de cine mexicano.

La universidad **ha** ofrecido cursos de cine mexicano durante los últimos cinco años.

He visto todas las películas de Alfonso Cuarón.

- todas las formas del verbo **hacer.**

  Hace dos años que vi a Salma Hayek.
  Hizo mucho calor.

- palabras que empiezan con los sonidos **ia-** (**hi**ato), **ie-** (**hi**ena), **ue-** (**hu**ele) y **ui-** (**hu**ir).

- palabras que empiezan con los sonidos **erm-** (**h**ermoso), **idr-** (**h**idráulico), **iper-** (**h**iperactivo), **ipo-** (**h**ipopótamo), **isto-** (**h**istorial), **olg-** (**h**olgazán), **orm-** (**h**ormona), **orr-** (**h**orrible), **osp-** (**h**ospitalario), **um-** (**h**umilde).

ERRORES ORTOGRÁFICOS COMUNES CON *h*

~~a venido~~ en vez de **ha venido**
~~ai~~ en vez de **hay**
~~ase~~ en vez de **hace**
~~a ver~~ en vez de **haber**
~~avía~~ en vez de **había**
~~ermano~~ en vez de **hermano**
~~oi~~ en vez de **hoy**

- Hay palabras que suenan igual, pero al escribirlas con **h** cambian de significado.

  ola (de mar) frente a **hola** (saludo)
  ora (de **orar**) frente a **hora** (tiempo)
  asta (donde se pone la bandera) frente a **hasta** (preposición)
  olla (para cocinar) frente a **holla** (verbo **hollar**)

Práctica

A. Escriba la letra **h** donde sea necesario. En los espacios que no se requiera, no escriba nada.

1. Matilde Landeta, pionera y la __única directora mujer del Siglo de Oro mexicano, ex__ibió la película *Trotacalles* en 1951. Cuarenta años más tarde, y debido al renovado __interés por su trabajo, Landeta escribió y dirigió la película __istórica *Nocturno __a Rosario* en 1991.

2. Los temas __istóricos __an sido uno de los temas centrales del cine mexicano y __oy todavía se siguen __aciendo películas con este tema.

3. __ay muchas razones para sentirnos optimistas con el futuro del cine mexicano. Ex__iste abundancia de talento __excepcional en todas las fases y __áreas de la producción cinematográfica.

4. Se está filmando la nueva película cerca de la ba__ía. El actor principal, __oracio __uertas, es extra__ordinario.

5. El actor se cayó y se __irió la cabeza. Debido a la __inchazón (*swelling*) que tenía, __ubo que suspender la grabación por dos semanas y los productores estaban __inquietos. Esta demora les __iba a costar mucho dinero.

6. El actor vestido de __arapos (*rags*) es muy bueno. El __a __echo muchas películas __últimamente.

B. Escriba la letra **h** donde sea necesario. En los espacios que no se requiera, no escriba nada.

¡__Ay, qué barbaridad! Mi amigo Heriberto está filmando un cortometraje (*short film*) para su clase de cine. El otro día _abía que filmar una escena muy cerca de la playa en la Ba_ía Banderas en Puerto Vallarta. Como no _abían _echo los trámites (*procedures*) para conseguir el permiso de la _alcaldía, él y su compañero _umberto, el camarógrafo, llegaron muy temprano por la mañana para _evitar que los vieran. Estuvieron a_í filmando _asta las doce del día, pero unos _abitantes del pueblo y vendedores _ambulantes los vieron y llamaron a la policía. Cuando _iba llegando la policía tuvieron que salir corriendo con todo el _equipo de filmación y casi se les caía todo al mar. Para colmo (*To top it off*), no pudieron grabar todo lo que querían y a_ora tienen que volver a filmar _otra vez, pero van a tener que pedir los permisos necesarios.

Gramática

El pretérito

En español se usan dos formas simples para indicar el pasado: el pretérito y el imperfecto. **El pretérito** indica una acción que comenzó y llegó a su fin en el pasado.

Ayer Petra **fue** al cine con su amiga Julia y **disfrutó** mucho la película. Cuando **terminó, llamó** a su madre y le **contó** que **vio** la película. Luego se **comió** un helado de fresas y **caminó** con Julia hasta la parada de autobuses.

Conjugación de los verbos regulares del pretérito

Para formar el pretérito, primero se le quita la terminación **-ar, -er** o **-ir** al infinitivo. Lo que queda entonces es la raíz del verbo.

disfrutar → disfrut-

aprender → aprend-

escribir → escrib-

A la raíz se le agregan las terminaciones apropiadas.

	DISFRUTAR	**APRENDER**	**ESCRIBIR**
(yo)	disfrut**é**	aprend**í**	escrib**í**
(tú)	disfrut**aste**	aprend**iste**	escrib**iste**
(él / ella, Ud.)	disfrut**ó**	aprend**ió**	escrib**ió**
(nosotros/as)	disfrut**amos**	aprend**imos**	escrib**imos**
(vosotros/as)	disfrut**asteis**	aprend**isteis**	escrib**isteis**
(ellos / ellas, Uds.)	disfrut**aron**	aprend**ieron**	escrib**ieron**

- La 1ª y la 3ª persona singular del pretérito de los verbos regulares siempre llevan acento.

- Verbos que terminan en **-car, -gar** y **-zar** tienen un cambio ortográfico en la 1ª persona singular (**yo**) del pretérito que sirve para mantener el sonido del infinitivo.

  - **-car: -c-** cambia a **-qu-:**
    buscar → bus**qué**, buscaste, buscó,...

  - **-gar: -g-** cambia a **-gu-:**
    pegar → pe**gué**, pegaste, pegó,...

- **-zar: -z-** cambia a **-c-:**
  rezar → recé, rezaste, rezó,…

- Los verbos que terminan en **-ar** o **-er** y que tienen un cambio de raíz en el presente de indicativo no cambian de raíz en el pretérito. Dos ejemplos son **despertar** y **volver.**

PRESENTE		PRETÉRITO	
(e → ie)	**(o → ue)**		
despierto	vuelvo	desperté	volví
despiertas	vuelves	despertaste	volviste
despierta	vuelve	despertó	volvió
despertamos	volvemos	despertamos	volvimos
despertáis	volvéis	despertasteis	volvisteis
despiertan	vuelven	despertaron	volvieron

- Sin embargo, los verbos que terminan en **-ir** y que tienen un cambio de raíz en el presente de indicativo sí cambian de raíz en el pretérito. En las conjugaciones de la 3ª persona singular **(él/ella)** y plural **(ellos/ellas)** del preterito, la **-e-** cambia a **-i-** y la **-o-** cambia a **-u-.** Dos ejemplos son **servir** y **dormir.**

PRESENTE		PRETÉRITO	
(e → i)	**(o → ue)**	**(e → i)**	**(o → u)**
sirvo	duermo	serví	dormí
sirves	duermes	serviste	dormiste
sirve	duerme	sirvió	durmió
servimos	dormimos	servimos	dormimos
servís	dormís	servisteis	dormisteis
sirven	duermen	sirvieron	durmieron

- Cuando la **-i-** se encuentra entre dos vocales y no lleva acento, en las conjugaciones de la 3ª persona singular y plural del pretérito, se convierte en **-y-.**

LEER
leí
leíste
leyó
leímos
leísteis
leyeron

Conjugación de los verbos irregulares del pretérito

Cuatro de los verbos irregulares más comunes son **dar, hacer, ir** y **ser.**

DAR	HACER	IR/SER
di	hice	fui
diste	hiciste	fuiste
dio	hizo	fue
dimos	hicimos	fuimos
disteis	hicisteis	fuisteis
dieron	hicieron	fueron

- Se conjuga **dar** en el pretérito de la misma manera que se conjugan los verbos regulares que terminan en **-er** e **-ir** en el pretérito, excepto que no se añaden acentos en la forma de la 1ª o la 3ª persona singular.

- **Hizo** se deletrea con **z** para mantener el sonido de la [s] del infinitivo del verbo **hacer.**

- **Ir** y **ser** se conjugan igual en el pretérito. El contexto determinará el significado.

Para conjugar los demás verbos irregulares del pretérito, es importante saber que las terminaciones de la 1ª y 3ª persona singular no son iguales a las terminaciones de los verbos regulares. En general las terminaciones para este grupo de verbos irregulares son: **-e, -iste, -o, -imos, -isteis, -ieron.**

- Hay verbos con raíces irregulares que terminan con **-j-** en el pretérito. Al conjugarse en la 3ª persona plural, se pierde la **-i-** de la terminación **-ieron.**

INFINITIVO	RAÍZ	CONJUGACIONES
conducir (también **deducir, inducir, introducir, producir, reducir**)	conduj-	conduje, condujiste, condujo, condujimos, condujisteis, conduj**eron**
decir (también **desdecir, predecir**)	dij-	dije, dijiste, dijo, dijimos, dijisteis, dij**eron**
traer (también **atraer, detraer, distraer, retraer, sustraer**)	traj-	traje, trajiste, trajo, trajimos, trajisteis, traj**eron**

- Hay otros verbos con raíces irregulares que terminan con **-v-** en el pretérito.

INFINITIVO	RAÍZ	CONJUGACIONES
andar	anduv-	anduve, anduviste, anduvo, anduvimos, anduvisteis, anduvieron
estar	estuv-	estuve, estuviste, estuvo, estuvimos, estuvisteis, estuvieron
tener	tuv-	tuve, tuviste, tuvo, tuvimos, tuvisteis, tuvieron

- Otros verbos irregulares en el pretérito siguen.

INFINITIVO	RAÍZ	CONJUGACIONES
poder	pud-	pude, pudiste, pudo, pudimos, pudisteis, pudieron
poner	pus-	puse, pusiste, puso, pusimos, pusisteis, pusieron
querer	quis-	quise, quisiste, quiso, quisimos, quisisteis, quisieron
saber	sup-	supe, supiste, supo, supimos, supisteis, supieron
venir	vin-	vine, viniste, vino, vinimos, vinisteis, vinieron

Práctica

A. Dé la forma apropiada del pretérito de los verbos entre paréntesis.

1. En 2008 se (filmar) muchas películas en Canadá.
2. Guillermo del Toro (rodar) sus primeras películas en México.
3. ¿Quién (escribir) el guión de la película *Y tu mamá también*?
4. En 2004 Salma Hayek no (ganar) el Óscar por la película *Frida*.
5. Ayer nosotros (comprar) los boletos para la película por Internet.

6. Esta mañana el joven empresario (firmar) un contrato valorado en 5 millones de dólares.

7. ¿Tú (conocer) a Gael García Bernal cuando vino a la ciudad?

8. La semana pasada yo (alquilar) seis películas mexicanas.

9. El año pasado se (piratear) muchas películas en todo el mundo.

10. El semestre pasado multaron a la universidad porque los estudiantes (copiar) películas sin permiso.

B. Cambie el verbo en el pretérito de acuerdo con el sujeto de la segunda oración. Haga otros cambios que sean necesarios.

MODELO La familia compró boletos.   (Ellos) → Ellos compraron boletos.

1. Los jóvenes apagaron sus teléfonos celulares en el cine.   (Yo)

2. La Época de Oro del cine mexicano desarrolló muchas películas a principios del siglo XX.   (Los directores)

3. Libertad Lamarque fue una gran actriz del cine de la Época de Oro del cine mexicano.   (Marga López y Dolores del Río)

4. La invasión de películas extranjeras causó una gran crisis en la industria cinematográfica mexicana.   (Las películas extranjeras)

5. Los artistas mexicanos introdujeron muchas innovaciones al cine latinoamericano.   (Tú)

6. El joven artista tradujo el guión de la película del inglés al español. (Nosotros)

7. Lidio Vega condujo el coche a la fiesta.   (Ellos)

8. Alfonso Arau alcanzó gran éxito con su última película.   (Varias producciones)

9. Varias mujeres cineastas pusieron mucho empeño en (*took great pains to*) producir cine de calidad.   (Eva López Sánchez)

10. El cine del barrio quitó la cartelera de la película de Gael García Bernal.   (Los jóvenes)

C. Construya diez oraciones en el pretérito con palabras de las tres columnas.

1. artista(s)	comprar	urbanos
2. Salma Hayek y Guillermo del Toro	decir	películas de horror
3. nosotros	desarrollar	los guiones para escoger el mejor
4. tú	ganar	al cine todos los fines de semana
5. yo	grabar	boletos para el cine
6. cineasta(s)	leer	una buena novela
7. director(es)	producir	papeles románticos
8. productor(es)	querer	fiestas espectaculares
9. película(s)	tener	aficionados
10. cine(s)	venir	música para varias películas

El imperfecto

La otra forma simple de expresar el pasado se conoce como el imperfecto. El imperfecto tiene los siguientes usos:

• para describir las personas, las cosas y las situaciones en el pasado

Petra **disfrutaba** más del cine cuando **iba** acompañada. El cine **era** el edificio más grande de la ciudad. **Consistía** en una sala en la que **cabían** por lo menos mil personas.

• para expresar acciones habituales en el pasado

Petra **iba** al cine todos los sábados.

- para decir la hora o la edad

    Eran las 5:00 de la tarde cuando Petra llegó al cine.
    Tenía 18 años.

El imperfecto de los verbos regulares

DISFRUTAR	COMER	VIVIR
disfrut**aba**	com**ía**	viv**ía**
disfrut**abas**	com**ías**	viv**ías**
disfrut**aba**	com**ía**	viv**ía**
disfrut**ábamos**	com**íamos**	viv**íamos**
disfrut**abais**	com**íais**	viv**íais**
disfrut**aban**	com**ían**	viv**ían**

En el imperfecto sólo hay tres verbos irregulares: **ser, ir** y **ver.** El imperfecto de **haber** es **había.**

SER	IR	VER
era	iba	veía
eras	ibas	veías
era	iba	veía
éramos	íbamos	veíamos
erais	ibais	veíais
eran	iban	veían

Práctica

A. Conjugue los siguientes verbos en el imperfecto.

	YO	TÚ	ÉL / ELLA, UD.	NOSOTROS/AS	VOSOTROS/AS	ELLOS / ELLAS, UDS.
filmar				filmábamos		
rodar	rodaba					
escribir			escribía			
ser					erais	
estar		estabas				
piratear						pirateaban
producir		producías				
decir				decíamos		
creer						creían
tener	tenía					

B. Dé la forma apropiada del imperfecto de los verbos entre paréntesis.

Cuando yo (1. ser) niña me (2. gustar) ver películas mexicanas. (3. Esperar) con mucha anticipación los sábados cuando (4. darse) las películas. Todos los sábados, a las 8:00 de la noche, toda la familia (5. reunirse) alrededor del pequeño televisor a disfrutar de la película de la semana. Las películas (6. ser) tan famosas que todos las (7. ver). Los vecinos que no (8. tener) televisor (9. congregarse) en la sala de mi casa a disfrutar del espectáculo semanal. Mi abuela (10. preparar) pastelitos de guayaba (*guava*) con chocolate caliente y nosotros nos (11. perder) en la trama con estrellas como María Félix, Pedro Infante, Jorge Negrete y Libertad Lamarque. Las noches de comedias las (12. disfrutar) todos viendo a Cantinflas y Tin Tan. ¡Qué noches aquellas!

C. Construya diez oraciones en el imperfecto usando palabras de las tres columnas.

1. artista(s)	comprar	urbanos
2. Salma Hayek y Guillermo del Toro	decir	películas de horror
3. nosotros	desarrollar	los guiones para escoger el mejor
4. tú	disfrutar	al cine todos los fines de semana
5. yo	ganar	boletos para el cine
6. cineasta(s)	grabar	una buena novela
7. director(es)	leer	papeles románticos
8. productor(es)	producir	fiestas espectaculares
9. película(s)	querer	aficionados
10. cine(s)	tener	música para varias películas
	venir	

El pretérito y el imperfecto

Se usan el pretérito y el imperfecto para narrar lo que estaba pasando en el pasado cuando una acción específica ocurrió. Se emplea el imperfecto para describir lo que estaba pasando y se utiliza el pretérito para describir el evento o la acción que ocurrió. Escribirá oraciones de este tipo en el apartado **Escritura** de este capítulo.

Hacía mucho viento cuando **salimos** del cine.

Práctica

Cambie los verbos entre paréntesis al pretérito o al imperfecto, según el contexto.

Durante mi viaje a México el verano pasado, (1. buscar [yo]) en el periódico una película para ver con mi abuelo. Como no (2. haber) películas mexicanas o latinoamericanas en cartelera, (3. escoger [yo]) una película de acción de Hollywood con subtítulos en español. La trama de la película no (4. ser) muy interesante pero la producción (5. tener) excelentes efectos especiales. A mi abuelo no le (6. gustar) la cantidad de violencia en la película pero me (7. decir) que él sí se (8. haber) disfrutado de la cena de palomitas de maíz y unos perros calientes. Además le (9. encantar) la oportunidad de pasar la tarde conmigo.

Después de ver la película, los dos (10. ir) a tomar un café y (11. charlar) un buen rato. Mi abuelo me (12. contar) que cuando él (13. ser) joven en las salas de cine (14. pasar) más películas mexicanas y que estas no (15. contener) tanta violencia. También me (16. decir) que en las salas de cine de su juventud no (17. haber) todo el equipo moderno que tienen ahora. Mi abuelo me (18. explicar) que las historias de entonces eran sencillas pero que las actrices María Félix y Dolores del Río (19. hacer) que valiera la pena ir al cine. Yo le (20. comentar) que mi colección de cine mexicano (21. incluir) casi todas las películas de María Félix y que le (22. ir) a comprar películas del cine mexicano de su época para que él pudiera verlas en su casa. Aunque los dos no (23. disfrutar) mucho de la película sí (24. poder) disfrutar del tiempo que pasamos juntos y nos (25. poner) de acuerdo que para la próxima vez que saliéramos juntos, iríamos a cenar y luego veríamos una buena película en casa.

Nuestro idioma

Palabras en español de origen náhuatl

Cuando los españoles llegaron al continente americano en el siglo XV, impusieron el español como idioma oficial. Debido a que no existían en España muchos de los animales, frutas, ropa y utensilios del continente americano, los españoles no tenían en su vocabulario palabras españolas para nombrarlos. Como resultado, se incorporaron al idioma español muchas palabras del idioma náhuatl que ahora forman parte de nuestro idioma. Las palabras del español que siguen son de origen náhuatl.

Una clase de náhuatl de la Ciudad de México

el aguacate	el chile	el papalote
el cacahuate	el guajolote	el popote
el camote	la jícama	el pozole
la canica	el jitomate/tomate	el tamal
el chamaco	el mapache	el tocayo
el chapulín	el nopal	el zacate
el chicle	el ocelote	el zopilote

Actividades

A. Conteste las siguientes preguntas.

1. ¿Sabe Ud. lo que significan estas palabras de origen náhuatl? Si hay palabras que no conoce, búsquelas en el diccionario y apréndalas.
2. ¿Emplea Ud. algunas de las palabras de la lista? ¿Cuáles usa?
3. ¿Conoce Ud. otras palabras provenientes del náhuatl? ¿Cuáles son?

B. En parejas, identifiquen categorías o patrones con respecto a estas palabras. ¿Qué conclusiones se pueden sacar al analizar esta lista?

Escritura

La narración en el pasado: La biografía y la autobiografía

Cuando se narra en el pasado en una biografía o autobiografía, se expresan eventos que le han ocurrido a alguien. Los eventos que se narran son verídicos frente a ficticios. La narración puede ser sobre toda la vida de alguien o de una etapa concreta. El tono que se emplea puede ser formal, informal, serio o alegre —depende del escritor y del público para el cual se escribe.

La biografía es un tipo de narración que se hace de la vida de una persona. En cambio, la autobiografía es un tipo de narración que una persona escribe sobre los eventos de su vida.

Para escribir una biografía o una autobiografía en el pasado, se deben usar el pretérito y el imperfecto: dos tiempos verbales que aprendió anteriormente. Para poder comunicar ideas y acontecimientos con mayor precisión, a la hora de escribir fíjese en cuándo debería usar el pretérito frente a cuándo debería usar el imperfecto.

Cómo escribir una biografía o una autobiografía:*

Para escribir una biografía o una autobiografía, hay que seguir los siguientes pasos.

Paso 1: Buscar información sobre el sujeto

- Prepare una lista sobre la información que desea buscar sobre el individuo que escogió.
- Consiga la información que necesita, ya sea en Internet, en la biblioteca o mediante una entrevista a la persona de quien va a escribir.
- Tome apuntes sobre la información que encuentre.

Paso 2: Organizar la información que ha encontrado
Para organizar sus ideas puede usar un mapa semántico como el que sigue.

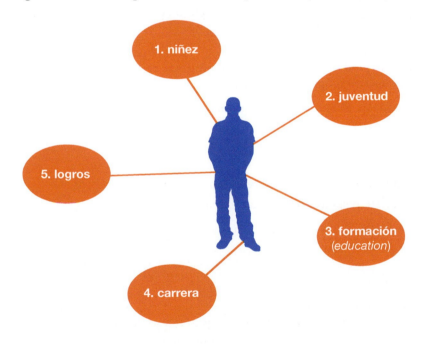

También puede organizar la información con el cuadro a continuación.

INDIVIDUO

NIÑEZ	JUVENTUD	FORMACIÓN	CARRERA	LOGROS

---

*Para escribir una autobiografía, no hace falta seguir **Paso 1** (**Buscar información sobre el sujeto**) o **Paso 8** (**Bibliografía**).

Paso 3: Identificar al lector

Antes de escribir la biografía o autobiografía, es necesario identificar al lector para el cual escribe. Para poder hacer esto, hágase las siguientes preguntas.

- ¿A quién le interesaría leer la biografía que escribiré? (edad, nivel de educación, profesión, etcétera)
- ¿Qué tono usaré: formal o informal, serio o alegre?
- ¿Qué detalles de la persona que escogí le interesarían más a mi lector?

Paso 4: Escribir un esquema (*outline*)

- Revise sus apuntes y organícelos en el orden que quiere que aparezcan en la narración.
- Escriba una oración principal y dos o más ideas de apoyo para cada párrafo. No mezcle temas diferentes en un mismo párrafo.

Paso 5: Escribir el primer borrador (*first draft*)

- Redacte (*Write*) y desarrolle la narración según el orden del esquema.
- Escriba oraciones completas.
- Preste atención al uso del pretérito y del imperfecto.
- Fíjese en la concordancia entre los sustantivos y los modificadores (artículos, adjetivos, etcétera) de género y número.
- Recuerde no plagiar el material que consiga. Déle al autor de la información el crédito que se merece.

Paso 6: Evaluar el primer borrador

Intercambie biografías con un compañero (una compañera) de clase. El compañero (La compañera) debe:

- respetar al autor de la biografía que lee.
- señalar las partes del texto que no entienda. Esto le dará al escritor una idea de lo que debe mejorar.
- hacer sugerencias constructivas para mejorar el texto.
- indicar si encuentra errores gramaticales y ortográficos.
- decirle respetuosamente si le gustó o no y por qué.

El escritor (La escritora) debe:

- leer de nuevo el primer borrador.
- tomar apuntes sobre lo que necesite corregir.
- evaluar las sugerencias de su lector(a) y escoger cuáles quiere incorporar.

Paso 7: Reescribir

- Revisar detenidamente el texto hasta que el texto final sea satisfactorio.
- Repasar la gramática, la ortografía y la construcción de las oraciones y los párrafos.

Paso 8: Bibliografía

- Incluir la lista de fuentes usadas para completar esta tarea.
- Ver **Cómo citar fuentes** en la página 223.

Ejemplo de una biografía

Lo siguiente es un ejemplo de un párrafo que se podría incluir en una biografía sobre el director mexicano de cine, Guillermo del Toro. Se trata de una etapa de su carrera profesional en el mundo del cine.

Durante la primera etapa de su carrera cinematográfica, Guillermo del Toro fue artista de maquillaje. Comenzó a trabajar desde muy joven en películas mexicanas como maquillador. Pasó diez años en esa profesión e incluso formó su propia compañía, Necropia. Mientras trabajaba como artista de maquillaje, empezó a pensar en un cambio de rumbo profesional pero dentro del mismo campo del cine; es decir, empezó a pensar en una carrera en la producción y la dirección de cine.

¡Vamos a escribir!

Escoja uno de los siguientes temas y escriba una biografía o una autobiografía. Siga los pasos explicados anteriormente.

1. Escriba la biografía de un(a) artista, productor(a), director(a) o escritor(a) del cine mexicano que le interese.
2. Escriba una biografía sobre un miembro de su familia.
3. Redacte su autobiografía.

Personajes destacados del cine mexicano

Gabriel Figueroa Mateos

Nació en México en 1907 y murió en 1997. Se le reconoció por su admirable trabajo en la fotografía del cine mexicano y del cine de Hollywood del siglo XX. Ganó su primer premio como cinematógrafo en el Festival de Cine de Venecia por la película mexicana *Allá en el rancho grande* (México, 1936). Se le considera a Figueroa uno de los fotógrafos de cine más importantes de su época a nivel internacional. Trabajó junto a directores como Luis Buñuel en la película *Los olvidados* (México, 1950), John Houston en la película *The Night of the Iguana* (EE.UU., 1964) y Emilio «El Indio» Fernández en películas como *Río escondido* (México, 1947), *Enamorada* (México, 1946) y *La perla* (México, 1945), entre otras. Figueroa creó un estilo cinematográfico que ha servido de modelo para el cine contemporáneo.

Gael García Bernal

Nació en Guadalajara, México en 1978. A principios de los años 2000, García Bernal actuó en tres películas mexicanas aclamadas por la crítica internacional: *Amores Perros* (México, 2000), *Y tu mamá también* (México, 2002) y *El crimen del Padre Amaro* (México, 2002). Se hizo famoso fuera de México a causa del éxito de dichas películas. Como resultado, le dieron la oportunidad de hacer el papel de protagonista en películas producidas de otros países como *La mala educación,* que fue dirigida por el famoso director español, Pedro Almodóvar (España, 2004), *Los diarios de motocicleta* (Alemania, Argentina, EE.UU., Francia, Chile, Perú, Reino Unido, 2004) y *La science des rêves* (Francia, 2006). Una de sus más recientes películas fue *Babel* (México, Francia, EE.UU., 2006) con el director mexicano, Alejandro González-Iñárritu. Gael García Bernal se destaca porque ha logrado establecerse como primer actor en el cine mundial.

Guillermo del Toro

Nació en Guadalajara, México en 1964. Del Toro comenzó a trabajar desde muy joven en películas mexicanas como artista de maquillaje. Posteriormente se convirtió en un prominente y aclamado productor y director de películas de género de fantasía y horror en los Estados Unidos, México y España. Sus más reconocidas películas son: *Cronos* (México, 1993), *El espinazo del diablo* (España y México, 2001), *Blade II* (EE.UU., 2002), *Hellboy* (EE.UU., 2004) y más recientemente *El laberinto del fauno* (México, España, EE.UU., 2006) nominada para el Óscar como mejor película extranjera. Del Toro se ha creado una reputación como uno de los cineastas más cotizados a nivel internacional.

(Continúa.)

Salma Hayek

Salma Hayek nació en México en 1966. Hayek se ha convertido en una importante actriz y productora dentro del ámbito del cine y de la televisión en México y en los Estados Unidos. Ha actuado en varias películas como: el *Callejón de los milagros* (México, 1994), *Desperado* (EE.UU., 1995), *Fools Rush in* (EE.UU., 1997), *El coronel no tiene quien le escriba* (México, Francia, España, 1999) y *Frida* (EE.UU., Canadá, México, 2004). Recibió la nominación al Óscar en la categoría de mejor actriz por su actuación en la película *Frida*. Además es la productora ejecutiva de la serie popular *Ugly Betty*. Hayek se ha logrado establecer como una importante empresaria, no sólo dentro de la industria cinematográfica internacional sino dentro de otros medios audiovisuales como la televisión.

DESPUÉS DE LEER

A. ¡A charlar! En parejas, comenten las siguientes preguntas.

1. ¿Cuáles son algunas de las características que tienen en común estos personajes destacados del cine mexicano?
2. ¿Cuáles son algunas de las diferencias entre ellos?
3. ¿Qué opinan Uds. de los logros de estos artistas mexicanos?
4. Todos los artistas mencionados anteriormente han trabajado en México y en los Estados Unidos. ¿Qué conclusiones pueden sacar Uds. al analizar este hecho?
5. ¿Conocen Uds. a otros artistas del cine mexicano? ¿A quiénes conocen?

B. ¡A escribir! Seleccione a un(a) artista del cine mexicano que no aparezca en esta sección y escriba una breve biografía sobre él/ella.

Negocios

Lectura: La participación hispana en la industria del cine

Un artista trabaja en un proyecto de animación.

La industria cinematográfica se dedica a hacer películas para el cine y para otros medios audiovisuales. En la actualidad, el Internet se está convirtiendo en uno de los medios en que se exhibe programación basada en filmes. Con la llegada de los nuevos aparatos de difusión inalámbrica[a] y de otros cada día más innovadores en cuanto a su portabilidad y tamaño, la propagación del producto de la industria cinematográfica seguirá ampliándose y abrirá paso a más oportunidades comerciales.

La industria del cine es un sector relativamente estable de la economía nacional y seguirá transformándose según los cambios que aporte la tecnología y con los gustos del público. Un informe[b] del Motion Picture Association of America (MPAA) proporciona[c] datos positivos con respecto a la industria del cine como campo de empleo. En concreto, confirma la estabilidad de la industria, el futuro de su mercado y la posición de los hispanos en ese mercado.

_____
[a] de... *wireless* [b] *report* [c] dispone

Con la inmigración hispana, los cines destinados al mercado hispano han aparecido en muchas ciudades de los Estados Unidos. Los resultados de una de las encuestas que llevó a cabo[d] el MPAA indican que durante el año 2006, los hispanos asistieron al cine más que ningún otro grupo étnico en los Estados Unidos. Ahora, tanto las películas mexicanas como las de otros países hispanos se distribuyen y se exhiben mundialmente. Además muchas de estas películas, con subtítulos en inglés, se pasan tanto en HBO Latino como en otros canales para el mercado no hispanohablante.

La globalización y la inmigración han ampliado las oportunidades profesionales en la industria. Hoy día hay actores, directores, guionistas y compositores de música famosos que son de toda Latinoamérica. Varias asociaciones profesionales atienden el tema de la industria como fuente de empleo para los hispanos y el papel que éstos representan en las películas. Estas asociaciones hacen campaña para mejorar la imagen de los hispanos en el cine y para que se contrate un mayor número de personas de la comunidad hispana. Tres de estas organizaciones son LEMPA (*Latin Entertainment and Motion Picture Association*), NLMC (*National Latino Media Council*) y NHMC (*National Hispanic Media Coalition*). En sus respectivas páginas Web, ofrecen información sobre las áreas de la industria en donde se hallan[e] empleados hispanos y proporcionan un directorio con sus nombres y ocupaciones. Para cualquier persona interesada en establecer contactos con la industria, el primer paso sería llevar a cabo una investigación en Internet.

Hay tres áreas principales de empleo dentro de la industria del cine: el campo creativo, el campo de negocios y el campo de servicios. Dentro del campo creativo hay, entre otras cosas, interpretación, dirección, cinematografía, escritura, música, montaje, dibujo, vestuario[f] y maquillaje. Con respecto al campo de negocios, hay estudios de cine con una jerarquía que empieza con los ejecutivos que escogen los proyectos y los productores que proporcionan el financiamiento hasta los distintos departamentos dentro de los estudios como los de finanzas, de marketing y de publicidad. También dentro del campo de negocios, hay empresas donde trabajan los agentes que representan a los artistas. Asimismo, existe un campo de servicios, ya que hay necesidad de servicios esenciales para el rodaje[g] de una película como los servicios de comida y de transporte, entre otros.

---

[d]llevó... realizó [e]encuentran [f]diseño, fabricación y organización de los trajes necesarios para una película [g]filmación

DESPUÉS DE LEER

A. Comprensión

Conteste las siguientes preguntas sobre la lectura.

1. ¿Cómo ha cambiado la industria cinematográfica a causa de la tecnología?
2. ¿Qué confirma el informe del MPAA sobre la industria del cine como fuente de empleo?
3. ¿Qué influencia ha tenido la inmigración hispana sobre la industria?
4. ¿Cuáles son los objetivos de las varias asociaciones profesionales que atienden el tema de la industria como fuente de empleo para los hispanos?
5. ¿Cuáles son las áreas principales de empleo dentro de la industria?

B. ¡A charlar!

En grupos de tres, comenten las siguientes preguntas y temas.

1. ¿Cuál es su postura respecto a la siguiente declaración: «El cine es una industria que no desaparecerá a pesar de las nuevas tecnologías»? Expliquen.
2. ¿Por qué creen que el porcentaje de asistencia al cine es mayor entre los hispanos que cualquier otro grupo étnico de los Estados Unidos?
3. ¿Qué saben de la industria cinematográfica?
4. Si quisieran trabajar en el cine, ¿en qué área se inclinarían? ¿Por qué?

C. Investigación y conversación

Paso 1. Para investigar y contestar las siguientes preguntas relacionadas con el tema de la lectura, visite su buscador preferido en Internet y utilice las palabras clave que aparecen después de cada pregunta como punto de partida.

1. Busque información sobre LEMPA, NLMC y NHMC. Según sus respectivas páginas Web, ¿cuáles son los objetivos y las actividades de cada organización? ¿Qué resultados han tenido?

   (*LEMPA [Latin Entertainment and Motion Picture Association], NLMC [National Latino Media Council], NHMC [National Hispanic Media Council]*)

2. Haga una búsqueda sobre alguna profesión dentro de la industria del cine que le interese. ¿Qué importancia dentro de la industria tiene? ¿Típicamente cómo se entra en esta profesión? ¿Qué formación y experiencia hacen falta? ¿Quiénes se destacan en este campo?

   (*efectos especiales en las películas, guionistas, maquillaje del cine, maquilladores famosos del cine, productoras de cine, productores famosos*)

Paso 2. En grupos de tres, compartan los resultados de su investigación del **Paso 1.**

Paso 3. Comenten las siguientes preguntas.

1. ¿Creen que sean importantes las organizaciones profesionales como LEMPA, NLMC y NHMC? ¿Por qué?
2. En el **Paso 1,** ¿qué profesiones de la industria del cine investigaron? ¿Por qué investigaron estas profesiones específicas frente a otras?
3. Se dice que es muy difícil conseguir empleo en cualquier campo de la industria del cine. ¿Qué opinan al respecto? ¿Hay algunos trabajos dentro de la industria que son más difíciles de conseguir? ¿Por qué?

Proyecto final

En parejas, escojan uno de los siguientes proyectos y preséntenlo a la clase.

1. Póster para una película

Preparen un póster publicitario para promocionar una película que les guste. Incluyan el título de la película, fotos, la sinopsis, los nombres de los actores, contenido especial, alguna advertencia, información sobre su distribución, etcétera. Presenten a la clase el póster.

2. **Narrativa de un documental corto** (*short documentary*)

Escriban la narrativa de un documental corto de aproximadamente tres páginas. Primero, escojan el tema que se va a discutir y decidan cuál será el punto de vista. Después de escribir la narración, no olviden de incluir el título. Presenten la narrativa a la clase.

3. **Página Web de una empresa innovadora**

Invéntense una empresa innovadora que preste un servicio a la industria cinematográfica. Creen una página Web sobre su empresa y su servicio. Usen su creatividad e imaginación para incluir una descripción de los servicios que ofrece, una lista de algunos clientes y otra información relevante a potenciales clientes. Es recomendable visitar páginas Web de empresas que ya son conocidas.

Encuesta

¿Cuánto aprendió Ud. sobre el cine mexicano, el tema del **Capítulo 2?** ¡Seguro que ha aprendido mucho! Ahora que ha llegado al final del capítulo, vuelva a la página 32 al principio del capítulo y complete la encuesta de nuevo. ¿La segunda vez que la tomó le fue mejor que la primera vez?

La Semana Santa de Antigua, Guatemala

Objetivos

- adquirir información sobre las celebraciones y tradiciones de los países centroamericanos

- aprender a usar correctamente las letras **g** y **j**

- aprender cómo se forma el participio pasado y cómo se usa como adjetivo

- aprender a escribir desde distintos puntos de vista

- comprender el valor económico de las celebraciones y tradiciones hispanas en los Estados Unidos

- aplicar, por medio de un proyecto final, los conocimientos y destrezas desarrollados

- conocer más a fondo Guatemala, Nicaragua, Honduras, El Salvador, Panamá y Costa Rica

Para empezar

Encuesta ¿Cuánto sabe Ud. de las tradiciones y celebraciones de Centroamérica? Indique si la afirmación es cierta (C) o falsa (F).

1. C F La celebración de la Semana Santa de Antigua no es de especial interés.

2. C F La Semana Santa es una celebración religiosa y tradicional que se celebra en todos los países de Centroamérica.

3. C F Los lirios (*lilies*) morados y los claveles (*carnations*) rojos y blancos son flores populares en la celebración de la Semana Santa en Guatemala.

4. C F En Nicaragua, Honduras y El Salvador se celebra el Día de la Independencia el 15 de septiembre.

5. C F Simón Bolívar y José Martí lucharon por la independencia de los países de Centroamérica.

6. C F En Panamá se celebra el Día de la Independencia dos veces al año.

7. C F Panamá celebra su independencia de Colombia.

8. C F Los inmigrantes centroamericanos en los Estados Unidos celebran muchas de las tradiciones de sus países de origen.

9. C F La Virgen de los Ángeles no es la patrona de Costa Rica.

10. C F La celebración del «Santo Cristo de Esquipulas» incluye desfiles de caballos.

- Si Ud. tuvo ocho o más respuestas correctas, eso indica que sabe mucho sobre las tradiciones y celebraciones de Centroamérica.
- Si Ud. tuvo de cinco a siete respuestas correctas, eso indica que su conocimiento sobre el tema es moderado.
- Si Ud. tuvo menos de cinco respuestas correctas, eso indica que Ud. va a aprender mucho sobre las tradiciones y celebraciones de Centroamérica.

1.F 2.C 3.C 4.C 5.F 6.C 7.C 8.C 9.F 10.C

Lecturas culturales

ANTES DE LEER

En parejas, comenten las siguientes preguntas.

1. ¿Cómo celebran Uds. los cumpleaños?
2. ¿Cuáles son algunas de las celebraciones y tradiciones hispanas que se celebran en su familia?
3. ¿Cuál es la celebración más importante para Uds.? ¿Por qué es tan especial?
4. ¿Cuáles son algunas de las comidas y bebidas típicas de las celebraciones de su familia?
5. ¿Qué fiesta cívica es más importante para Uds.? ¿Por qué?

Introducción

Las celebraciones populares forman parte de la cultura de todos los pueblos. En algunas culturas, las celebraciones religiosas tradicionales son muy significativas para sus habitantes; además, tienen una función social y a veces política muy importante. En muchos lugares de Centroamérica las fiestas patronales, o sea, las celebraciones en honor al santo patrón o santa patrona del pueblo o ciudad donde se celebran, involucran a una gran parte de la población y en muchos casos atraen a los turistas. De igual forma, las celebraciones seculares también son de vital importancia en todos los países centroamericanos.

LECTURA CULTURAL 1: La Semana Santa en Guatemala

En Guatemala, un país centroamericano de aproximadamente 12 millones de habitantes, la celebración de la Semana Santa es muy especial —sobre todo por su aspecto sincrético. Es decir, se despliegan[a] tradiciones y ritos de los legados culturales de España y del mundo prehispánico. Estas fiestas son un espectáculo sin igual por su colorido[b] y por las emociones que se despliegan.

Aunque esta celebración se lleva a cabo en muchos lugares del país, la de la capital, la Ciudad de Guatemala, y la de Antigua, ciudad colonial, son de especial interés por la manera en que se celebran. En medio de las calles se confeccionan[c] alfombras con aserrín[d] teñido[e] de muchos colores, las cuales llevan diseños de flores, frutas, animales y dibujos prehispánicos. Sobre estas intricadas alfombras pasa una procesión de personas que van cargando[f] las imágenes religiosas, incluyendo la representación de la Pasión de Cristo.[g] Es costumbre que las familias que viven en las calles por donde pasa la procesión decoren sus casas y participen en la creación de la alfombra de aserrín frente a su propiedad.

---

[a]se... *are displayed* [b]color [c]hacen [d]*sawdust* [e]*dyed* [f]van... llevan [g]Pasión... la crucifixión de Jesucristo y las horas que la preceden

Una alfombra de aserrín pintado de Antigua, Guatemala

Otra característica propia de la marcha procesional es el ambiente sombrío[h] que se crea durante el recorrido.[i] La representación de la Pasión de Cristo, los cantos fúnebres[j] y los rezos[k] repetitivos contribuyen a este ambiente tenebroso[l] que contrasta marcadamente con el colorido de las alfombras en las calles. La procesión es parte de esta tradición, que data de los años de la colonia, en la que participan danzantes,[m] bandas de música, gente local y visitantes provenientes del resto del país y de otras partes del mundo.

Estas celebraciones religiosas comienzan el Miércoles de Ceniza, día que marca el principio de la Cuaresma,[n] y culminan con las celebraciones de la Semana Santa. La intensidad de las fiestas de la Semana Santa empieza el Domingo de Ramos y termina el Domingo de Resurrección. Para marcar el primer día de la Semana Santa, o sea, el Domingo de Ramos, los guatemaltecos asisten a los templos y llevan consigo ramos[ñ] de palma. Estos ramos representan la entrada triunfal de Jesús a Jerusalén donde, según la tradición, Él sabía que iba a morir. Los ramos que la gente suele llevar a las iglesias provienen de las palmas de la costa occidental de Guatemala. Es común que las personas corten las hojas de palma para deshilacharlas[o] y adornarlas con las flores típicas de la temporada de Cuaresma: los lirios morados y los claveles rojos y blancos. Después de que los sacerdotes[p] bendicen[q] los ramos, estos se utilizan en las procesiones religiosas y los fieles los llevan a sus hogares porque se cree que dan buena suerte y protegen las casas. Ahí permanecen todo el año para luego ser incinerados durante el Miércoles de Ceniza del próximo año y, de este modo, se inician de nuevo los ritos de la Cuaresma.

---

[h] melancólico [i] ruta [j] relacionados con la muerte [k] *prayers* [l] oscuro [m] bailarines [n] *Lent*
[ñ] *bouquets* [o] *fray them* [p] *priests* [q] *bless*

DESPUÉS DE LEER

A. Comprensión

Conteste las siguientes preguntas sobre la lectura.

1. ¿Cuáles son las características de la celebración de la Semana Santa?
2. ¿Cuál es la influencia europea en la celebración de la Semana Santa en Guatemala? ¿Cuál es la influencia del mundo prehispánico en la celebración en Guatemala?
3. ¿Cuáles son los elementos de la naturaleza que se ven en las procesiones de la Semana Santa?
4. ¿Cómo se explican los contrastes de la alegría frente a la tristeza durante la celebración de las procesiones de la Semana Santa?
5. ¿Cómo se describe el aspecto cíclico de la celebración de la Cuaresma?

B. ¡A charlar!

En grupos de tres, comenten las siguientes preguntas y temas.

1. ¿Participan sus familias en alguna celebración de Semana Santa?
2. ¿Cuál creen Uds. que es el significado de la Semana Santa en los Estados Unidos?
3. Comenten el significado de la celebración de la Semana Santa para los guatemaltecos.
4. ¿A qué acontecimientos históricos atribuyen Uds. la influencia europea en las celebraciones de la Semana Santa en Guatemala?
5. En su opinión, ¿cómo se reconcilian las influencias prehispánicas y europeas en la celebración de la Semana Santa en Guatemala?

C. Investigación y conversación

Paso 1. Para investigar y contestar las siguientes preguntas relacionadas con el tema de la lectura, visite su buscador preferido en Internet y utilice las palabras clave que aparecen después de cada pregunta como punto de partida.

1. Busque información sobre por lo menos tres tradiciones y celebraciones en Guatemala diferentes a la celebración mencionada en la lectura anterior. ¿Qué celebran? ¿Cuándo y cómo se hacen estas celebraciones? ¿Cuál es la historia y significado de las celebraciones que investigó? ¿Tienen algún motivo religioso o secular?

   (*celebraciones religiosas Guatemala, fiestas patronales Guatemala, celebraciones seculares, fiestas patrias Guatemala*)

2. ¿Cuáles son algunas de las celebraciones religiosas o seculares que se promueven en Guatemala para atraer a los turistas?

   (*fiestas patronales turismo Guatemala, fiestas patrias turismo Guatemala*)

Paso 2. En grupos de tres, compartan los resultados de su investigación del **Paso 1.**

Paso 3. Comenten las siguientes preguntas.

1. De las celebraciones que investigaron, ¿cuál o cuáles les gustaron más? ¿Por qué?
2. En su opinión, ¿cómo se comparan las celebraciones de los guatemaltecos con las de su comunidad?
3. Si pudieran visitar Guatemala durante una de sus celebraciones, ¿para qué fiesta irían? ¿Por qué?

LECTURA CULTURAL 2: Las Fiestas Patrias en Nicaragua, Honduras, El Salvador y Panamá

Un estudiante lleva una antorcha (*torch*) en celebración de la independencia de Centroamérica.

A fines del siglo XIX ya casi todos los países latinoamericanos habían alcanzado su independencia de España. En esta lucha por crear naciones independientes, libres y soberanas,[a] entre muchos otros próceres[b] se destacaron hombres como Simón Bolívar, José Gervasio Artigas, José Martí y José de San Martín. Los países latinoamericanos conmemoran este momento tan importante de su historia con Fiestas Patrias.

Las colonias hispanas en América empezaron a considerar la idea de independizarse de España cuando los criollos latinoamericanos, cansados de su posición de inferioridad en relación a los españoles, quienes querían mantener el poder político, e insatisfechos con las limitaciones económicas que les imponía el régimen de la corona, se dejaron influenciar por las nuevas ideas que existían en el ambiente de entonces: el enciclopedismo* y el iluminismo.[†] Estas nuevas ideas proponían la eliminación de las monarquías y el surgimiento de un estado más universal donde la libertad, igualdad, fraternidad y progreso fueran la base de las nuevas repúblicas. A estas ideas se unieron los ejemplos de emancipación que trajo la Revolución de las colonias norteamericanas contra Inglaterra (1776) y la Revolución francesa (1789). Todo esto ayudó a que los latinoamericanos se aventuraran a luchar por su derecho a ser libres y soberanos.

---

[a] que ejercen o poseen la autoridad suprema e independiente   [b] personas eminentes o de elevada distinción

---

*El movimiento filosófico del enciclopedismo comenzó en el siglo XVIII y se captó con la publicación en Francia de la obra monumental de Diderot y D'Alembert que se denominó la *Enciclopedia*. El enciclopedismo se caracterizó por una defensa de la razón y la ciencia frente a la superstición y al dogmatismo religioso.
[†] El Iluminismo es un movimiento religioso europeo de los siglos XVI y XVII basado en la creencia de la iluminación interior inspirado directamente por Dios. Defendía la posibilidad de alcanzar la perfección mediante la oración, sin necesidad de rito alguno.

Las guerras de independencia contra España fueron muy sangrientas en toda Latinoamérica excepto en Centroamérica. En aquel entonces, esta pertenecía a la Capitanía General de Guatemala que comprendía desde Guatemala hasta Chiapas, territorio que ahora forma parte de México. En vez de irse a la guerra, Centroamérica negoció con España su independencia y la logró el 15 de septiembre de 1821. Uno de los varios próceres de la independencia centroamericana fue el nicaragüense Miguel Larreynaga. En 1823 los países de esta región se unieron al imperio mexicano, aunque brevemente, y luego, formaron las Provincias Unidas del Centro de América. La lucha partidista motivó el colapso de esta unión que sólo duró hasta 1839.

Durante el mes de septiembre, los mejores alumnos de los colegios de cada municipio, así como personalidades destacadas, conmemoran la independencia de Centroamérica y llevan una antorcha encendida desde Guatemala hasta Costa Rica por la Carretera Panamericana. Recorren un total de 387 kilómetros y se relevan más de 8 mil estudiantes.

Las Fiestas Patrias se celebran en Nicaragua, Honduras y El Salvador el 15 de septiembre en conmemoración de su independencia de la corona española en 1821. En Nicaragua, la batalla de San Jacinto tuvo lugar el 14 de septiembre de 1856, cuando soldados nicaragüenses ganaron una batalla contra los filibusteros[c] Walker estadounidenses de William. Honduras celebra las Fiestas Patrias con desfiles de diferentes escuelas acompañados de bandas musicales. En El Salvador, se iza la Bandera Nacional de la Federación Centroamericana y es obligatorio saludarla durante este día. Esta conmemoración se caracteriza por desfiles, carrozas[d] y la participación de bandas y grupos musicales.

El Día de la Independencia se celebra dos veces en Panamá. Se celebra la independencia de España el 28 de noviembre y la de Colombia el 3 de noviembre. Los otros países centroamericanos lograron su independencia de España el 15 de septiembre de 1821, pero Panamá se independizó de España aproximadamente dos meses después y se incorporó a la República de Colombia. La segunda fecha marca el aniversario de la separación de Colombia en el año 1903. Durante ambas celebraciones, las instituciones gubernamentales y financieras permanecen cerradas. Aunque se hacía hincapié en la celebración de la independencia de Colombia más que en la de España, en los últimos años ambas fechas han cobrado igual importancia. Como parte de las celebraciones hay desfiles en diferentes ciudades del país, siendo el más importante el de la Ciudad de Panamá. Bandas marchan por las calles principales y la gente entona canciones patrióticas y viste los colores de la bandera panameña: rojo, blanco y azul. Otro aspecto importante del desfile es la participación de la Policía Nacional del país, el Cuerpo de Bomberos, los Servicios Marítimos y Aéreos Nacionales, así como miembros de los diferentes sindicatos de trabajadores del país.

---

[c]ciertos piratas que en el siglo XVII actuaban en las costas del mar de las Antillas   [d]coches grandes altamente adornados

DESPUÉS DE LEER

A. Comprensión

Conteste las siguientes preguntas sobre la lectura.

1. ¿Cómo celebran los países centroamericanos sus Fiestas Patrias?
2. ¿Cuáles son las diferencias más notables entre las Fiestas Patrias de El Salvador, Honduras, Nicaragua y Panamá?

3. ¿Quién fue Miguel Larreynaga?

4. ¿Con qué coincide la celebración de la batalla de San Jacinto? ¿Qué pasó en esa batalla?

5. Históricamente, ¿cuál es la diferencia entre las dos celebraciones de la independencia panameña?

6. ¿Cuáles son algunas de las diferencias entre las celebraciones panameñas y las de los otros países centroamericanos?

B. ¡A charlar!

En grupos de tres, comenten las siguientes preguntas y temas.

1. ¿Cómo se comparan las Fiestas Patrias centroamericanas con las fiestas de su país de origen?

2. ¿Por qué creen Uds. que, después de haber conseguido su independencia de España, Centroamérica se une al imperio mexicano?

3. Expliquen cómo se formaron las Provincias Unidas del Centro de América.

4. ¿Qué causó el colapso de las Provincias Unidas del Centro de América?

C. Investigación y conversación

Paso 1. Para investigar y contestar las siguientes preguntas relacionadas con el tema de la lectura, visite su buscador preferido en Internet y utilice las palabras clave que aparecen después de cada pregunta como punto de partida.

1. Busque información sobre los siguientes próceres: Simón Bolívar, José Gervasio Artigas, José Martí y José de San Martín. ¿Quiénes eran? ¿Qué papel desempeñaron en la lucha por la independencia en los países centroamericanos?

   (*Simón Bolívar, José Gervasio Artigas, José Martí, José de San Martín*)

2. ¿Cómo celebran los centroamericanos sus Fiestas Patrias en los Estados Unidos?

   (*fiestas centroamericanas EE.UU.*)

3. Busque información sobre por lo menos tres tradiciones y celebraciones en uno de los siguientes países: Nicaragua, Honduras, El Salvador o Panamá. ¿Qué fiestas, además de las Fiestas Patrias, se celebran? ¿Cuál es su procedencia e importancia para el país donde se celebran? Describa las comidas, la ropa que se usa en las diferentes fiestas y la música.

   (*Carnaval / el Año Nuevo / el Día de las Madres / el Día de los Padres / el Día del Amor y la Amistad / el Día del Niño / fiestas patronales / la Navidad / los Reyes Magos / la Semana Santa + nombre de país*)

Paso 2. En grupos de tres, compartan los resultados de su investigación del **Paso 1.**

Paso 3. Comenten las siguientes preguntas.

1. ¿Qué prócer les impresionó más por su patriotismo? ¿Por qué?

2. De las fiestas que investigaron, ¿cuáles les impresionaron más? ¿Por qué?

3. En su opinión, ¿son importantes las fiestas para una nación? Expliquen.

LECTURA CULTURAL 3: Costumbres y celebraciones de Costa Rica

Como en la mayoría de los países de Centroamérica, los costarricenses, o «ticos», como se les conoce en el mundo hispano, celebran fiestas relacionadas con la Iglesia católica y también fiestas nacionales de carácter secular. Las fiestas religiosas (aunque varían de país en país) y otras fiestas como las fiestas patronales comparten características culturales que han perdurado desde la época de la colonia española. Las fiestas en honor a los héroes nacionales y la celebración de las Fiestas Patrias en conmemoración de la independencia a cada país se asemejan en cuanto a sus ceremonias y actividades.

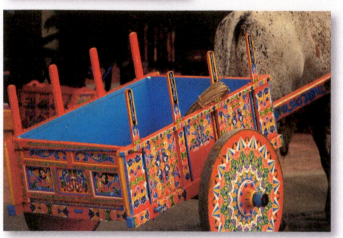

Una carreta de bueyes de Costa Rica

En Costa Rica, la tierra de la «pura vida», una frase que recoge el sentimiento de lo que es ser costarricense, se celebran festivales durante todo el año. Las celebraciones religiosas en honor al santo patrón de una región como la del «Santo Cristo de Esquipulas» incluyen un desfile de boyeros,[a] que conducen carretas de bueyes[b] hechas a mano y pintadas de muchos colores. Estas fiestas siempre se celebran con desfiles de caballos de paso fino, música, comidas regionales y bailes. Costa Rica también tiene en sus fiestas corridas de toros «a la costarricense», lo cual significa que en estas corridas el toro nunca muere. Debido al carácter agrícola de muchas regiones, los ganaderos[c] acostumbran mostrar su ganado en algunas de estas ferias.

La Patrona de la nación es la Virgen de los Ángeles, conocida como la «Negrita». Las fiestas en su honor se celebran anualmente el 2 de agosto con romerías,[d] peregrinaciones[e] y procesiones que parten de todos los lugares del país y concluyen en la Basílica de la ciudad de Cartago. Al igual que en las naciones vecinas, durante la Semana Santa hay procesiones que se llevan a cabo en todo el país.

Se celebran ferias de flores, donde hay exposiciones de orquídeas, la flor nacional del país. Costa Rica cuenta con alrededor de 1.200 especies de orquídeas y, dentro de estas, 178 géneros. Como el país es muy estrecho y está localizado entre dos océanos, esto crea ecosistemas húmedos muy variados. A esta particularidad geográfica se le debe la gran diversidad de las orquídeas costarricenses. Hay orquídeas rojas, rosadas, amarillas, blancas, moradas, además de otras variedades que brotan de las mezclas libres de estos pigmentos.

La época de mayor colorido es el carnaval de fin de año en San José, escenario de grandes desfiles. Los desfiles se acompañan con orquestas carnavalescas, globos gigantescos y carros alegóricos.[f] En octubre hay carnavales al estilo caribeño en Limón, región al oeste del país, que se caracterizan por comparsas,[g] grupos folclóricos, murgas,[h] bandas, orquestas, bailes y disfraces.

La fiesta nacional de mayor importancia en Costa Rica es el día que conmemora la muerte de Juan Santamaría, héroe nacional del país. Se celebra este día el 11 de abril. Santamaría murió en una batalla contra William Walker, un aventurero estadounidense que se había apoderado de[i] Nicaragua y que tenía planes de hacer lo mismo con Costa Rica. Hay

---

[a]personas que guardan bueyes o los conducen [b]carretas... *oxcarts* [c]personas que se dedican a la cría, explotación y comercio del ganado [d]viajes que se hacen por devoción a un santuario [e]*pilgrimages* [f]carros... (*parade*) *floats* [g]grupos de gente que, vestidos de la misma manera, participan en una fiesta [h]compañías de músicos callejeros [i]apoderado... adueñado

desfiles con bandas de marcha, conciertos, bailes y mucha comida. El Día de la Independencia, el 15 de septiembre, comienza con desfiles en todo el país y culmina con la llegada desde Nicaragua de la Antorcha de la Libertad.

DESPUÉS DE LEER

A. Comprensión

Conteste las siguientes preguntas sobre la lectura.

1. ¿Con qué sobrenombre o apodo se les conoce a los costarricenses en el mundo hispano?
2. ¿En general, qué tipo de fiestas se celebran en Costa Rica?
3. ¿Cómo celebran los costarricenses las fiestas patronales?
4. ¿Por qué es la orquídea la flor nacional del país?
5. ¿Cuál es la fiesta nacional más importante del país?

B. ¡A charlar!

En grupos de tres, comenten las siguientes preguntas y temas.

1. ¿Qué sobrenombre, como «ticos», se aplica a los habitantes de su país de origen?
2. ¿Cuáles son algunos de los símbolos nacionales que Uds. conocen de su país de origen?
3. ¿Qué piensan Uds. de las celebraciones costarricenses? ¿Son parecidas a las fiestas que Uds. celebran? ¿A cuáles?
4. Si pudieran visitar Costa Rica durante una de sus celebraciones, ¿para qué fiesta irían? ¿Por qué?

C. Investigación y conversación

Paso 1. Para investigar y contestar las siguientes preguntas relacionadas con el tema de la lectura, visite su buscador preferido en Internet y utilice las palabras clave que aparecen después de cada pregunta como punto de partida.

1. Busque información sobre tres actividades que se llevan a cabo durante el Día de la Independencia de Costa Rica. Descríbalas. ¿Por qué se hacen estas actividades de esa manera?

   (*Día de la Independencia de Costa Rica*)

2. ¿En que se difieren las celebraciones costarricenses de las de otros países centroamericanos?

   (*Día de la Independencia* + nombre de país, *Carnaval* + nombre de país, *fiestas patronales* + nombre de país, *Semana Santa* + nombre de país)

3. ¿Se promueven algunas de las celebraciones costarricenses para atraer turismo?

   (*turismo Costa Rica*)

Paso 2. En grupos de tres, compartan los resultados de su investigación del **Paso 1.**

Paso 3. Comenten las siguientes preguntas.

1. De las actividades que investigaron, ¿cuál les gustó más? ¿Por qué?
2. ¿Cuáles son las diferencias entre las actividades que se llevan a cabo durante el Día de la Independencia de Costa Rica y las del Día de la Independencia de los Estados Unidos?
3. ¿Por qué creen que hay diferencias de un país centroamericano a otro en cuanto a cómo se celebran las mismas fiestas?
4. ¿Creen que las fiestas costarricenses sean más coloridas o divertidas que las de los Estados Unidos? ¿Por qué sí o por qué no?

Ortografía

Los usos de las letras g y j

A continuación se encuentran reglas generales con respecto a la pronunciación y la ortografía de palabras con **g** y **j,** ya que estas letras pueden causarle problemas a la hora de usarlas. También se incluyen algunas excepciones a las reglas de ortografía, pero no todas. Hay muchas excepciones a estas reglas, así que es muy importante memorizar cómo se deletrean las palabras con **g** y **j.**

La g

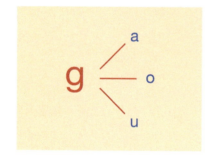

- Cuando la letra **g** precede a las vocales **a, o** y **u,** se pronuncia como la **g** de **gato.**

  gala   **go**ta   **gu**sto

- Cuando la **g** se encuentra con la **u** (**gu**) y precede a la **e** o la **i,** también se pronuncia como la **g** de **gato,** pero la **u** no se pronuncia.

  hambur**gue**sa   **gui**sante

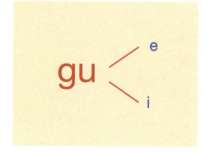

- Como ya se ha mencionado, hay algunas palabras en español con **gu** seguidas por la **e** o la **i** en que sí se pronuncia la **u.** En estas situaciones, la **u** débil lleva una marca de dos puntos, llamada «diéresis».

  güero   gue-ro   pin**güi**no   pin-gui-no

- Cuando la letra **g** precede a la **e** (**ge**) o la **i** (**gi**), se pronuncia como la **g** de **gente** o la **j** de **jefe.**

  general   **gi**rasol

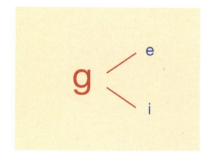

Se escriben con **g**...

- muchas formas de los verbos que terminan en **-ger, -gir, -giar** e **-igerar.**

  prote**ger,** exi**gir,** conta**giar,** ali**gerar** EXCEPCIONES: crujir, tejer; la primera persona singular del presente de indicativo (protejo, exijo); formas del presente de subjuntivo (exija, protejamos)

- las palabras que empiezan con los prefijos **geo-** (con el sentido de «tierra»), **gest-** (con el de «movimiento del cuerpo») y **legi-** (con el de «ley»).

  geografía, **gest**iculador, **legi**slatura EXCEPCIONES: lejía, lejísimo, lejito

- las palabras que terminan en **-gio, -gia, -gía, -gión, -gioso** y **-ógico**.

cole**gio**, ma**gia**, ener**gía**, re**gión**, prodi**gioso**, ló**gico**

- las palabras que llevan la combinación **-gen**.

general, ur**gen**te, ori**gen**
EXCEPCIONES: ajeno, berenjena, injerir, injerto, Jenaro, jengibre

- las palabras que empiezan por **in-** + el sonido /h/ (como el del **ge** de **genial** o del **ji** de **jitomate**) + la letra **e**.

ingenioso, **inge**rir

La j

Cuando la letra **j** precede a las vocales **a, e, i, o** y **u**, siempre se pronuncia como la **j** de **jamón**.

jarabe **j**erarquía **j**irafa vie**j**o **j**ugo

Se escriben con **j**...

- todas las formas de los verbos irregulares del pretérito y del imperfecto del subjuntivo que llevan el sonido de la **j** de **teja** antes de la vocal **e** o **i** y cuyo infinitivo no contiene la **g** ni la **j**.

VERBOS: conducir, decir, deducir, producir, traducir, reducir; atraer, contraer, distraer, traer
Pretérito: di**je**, dedu**ji**ste, produ**ji**mos
Imperfecto de subjuntivo: atra**je**ra, condu**je**ras, tra**jé**ramos

- todas las formas de los verbos que llevan esta letra en el infinitivo.

VERBOS: antojar, arrojar, bajar, ejercer, empujar, envejecer, festejar, fijar, forcejear, gorjear, ojear, pintarrajear, quejar, reflejar, tejar

- muchas de las palabras que llevan la combinación **aje-** o **eje-**.

aje-: a**je**drez, **aje**no, cora**je**, equipa**je**, lengua**je**, lina**je**, paisa**je**, pasa**je**, pea**je**, persona**je**, salva**je**, tra**je**, via**je**
eje-: e**je**cución, **eje**cutar, **eje**mplo, **eje**rcicio, **ejé**rcito

- las palabras terminadas en **-jería, -jero** y **-jera**.

relo**jería**, pasa**jero**, mensa**jera**
EXCEPCIÓN: ligero

- los nombres de algunos lugares que también se ven escritos con **x**.

Tejas / Texas, Méjico / México

Práctica

A. Dé la forma apropiada de los verbos entre paréntesis, y fíjese bien en el uso de **j** y **g**.

1. Ayer nosotros (traducir) los ejercicios para la clase de español.
2. La semana pasada el profesor nos (decir) que teníamos que estudiar más sobre las celebraciones religiosas de Centroamérica.
3. Cuando yo era niño/a mi madre siempre me exigía que (decir [¡OJO! Use el imperfecto de subjuntivo]) la verdad.
4. Anoche ella (traer) unas fotos del viaje que hizo a Guatemala el verano pasado.
5. En la última fiesta, la gente (distraerse) mucho con la violinista.

(Continúa.)

6. De los turistas que fueron de viaje, ninguno (contraer) una enfermedad.

7. Las aerolíneas (reducir) las tarifas después de las fiestas navideñas.

8. Después de la última reunión, el presidente del comité de la fiesta (deducir) que ya no tenía el apoyo del grupo.

9. El año pasado, la compañía (producir) 300.000 velas para la fiesta.

10. Este año, el porcentaje de visitantes a las celebraciones patrias (reducirse) un 8% debido al huracán.

B. Dé la forma apropiada del pretérito de los verbos entre paréntesis.

1. Después del partido de fútbol, la policía (proteger) a los jugadores de los agitados aficionados.

2. Todos los dueños de negocios (elogiar) al alcalde por la gran cantidad de ventas que lograron después de las últimas fiestas patronales.

3. El mes pasado, el comité (elegir) una nueva junta directiva (*board of directors*) para organizar la fiesta del Carnaval.

4. La junta directiva (escoger) tres de los grupos musicales para que tocaran durante el concierto.

5. En la última fiesta la policía (dirigir) los coches por otra ruta para que dejaran pasar a los peregrinos.

6. Después de que terminó el desfile, los trabajadores (recoger) la basura de las calles.

7. Cada año la familia López (acoger) a dos familias pobres durante la Navidad.

8. El grupo musical de salsa (contagiar) de júbilo al público con su ritmo alegre.

9. Los asistentes al concierto no (fingir) su alegría cuando se presentaron los invitados especiales.

10. Los estudiantes (corregir) los errores de los carteles que promocionaban el concierto.

C. Escriba la(s) letra(s) **j, g** o **gu** en los espacios en blanco para completar el párrafo.

Todos los años, mi familia via__a a Antigua, Guatemala para visitar a nuestro abuelo __or__e __iménez durante la Semana Santa. Se ha convertido en una tradición en mi familia y siempre nos hace mucha ilusión ir. Por lo __eneral, mi madre va a una a__encia de via__es y pa__a los boletos de avión con tar__eta de crédito. Este año, mi padre decidió él mismo hacer los trámites del via__e (*plan the vacation*) y fue a una a__encia de via__es que promueve via__es a Centroamérica. Este lu__ar se encuentra cerca del cole__io donde estudia mi hermana. Mi padre compró los boletos a un precio muy bajo. Resulta que mi padre no compró se__uro de via__ero y, además, pa__ó todo en efectivo. ¡Qué in__enuo!

Pues se lle__ó el día del via__e y todos nos fuimos al aeropuerto muy emocionados. Cuando lle__amos a facturar el equipa__e, resultó que no teníamos reservaciones. Estábamos muy desilusionados e íbamos a re__resar a casa. Además, estábamos enojados con papá y decidimos que nunca __amás le de__aríamos comprar los billetes. Sin embar__o, mi padre, lleno de cora__e, volvió al mostrador, y pre__untó si podían buscar de nuevo nuestras reservaciones, porque estaba se__uro de que sí las teníamos. Para nuestra sorpresa, ¡esta vez sí vieron nuestras reservaciones! ¡Qué drama! Le pedimos disculpas a papá y nos perdonó por no confiar en él. Lo bueno de todo es que pudimos se__ir con el plan de ir al extran__ero y continuar la tradición de estar con nuestro querido abuelo durante la me__or temporada en Antigua: la Semana Santa.

Gramática

El participio pasado: Cómo se forma

Para formar el participio pasado de los verbos que terminan en **-ar,** agregue **-ado** a la raíz del verbo.

-ar

cerr**ar** → cerr- + -ado → cerr**ado**

VERBOS QUE TERMINAN EN **-ar**	RAÍZ	PARTICIPIO PASADO
andar	and-	andado
dar	d-	dado
estar	est-	estado
pensar	pens-	pensado

Para formar el participio pasado de los verbos que terminan en **-er** e **-ir,** agregue **-ido** a la raíz del verbo.

-er

com**er** → com- + -ido → com**ido**

-ir

sal**ir** → sal- + -ido → sal**ido**

VERBOS QUE TERMINAN EN **-er**	RAÍZ	PARTICIPIO PASADO
haber	hab-	habido
querer	quer-	querido
saber	sab-	sabido
ser	s-	sido

VERBOS QUE TERMINAN EN **-ir**	RAÍZ	PARTICIPIO PASADO
(con)seguir	(con)seg-*	(con)seguido
ir		ido
pedir	ped-	pedido
venir	ven-	venido

Se le añade un acento al participio pasado de los verbos que terminan en **-er** e **-ir** cuyas raíces terminan en **-a, -e,** u **-o.**

VERBO	RAÍZ	PARTICIPIO PASADO
caer	ca-	caído
creer	cre-	creído
leer	le-	leído
oír	o-	oído
(son)reír	(son)re-	(son)reído
traer	tra-	traído

---

*La **u** de **(con)seguir** y verbos similares generalmente no se considera parte de la raíz del verbo sino vocal que se usa para mantener el sonido fuerte de la **g** seguida por la **i.** El participio pasado también requiere la **u** por la misma razón.

Los participios pasados irregulares se deben memorizar.

VERBOS QUE TERMINAN EN -er	PARTICIPIO PASADO
hacer	hecho
(com)poner	(com)puesto
resolver	resuelto
romper	roto
satisfacer	satisfecho
ver	visto
volver	vuelto

VERBOS QUE TERMINAN EN -ir	PARTICIPIO PASADO
abrir	abierto
cubrir	cubierto
decir	dicho
escribir	escrito
freír	frito
morir	muerto

El participio pasado como adjetivo

Cuando se usan los participios como adjetivos estos siempre concuerdan con el sustantivo en género y número.

la puerta cerra**da**   **los** libro**s** cerra**dos**

El participio pasado como adjetivo se usa...

- para modificar un sustantivo.

  Viven en **una casa construida** en 1910.

  El español es una de **las lenguas habladas** en los Estados Unidos y el Canadá.

- con **estar** para describir condiciones que son el resultado de una acción previa.

  El mercado **está cerrado.**

  Las entradas al baile ya **están todas vendidas.**

- con los verbos **quedar(se), llegar, parecer, vivir, morir, ir, salir** y otros para describir condiciones que son el resultado de una acción previa.

  Los turistas **se quedaron maravillados** con los colores que se utilizaron en las fiestas.

  Me quedé impresionada por la procesión de Semana Santa en Antigua, Guatemala.

  Las personas del pueblo **llegaron cansadas** a sus casas.

Algunos verbos tienen participios pasados que ofrecen dos formas: una que se usa con los tiempos compuestos* y otra que se usa como adjetivo.

---

*Los tiempos compuestos se estudiarán en el **Capítulo 4.**

	PARTICIPIO PASADO QUE SE USA CON TIEMPOS COMPUESTOS	PARTICIPIO PASADO QUE SE USA COMO ADJETIVO
bendecir	bendecido	bendito/a
cocinar	cocinado	cocido/a
confesar	confesado	confeso/a
confundir	confundido	confuso/a
despertar	despertado	despierto/a
imprimir	imprimido	impreso/a
limpiar	limpiado	limpio/a
maldecir	maldecido	maldito/a
soltar	soltado	suelto/a

Práctica

A. Dé la forma apropiada del participio pasado como adjetivo de los verbos entre paréntesis.

1. Las puertas de la iglesia están (abrir) hasta las 11:00 de la noche.
2. El comité tiene la fiesta (organizar) desde la semana pasada.
3. Nosotros tenemos (pagar) los boletos para el baile de Carnaval.
4. El sacristán ya tiene (comprar) los adornos para la iglesia.
5. Algunos turistas están (disfrazar) de payaso para la fiesta de Carnaval.
6. Los jóvenes llevan tres días (trasnochar).
7. Todos se fueron (cansar) después del baile.

B. Dé la forma apropiada del participio pasado como adjetivo de los verbos entre paréntesis.

En general, los ritos de la Semana Santa en Centroamérica han sido tomados o están (relacionar) con las fiestas originales que se llevaban a cabo en España. En la ciudad de Antigua, en Guatemala, por ejemplo, la celebración de la Semana Santa es muy pintoresca. Las costumbres autóctonas junto a las (heredar) de la tradición española producen un sincretismo singular. Las calles (adornar) con flores de todos colores y las imágenes (pintar) brillantemente son los recuerdos más perdurables de las personas que han visitado la ciudad en esta época.

C. Forme oraciones y use el participio pasado como adjetivo de los siguientes verbos.

adornar	bailar	bendecir	celebrar
creer	disfrazarse	ofrecer	organizar

D. Traduzca las siguientes oraciones y aplique las reglas del uso del participio pasado como adjetivo.

1. Why is the city so clean after five days of celebrations?
2. The honorees are seated in the first row.
3. On Christmas Eve, by 10:00 PM the food is already cooked.
4. The guests slept with the windows open.
5. The children are seated on the ground to watch the procession.
6. Several people left angry because the tickets were sold out.

Palabras en español de origen griego

Durante el siglo VII, hubo un importante intercambio comercial entre los comerciantes griegos y los habitantes de la Península Ibérica, especialmente entre aquellos que vivían en los pueblos de la costa. Debido a la presencia de los griegos y a su influencia, el idioma español adoptó una serie de palabras que ahora forman

Unas ruinas con escritura en griego

parte de nuestro vocabulario. La siguiente es una lista de algunas de las palabras en español de origen griego.

la anarquía	la geografía	el panorama
el ángel	el gimnasio	el planeta
la antología	la ginecología	la poesía
la botica	el golpe	el/la poeta
cosmopolita	la historia	el/la polígloto/a
la cronología	la idiosincrasia	el problema
el diablo	el lirio	el sismógrafo
el diploma	el mapa	el sistema
el drama	el maratón	el tema
el eucalipto	la nostalgia	el trauma
la euforia	el oxígeno	

Actividades

A. Conteste las siguientes preguntas.

1. ¿Sabe Ud. lo que significan estas palabras de origen griego? Si hay palabras que no conoce, búsquelas en el diccionario y apréndalas.
2. ¿Emplea Ud. algunas de las palabras de la lista? ¿Cuáles usa?
3. ¿Conoce Ud. otras palabras provenientes del griego? ¿Cuáles son?

B. En parejas, identifiquen categorías o patrones con respecto a estas palabras. ¿Qué conclusiones se pueden sacar al analizar esta lista?

Escritura

Punto de vista

Cuando el autor escribe o narra una historia, lo puede hacer desde diferentes perspectivas: como si él fuera parte de la narración (o sea, en primera persona) o como si fuera observador (en este caso, en tercera persona). Esto se conoce como «el punto de vista».

El que escribe en primera persona pone de manifiesto su postura con relación a un tema dado y presenta su opinión al respecto. De algún modo, está limitado porque por su posición sólo habla de lo que percibe.

Algunas frases útiles para escribir en la primera persona son las siguientes.

Creo que…
En resumen…
Estoy seguro (segura) de que…
Me parece que…
Opino que…

Cuando uno escribe en tercera persona puede hacerlo desde varios puntos de vista (por ejemplo, desde la perspectiva de uno o más personajes) y, a veces, puede ser omnisciente. Es decir, el narrador omnisciente lo ve todo y lo sabe todo, hasta los pensamientos de los otros personajes.

Ejemplo 1: Primera persona

Las mujeres también tuvieron un papel protagónico importante en la independencia de Latinoamérica. Estoy segura de que sin su participación, el éxito de la independencia de los países latinoamericanos hubiera sido imposible. Creo que estas mujeres fueron tan valientes como lo son muchas mujeres de hoy día que sacrifican su vida y sus propiedades por una causa justa. Al igual que las mujeres insurgentes de las guerras por la independencia latinoamericana, sé que las mujeres del presente son capaces de las mismas proezas (*feats*) y que también son víctimas de las mismas injusticias —todo por alcanzar la justicia social y económica de su países.

Ejemplo 2: Tercera persona

Las mujeres también tuvieron un papel protagónico importante en la independencia de Latinoamérica. Sin su participación, el éxito de la independencia de los países latinoamericanos hubiera sido imposible. Estas mujeres, conocidas como «las insurgentes» («soldaderas» en México), pusieron sus propiedades, fortuna, hijos, esposos y hasta su propia vida al servicio del triunfo de la causa independentista. En el proceso, muchas fueron perseguidas, encarceladas, exiliadas, convertidas en botín de guerra y, a veces, fusiladas (*shot*) o asesinadas.

Práctica

Conteste las siguientes preguntas relacionadas con los ejemplos 1 y 2.

1. ¿Cómo sabe Ud. que el primer ejemplo está en primera persona? ¿Qué hace el narrador para indicarlo? ¿Qué lenguaje utiliza?

2. ¿Cómo sabe Ud. que el segundo ejemplo está en tercera persona? ¿Qué hace el narrador para indicarlo? ¿Qué lenguaje utiliza?

3. ¿En qué se diferencian el ejemplo 1 comparado con el ejemplo 2? Dé ejemplos concretos.

4. ¿Es un texto más eficaz que el otro, según el punto de vista? ¿Por qué sí o por qué no?

5. De los dos ejemplos, ¿qué texto prefiere? ¿Por qué?

¡Vamos a escribir!

Escoja uno de los siguientes temas y escriba una composición desde el punto de vista indicado.

1. Las Fiestas Patrias centroamericanas de Los Ángeles

Paso 1. Imagínese que Ud. estuvo con su mejor amigo/a en la celebración de las Fiestas Patrias centroamericanas de Los Ángeles, California. Escriba sobre lo que vio desde el punto de vista de la primera persona.

NOTA Para recoger información sobre dichas Fiestas Patrias, visite su buscador preferido en Internet y utilice las siguientes palabras clave como punto de partida. Además, puede repasar las lecturas culturales de este capítulo para generar ideas.

(*fiestas patrias centroamericanas Los Ángeles, comunidad + guatemalteca/ nicaragüense/salvadoreña + Los Ángeles*)

Paso 2. Escriba la misma historia, pero desde la perspectiva de la tercera persona. Ud., como autor-narrador (autora-narradora), tiene que estar fuera de la historia.

2. Quinceañera

Paso 1. Estudie el cuadro «Quinceañera» de Carmen Lomas Garza. Escriba una historia sobre lo que ve en primera persona.

Paso 2. Escriba la misma historia, pero desde la perspectiva de la tercera persona. Ud., como autor-narrador (autora-narradora), tiene que estar fuera de la historia.

Quinceañera de Carmen Lomas Garza

Neyda Sandoval

Nació en Comayagua, Honduras, en 1961. En 1987 se mudó a los Estados Unidos. Luego, trabajó en Albuquerque, Nuevo México, como periodista y presentadora de noticias para el Canal 41, KLUZ de Univisión. Posteriormente desempeñó el mismo trabajo en San Antonio, Texas para el Canal 41 KWEZ de la misma cadena televisiva. En 1992, Neyda Sandoval comenzó a trabajar como corresponsal del Noticiero Univisión y para el programa *Noticias y Más* de la misma cadena. Desde 1997, presenta las noticias en el popular programa de Univisión, *Despierta América.* En 1998, esta periodista ganó dos Premios Emmy por su trabajo en Honduras durante el huracán Mitch. Ahora pertenece al grupo de los 100 periodistas hispanos más influyentes de los Estados Unidos.

América Ferrara

De padres hondureños, nació en los Estados Unidos en 1984. La joven actriz hizo sus estudios de primaria y secundaria en Los Ángeles, California, y estudió en la Universidad del Sur de California la carrera de relaciones internacionales. En 2002, hizo el papel de Ana María en la película *Real Women Have Curves,* de Patricia Cardoso. En 2006 consiguió el papel de Betty Suárez en la serie *Ugly Betty,* una adaptación de la telenovela colombiana *Yo soy Betty La Fea.* También ha participado en las películas *American Family* (EE.UU., 2002), *Gotta Kick It Up!* (EE.UU., 2003), *Sisterhood of the Traveling Pants* (EE.UU., 2005) y *La misma luna* (México, EE.UU., 2007). Ferrara ha ganado varios premios por el papel de Betty Suárez, incluyendo Premios Golden Globe, Screen Actor's Guild, NAACP Image y Emmy.

Franklin Chang Díaz

Nació en Costa Rica en 1950. Cursó sus estudios de primaria y secundaria en Venezuela, Costa Rica y los Estados Unidos. Entre 1973 y 1977, este costarricense cursó sus estudios de doctorado en ingeniería nuclear en el Instituto Tecnológico de Massachusetts (M.I.T.). En 1980 fue seleccionado por la NASA como astronauta e

hizo su primer viaje al espacio en STS-61-C en 1986. Durante su trayectoria con NASA hizo siete viajes al espacio; uno de estos incluyó una caminata espacial. Desde 2005, Chang Díaz trabaja en su país natal, Costa Rica, donde fundó la compañía Ad Astra Rocket Company. También ha desempeñado el puesto de profesor en diferentes universidades de los Estados Unidos.

Ana Sol Gutiérrez

Nació el 11 de enero de 1942 en El Salvador. Obtuvo la licenciatura en química en la Universidad Estatal de Pennsylvania y una maestría en sistemas informáticos en la Universidad Americana de Washington. También hizo estudios de posgrado en ingeniería aplicada en la Universidad George Washington. En 2003 fue elegida para representar el condado de Montgomery, Maryland, en el Congreso de los Estados Unidos. Sol Gutiérrez ha participado en varias juntas directivas como: la Liga Unida de Ciudadanos Latinoamericanos (LULAC), la Organización Nacional para la Mujer y el Concilio Nacional de La Raza. Fue considerada por la revista *Hispanic Business* como una de los 100 hispanos más influyentes de los Estados Unidos.

DESPUÉS DE LEER

A. ¡A charlar! En parejas, comenten las siguientes preguntas.

1. ¿Cuáles son algunas de las características que tienen en común estos personajes destacados de origen centroamericano?
2. ¿Hay algunas diferencias entre ellos? ¿Cuáles son?
3. ¿Qué opinan Uds. de los logros de estos personajes hispanos?
4. ¿Conocen a otros personajes destacados de origen centroamericano? ¿Quiénes son? ¿Cuáles son algunos de sus logros?

B. ¡A escribir! Escoja uno de los personajes destacados de Centroamérica y, en un párrafo, descríbalo desde el punto de vista de la primera persona.

Negocios

Lectura: Los hispanos en los Estados Unidos y el comercio: Las tiendas especializadas en productos hispanos

Pro's Ranch Market

¿Qué tipo de comida comen Uds. de costumbre en su casa? ¿Dónde compran los ingredientes para los platos especiales? Cuando sus parientes vienen de visita de su país de origen, ¿traen comidas o ingredientes especiales? ¿Qué ingredientes traen? En su familia, ¿se celebra la fiesta de los Reyes Magos el 6 de enero? ¿Cuál es el menú tradicional de las fiestas navideñas en su casa? ¿Cómo celebran Uds. los cumpleaños?

Según el censo nacional de julio de 2008, el 15% de la población de los Estados Unidos se compone mayormente de hispanos provenientes de Latinoamérica. Un minúsculo segmento de este porcentaje viene de España. El aumento de la población hispana en los Estados Unidos ha creado oportunidades comerciales para tiendas que se especializan en la oferta de productos y servicios relacionados con las tradiciones, costumbres y celebraciones de cada grupo hispano.

En cuanto a la comida, aunque los hispanos en general comparten algunas preferencias, mantienen la diversidad de sus gustos según sus países de origen. En muchas ciudades y pueblos se encuentran puestos de venta que ofrecen comidas originarias de los diferentes países latinoamericanos. Ya no es tan raro ver «tienditas de la esquina» o carritos que venden comida mexicana; empanadas venezolanas, chilenas o argentinas; empanadillas puertorriqueñas o ajiaco[a] cubano o colombiano. Existen el camión que se transforma en restaurante ambulante,[b] la bodega neoyorquina y las pequeñas tiendas de vecindario como pastelerías y tiendas de alimentación, entre otros tipos. Además, hay —con mayor presencia en las grandes ciudades— cadenas de supermercados tales como Pro's Ranch Market en California, Texas, Nuevo México y Arizona; Sedano's en Florida, además de Fiesta Mart y Carnival en Texas. Aunque estos supermercados han existido hasta ahora principalmente en los lugares con gran concentración de hispanos, han comenzado a aparecer muchas tiendas en todo el país.

El echar de menos la patria que se deja lleva a los inmigrantes a reproducir en los Estados Unidos las fiestas que celebraban en sus países de origen. Para estas actividades los hispanos dependen de una serie de negocios que les ofrece productos y servicios de acuerdo con sus celebraciones —la Quinceañera, la fiesta de los Reyes Magos, el Día de los Muertos (el 2 de noviembre) y bautizos, entre otras— y todo lo necesario para las fiestas de Navidad y Año Nuevo, las cuales requieren ingredientes especiales para la comida tradicional.

Se pueden comprar los efectos, las comidas y los ingredientes para las distintas celebraciones hispanas en varios tipos de tiendas especializadas. Remedios, velas, santos, escapularios[c] y otros artículos religiosos relacionados con la Iglesia católica, así como las flores y las coronas que se llevan a los cementerios en el Día de los Muertos, se concentran mayormente en las tiendas de los vecindarios donde viven los inmigrantes hispanos. Se venden

---

[a] salsa cuyo ingrediente principal es el ají   [b] *mobile*   [c] objetos devotos hechos de pequeños trozos de tela

las piñatas para los cumpleaños en lugares que venden efectos para las fiestas. Las reposterías hispanas preparan tortas, bizcochos y pasteles con decoraciones muy distintivas por su colorido y diseños, además del pan de muerto[d] para la celebración del Día de los Muertos y la rosca de reyes[e] para el Día de los Reyes Magos.

Para la celebración de la Quinceañera, la fiesta en honor a una chica que cumple quince años, los padres incurren en grandes gastos. Se gasta en las invitaciones, el traje de la chica, la comida, las bebidas, los adornos, la limosina, la iglesia, las flores, los costos del salón de eventos, la música —muchas veces en vivo— y los recordatorios[f] que reciben los invitados. La mercancía[g] y los servicios relacionados con esta fiesta en su mayoría se ofrecen en tiendas especializadas en las costumbres de los grupos hispanos.

Asimismo, los inmigrantes hispanos traen, además de sus comidas y celebraciones, otras tradiciones y costumbres a los Estados Unidos. Por ejemplo, traen de sus países costumbres que se basan en la capacidad curativa de elementos derivados de la naturaleza y de sus creencias religiosas. Las yerberías representan una actividad comercial exclusiva del ambiente hispano. En estos lugares se venden plantas e hierbas medicinales para brebajes[h] y remedios caseros que, de acuerdo con los creyentes, pueden curar una enfermedad corporal, una pena de amor o problemas psicológicos. También se venden vitaminas y afrodisíacos. Ahí se compran oraciones, velas, imágenes de los santos católicos y, en algunas de estas tiendas, imágenes de los dioses africanos. Todos estos artículos sirven como apoyo en los ritos religiosos en los que se pide por la salud propia o la de un ser querido o en los que se desea el bien y, a veces el mal, de una persona.

Además se encuentran en Internet páginas Web de tiendas virtuales que venden artículos de valor sentimental para la población de ascendencia hispana. Se venden banderas y representaciones de los símbolos nacionales que identifican a cada grupo con su patria. Se venden afiches,[i] música, comida, muñecos, pinturas, recordatorios, o sea, todo lo que un empresario pueda considerar importante para el inmigrante. A veces, descendientes que nunca han visto la tierra de sus padres compran estos objetos en honor a ellos o como afirmación de su identidad cultural.

Hoy día las grandes tiendas para la población en general de los Estados Unidos ofrecen productos relacionados con las costumbres hispanas en secciones especiales. Todas estas costumbres y fiestas impulsan una actividad comercial de miles de millones[j] de dólares. Sin duda, en los Estados Unidos muchas compañías se dirigen al mercado hispano y muchas otras están siguiendo su ejemplo.

Los estudios de mercadotecnia[k] confirman que los esfuerzos de las empresas para captar al consumidor hispano son cada día más intensos —les cuestan unos 3.3 miles de millones de dólares anuales. Una de las características de este mercado que más preocupa al investigador de mercadotecnia es la gran diversidad cultural entre la población hispana. Los supermercados que se especializan en estos grupos toman en cuenta la diversidad de su clientela y ofrecen, por ejemplo, los ingredientes de la dieta de un mexicano, cubano o ecuatoriano. Algunos supermercados diseñan sus tiendas con la idea de crear ambientes festivos. Los colores son brillantes, la música que se escucha —principalmente música bailable— es música popular que todos conocen y, se presentan espectáculos en vivo para la diversión de los clientes. Los supermercados Fiesta, basados en Dallas, utilizan como parte de su estrategia comercial la idea de la fiesta hispana y

---

[d]pan... pan dulce tradicional mexicano con frecuencia en forma de calavera o adornado con tiras de pan en forma de huesos   [e]rosca... pan dulce tradicional mexicano de forma redonda y adornado con tiras de fruta cristalizada de varios colores   [f]regalitos   [g]goods   [h]bebidas   [i]pósteres   [j]miles... billions   [k]marketing

vincula el nombre de la compañía con el ambiente de fiesta que han creado en sus tiendas. Su intención, como declara la publicidad de la cadena, es proveer[1] al cliente de un ambiente de fiesta auténtica.

La población hispana en los Estados Unidos se arraiga cada vez más en la sociedad estadounidense. Sus costumbres, relacionadas con dos aspectos fundamentales de la vida como son la comida y el mundo social, están pasando a ser parte de la identidad de la nación. Los restaurantes que sirven comida típica de las naciones latinoamericanas, especialmente los restaurantes mexicanos, se encuentran por todos lados. La comida mexicana se ha convertido en parte de la dieta de la población entera. Para muchos estadounidenses que no son de ascendencia hispana, comer tacos y enchiladas es tan común como comerse una hamburguesa. En muchas comunidades los comercios patrocinan actividades que hace muy pocos años eran desconocidas en los Estados Unidos tal como la celebración del 5 de mayo, que conmemora la victoria mexicana contra los franceses en la Batalla de Puebla en 1862. Poco a poco las fuerzas del comercio, aliadas con el desarrollo natural de las relaciones humanas, van favoreciendo la transformación de la vida en los Estados Unidos en donde la población hispana desempeña un papel importante en el desarrollo económico y cultural del país.

―――――――
[1]proporcionar

DESPUÉS DE LEER

A. Comprensión

Conteste las siguientes preguntas sobre la lectura.

1. ¿De qué proveen a los consumidores los supermercados hispanos?
2. Describa algunos de los tipos de negocios destinados a los hispanos, según la lectura.
3. ¿Cuáles son algunos de los supermercados dirigidos al consumidor hispano?
4. ¿Cuáles son algunas de las fiestas hispanas que más se celebran en los Estados Unidos y que fomentan la actividad comercial?
5. ¿Qué importancia tienen las comidas de origen hispano en la dieta norteamericana?
6. ¿Qué se vende en las yerberías?

B. ¡A charlar!

En grupos de tres, comenten las siguientes preguntas y temas.

1. Describan algunos de los tipos de negocios destinados a los hispanos que Uds. conocen.
2. ¿Cómo se difieren las celebraciones de los cumpleaños, quinceañeras, bodas, la Navidad y la Noche Vieja entre los distintos grupos de hispanos que Uds. conocen?
3. ¿Qué diferencias han observado Uds. en las celebraciones de los cumpleaños, bodas, Navidad y Noche Vieja entre los hispanos y la población en general en los Estados Unidos?
4. Comenten las diferencias entre la fiesta de la Quinceañera y la de un cumpleaños de *sweet sixteen*.
5. ¿Han comprado Uds. algo de una yerbería alguna vez? ¿Qué compraron y por qué?

C. Investigación y conversación

Paso 1. Para investigar y contestar las siguientes preguntas relacionadas con el tema de la lectura, visite se buscador preferido en Internet y utilice las palabras clave que aparecen después de cada pregunta como punto de partida.

1. Busque información sobre dos o tres platos típicos de un país centroamericano. ¿Qué ingredientes se necesitan para hacerlos? ¿Se pueden conseguir los ingredientes para hacer estos platos en los Estados Unidos? ¿En qué tipo de tienda se pueden conseguir?

   (*comida típica + nombre de país, ingredientes/platos + nacionalidad*)

2. En los Estados Unidos, ¿quiénes celebran el Día de la Virgen de Guadalupe y la fiesta de los Reyes Magos? ¿Cómo los celebran?

   (*fiesta Virgen de Guadalupe EE.UU., celebración Reyes Magos EE.UU.*)

3. Busque información sobre tiendas virtuales. ¿Qué productos se venden en las tiendas virtuales dirigidas a la población hispana? ¿Qué se dice en las páginas Web respecto a los productos y los servicios que ofrecen estas tiendas?

   (*tienda virtual hispana, Pro's Ranch Market, Carnival Supermarkets, Fiesta Mart*)

Paso 2. En grupos de tres, compartan los resultados de su investigación del **Paso 1.**

Paso 3. Comenten las siguientes preguntas.

1. De los platos típicos de un país centroamericano que investigaron en el **Paso 1,** ¿cuáles les gustaron más? ¿Por qué?

2. En su opinión, ¿es fácil conseguir los ingredientes necesarios para los platos típicos que se sirven durante ciertas celebraciones hispanas en los Estados Unidos? Explique.

3. ¿Hay ocasiones en que Uds. o algunos de sus parientes tengan que comprar ingredientes de tiendas virtuales para conseguir los productos que necesitan? Si es así, ¿qué productos compran en esas tiendas?

4. En el **Paso 1,** ¿qué tiendas virtuales investigaron? ¿Cuáles les impresionaron más? ¿Por qué?

5. ¿Cuál es su celebración hispana favorita? ¿Por qué?

Proyecto final

En parejas, escojan uno de los siguientes proyectos y preséntenlo a la clase.

1. Folleto publicitario

Uds. trabajan para una revista de turismo y necesitan crear un anuncio de una página para promocionar el turismo a un país centroamericano. Seleccionen uno de estos países e investiguen sus celebraciones nacionales y regionales para promocionarlas en una conferencia para agentes de viaje. Presenten a la clase el folleto y descríbanlo.

(Continúa.)

2. **Presentación de negocios**

Piensen en un producto o servicio relacionado con las celebraciones de su país de origen (o el de su compañero/a de clase) para comercializarlo en los Estados Unidos.

A. Describan el producto o servicio.

B. Identifiquen el grupo de inversionistas que pudiera participar en la comercialización del producto o servicio.

C. Preparen una presentación para este grupo de inversionistas con el fin de vender su producto o servicio y preséntenla a la clase.

Encuesta

¿Cuánto aprendió Ud. sobre las tradiciones y celebraciones de Centroamérica, el tema del **Capítulo 3?** ¡Seguro que ha aprendido mucho! Ahora que ha llegado al final del capítulo, vuelva a la página 59 al principio del capítulo y complete la encuesta de nuevo. ¿La segunda vez que la tomó le fue mejor que la primera vez?

Una cascada de Costa Rica

Objetivos

- **adquirir información sobre el turismo con relación al medio ambiente en los países de Colombia, Venezuela y Costa Rica**

- **aprender a usar correctamente las letras c, s y z**

- **aprender a formar los tiempos compuestos y usarlos apropiadamente**

- **aprender a escribir un ensayo expositivo**

- **comprender el valor económico de la industria turística**

- **aplicar, por medio de un proyecto final, los conocimientos y destrezas desarrollados**

- **conocer más a fondo Colombia, Venezuela y Costa Rica**

Para empezar

Encuesta ¿Cuánto sabe Ud. del turismo y su relación con el medio ambiente? ¿Cuánto sabe Ud. del turismo en los países de Colombia, Venezuela y Costa Rica? Indique si la afirmación es cierta (C) o falsa (F).

1. C F   Las Cataratas del Iguazú se encuentran en Venezuela.

2. C F   Muchos turistas visitan Cartagena, una ciudad colonial de Colombia.

3. C F   El nombre de Venezuela viene de la palabra **Venezziola,** que significa «pequeña Venecia».

4. C F   Tikal, Teotihuacán y Machu Picchu están en México.

5. C F   Carolina Herrera y Patricia Cardoso son dos mujeres hispanas de origen venezolano.

6. C F   Los arahuacos, los caribes y los chibchas son grupos indígenas de Venezuela.

7. C F   La Isla Margarita pertenece a Costa Rica.

8. C F   El ecoturismo es una industria importante que genera muchos empleos en Costa Rica.

9. C F   Carolina Herrera es una exitosa mujer de negocios.

10. C F   John Leguizamo es un actor famoso de origen costarricense.

- Si Ud. tuvo ocho o más respuestas correctas, eso indica que sabe mucho sobre el turismo, el medio ambiente y los países de Colombia, Venezuela y Costa Rica.
- Si tuvo de cinco a siete respuestas correctas, eso indica que su conocimiento sobre el tema es moderado.
- Si tuvo menos de cinco respuestas correctas, eso indica que Ud. va a aprender mucho sobre el turismo, el medio ambiente y los países de Colombia, Venezuela y Costa Rica.

1. F 2. C 3. C 4. F 5. F 6. C 7. F 8. C 9. C 10. F

Lecturas culturales

1. ¿Adónde solían ir de vacaciones con su familia cuando eran niños/as?
2. ¿Qué países de Latinoamérica han visitado Uds.?
3. ¿Qué países de Latinoamérica les gustaría visitar? ¿Por qué?
4. ¿Qué saben Uds. de Colombia, Venezuela y Costa Rica como destinos turísticos?
5. ¿Qué es el ecoturismo?

Introducción

En Latinoamérica existe un gran número de atracciones turísticas. Su vasta región geográfica contiene atractivos[a] naturales, desde los impresionantes glaciares del Cono Sur, los majestuosos picos[b] de las montañas de los Andes, hasta las imponentes Cataratas[c] del Iguazú entre Argentina, Brasil y Paraguay. Otros lugares que atraen tanto a académicos como a turistas son los prominentes centros arqueológicos de Tikal, en Guatemala; Teotihuacán, en México y Machu Picchu, en Perú. A los espectaculares centros urbanos como México, D.F., San Juan, Puerto Rico, Buenos Aires y Santiago llegan muchos visitantes que disfrutan de su vida nocturna, centros de diversión, museos y teatros. Asimismo, las ciudades coloniales como Guanajuato en México, Cuzco en Perú, Antigua en Guatemala, Cartagena en Colombia, entre otras, atraen a miles de turistas cada año. Muchos turistas prefieren pasar las vacaciones en las bellas playas del Caribe, o en las costas del Pacífico o del Atlántico. El hecho de que estas playas se encuentren en ambos hemisferios hace que turistas de todo el mundo las puedan visitar durante todo el año. En el resto de las naciones latinoamericanas existen también lugares de gran belleza natural y ricos en historia.

---

[a]atracciones   [b]*peaks*   [c]cascadas muy grandes

LECTURA CULTURAL 1: El turismo en Colombia

Colombia es un país que tiene mucho que ofrecer a nivel turístico. Bogotá, la capital del país con más de 7 millones de habitantes, es una ciudad vibrante. Cuenta con[a] una arquitectura diversa, desde estructuras coloniales hasta edificios neoclásicos[b] como la Catedral Primada en la Plaza de Bolívar, la Plaza Mayor y la Plaza Santander. En el Barrio de La Candelaria, la parte colonial de Bogotá, se puede observar la influencia de los españoles a través de la arquitectura. Además, se puede disfrutar del ambiente intelectual y creativo del área y visitar los lugares donde ocurrieron eventos históricos importantes.

Asimismo, la ciudad ofrece eventos culturales y exposiciones de arte. El Museo del Oro en Bogotá exhibe una de las colecciones más impresionantes del mundo de objetos de oro y de otros metales creados por las culturas prehispánicas en el territorio colombiano.

---

[a]Cuenta… Tiene   [b]dicho de un estilo que trata de imitar las formas usadas antiguamente en Grecia o en Roma

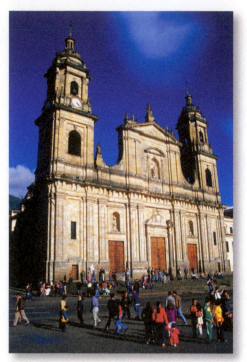

La Catedral Primada de la Plaza de Bolívar de Bogotá, Colombia

La ciudad de Cartagena está situada en la costa del Atlántico y tiene un puerto activo. En su época tuvo una gran importancia económica debido a que sirvió de punto de intercambio comercial entre Europa y esa región de Sudamérica. Para proteger el puerto de Cartagena de los constantes ataques de los piratas, se construyó una muralla[c] que, junto con muchos otros edificios coloniales, forma parte de la belleza arquitectónica de la ciudad. En la actualidad, mucha gente que visita Cartagena llega atraída por su historia, su clima placentero[d] y su vida nocturna. Estos turistas visitan, entre otros lugares de interés, la Catedral de Cartagena, la Iglesia de Santo Domingo, el Convento de la Popa, el Castillo de San Felipe de Barajas y la Casa del Marqués Valdehoyos.

Otro atractivo turístico del país es la pequeña Isla de San Andrés. Esta es parte del archipiélago de San Andrés y está localizada al oeste del Mar Caribe. Como otras islas del Caribe, San Andrés cuenta con bellas playas de arena blanca y aguas azules en las que se pueden hacer deportes acuáticos. También, San Andrés tiene zonas francas; es decir, puertos y bodegas en donde las mercancías están exentas del pago de impuestos y de derechos aduaneros.

_____
[c]*city wall*   [d]agradable

DESPUÉS DE LEER

A. Comprensión

Conteste las siguientes preguntas sobre la lectura.

1. ¿Cuáles son algunas de las actividades que pueden hacer los turistas en Bogotá?
2. ¿En qué aspecto de la ciudad es evidente la influencia española?
3. ¿Cuáles son algunas de las atracciones turísticas de Cartagena?
4. ¿Cuáles son algunas de las actividades que pueden hacer los turistas en la Isla de San Andrés?

B. ¡A charlar!

En grupos de tres, comenten las siguientes preguntas y temas.

1. ¿Qué lugares de Colombia les gustaría visitar? ¿Por qué?
2. ¿Por qué creen Uds. que, a pesar de que Colombia tiene mucha belleza natural y riqueza colonial, no se considera el país como un destino turístico muy popular?
3. En su opinión, ¿qué pueden hacer países como Colombia para atraer el turismo?

C. Investigación y conversación

Paso 1. Para investigar y contestar las siguientes preguntas relacionadas con el tema de la lectura, visite su buscador preferido en Internet y utilice las palabras clave que aparecen después de cada pregunta como punto de partida.

1. Busque información sobre Barranquilla. ¿Cuáles son sus atracciones turísticas?

   (*Barranquilla turismo*)

2. Haga una búsqueda sobre Cali. ¿Qué tipo de actividades pueden hacer los turistas en esta ciudad?

   (*Cali turismo*)

3. ¿Por qué se considera Medellín uno de los principales centros culturales de Colombia?

   (*Medellín turismo*)

4. ¿Dónde se hace ecoturismo en Colombia?

   (*ecoturismo, Amazonas, Caldas, Capurganá, Llanos Orientales*)

Paso 2. En grupos de tres, compartan los resultados de su investigación del
Paso 1.

Paso 3. Comenten las siguientes preguntas.

1. ¿Qué es lo que más les impresionó sobre Barranquilla?
2. ¿Qué es lo que más les impresionó sobre Cali?
3. ¿Qué es lo que más les impresionó sobre Medellín?
4. De todos los sitios en Colombia que investigaron, ¿adónde les
   gustaría ir? ¿Por qué?
5. ¿Han cambiado su percepción de Colombia después de leer esta
   lectura y de buscar información en Internet?

LECTURA CULTURAL 2: El turismo en Venezuela

Venezuela fue uno de los tres países que surgieron de la desintegración
de la Gran Colombia en 1830. Los otros dos países fueron Ecuador y
Nueva Granada, país que luego se convirtió en lo que hoy se conoce como
Colombia. Venezuela está ubicado[a] en la parte norte de Sudamérica y
comparte fronteras con Colombia al oeste, Guyana al este, Brasil al sur y
al norte con el Mar Caribe. El país está dividido en cuatro zonas muy
distintas: las tierras bajas de Maracaibo; la región montañosa en el norte
y el noroeste; la cuenca del Orinoco con sus vastos y fértiles llanos[b] en
el sur y sureste y la región montañosa de Guiana, al sur del Orinoco,
que comprende[c] aproximadamente la mitad del territorio nacional. Su
clima es tropical, húmedo y caliente, aunque es más moderado en las
alturas. Su posición geográfica es una ventaja puesto que se encuentra
en medio de los dos continentes americanos, lo cual lo hace un lugar
estratégico para las comunicaciones aéreas y marítimas entre los
hemisferios sur y norte. Su nombre viene de **Venezziola** —que
significa «pequeña Venecia»— por las chozas[d] indígenas construidas
sobre pilares a lo largo del Lago de Maracaibo que se parecían a la
ciudad italiana de Venecia.

Cuando Cristóbal Colón llegó a Venezuela en su tercer viaje en
1498, se encontró con indígenas arahuacos, caribes y chibchas. Los
chibchas vivían en las laderas[e] del este de los Andes, mientras que los
caribes, quienes habían llegado desde la selva amazónica, se habían
distribuido por la cuenca[f] del Lago de Maracaibo y a lo largo de la
costa del Caribe. Los arahuacos que procedían del alto del Orinoco y
del Río Negro habitaron la región que hoy se conoce como Guyana.
Los indígenas practicaban la agricultura, la caza[g] y la pesca. El grupo
más avanzado de los tres era el de los chibchas, que desarrollaron
considerablemente la agricultura.

Hoy día Venezuela es reconocido mundialmente por su industria
del petróleo, su diversidad ecológica, su abundancia de recursos
naturales y la variedad de oportunidades para promover y practicar
diferentes clases de turismo.

El Salto Ángel del Parque Nacional
Canaima de Venezuela

---

[a]*está… is located* [b]*plains* [c]incluye [d]*huts* [e]declives de un monte [f]*basin* [g]acción de perseguir
animales con el fin de matar y comerlos

A principios del siglo XX se comenzó a buscar petróleo en el Lago de Maracaibo, y desde que se encontró, este recurso natural[h] se ha convertido en la principal fuente de ingresos del país y representa el 91% de las exportaciones. Además del petróleo, el país cuenta con abundancia de gas natural, hierro, oro, bauxita[i] y aluminio, entre otros recursos naturales.

La capital de Venezuela, Caracas, cuenta con una población de 4 millones de habitantes, lo que la hace la ciudad más poblada del país. Está cerca de la costa, pero a una altura de 800 metros sobre el nivel del mar; por lo tanto tiene un clima muy agradable. Caracas está ubicada cerca de Ávila, una montaña de 2.600 metros de altura. En la capital se puede disfrutar de actividades como el golf y visitas a parques y museos. El Museo de Arte Contemporáneo Sofía Imber es uno de los más importantes de Sudamérica por su impresionante colección de arte moderno.

En Venezuela tanto el turista como el venezolano tiene muchas opciones para disfrutar de las bellezas naturales de este país y de un sinnúmero de actividades recreativas. La Isla Margarita, territorio de Venezuela situado en el Mar Caribe al noreste de Caracas, ofrece una gran variedad de diversiones, entre ellas, disfrutar de sus hermosas playas y visitar las iglesias y castillos de arquitectura colonial. También se puede pasear a caballo, jugar al golf y hacer surf y windsurf. Una de las atracciones más populares es el parque nacional Laguna de la Restinga por sus manglares[j] y su inmensa playa.

Al sur del Río Orinoco se encuentra una de las zonas más interesantes de Venezuela en donde hay unas mesetas[k] llamadas «tepuyes» y cascadas de agua espectaculares como la del Salto[l] Ángel, la caída de agua más alta del mundo con una altura de aproximadamente 1.000 metros.

En un extremo de la Cordillera[m] de los Andes existen varios picos que sobrepasan los 4.000 metros de altura. El área le ofrece al visitante montañas, lagunas, valles y pueblos con arquitectura colonial, interesantes por su historia y tradiciones.

---

[h]recurso... *natural resource* [i]óxido hidratado de aluminio [j]*mangroves* [k]*plateaus* [l]casada
[m]serie de montañas

DESPUÉS DE LEER

A. Comprensión

Conteste las siguientes preguntas sobre la lectura.

1. ¿Cómo se formó el país de Venezuela?
2. ¿De dónde viene su nombre?
3. ¿Qué grupos indígenas habitaban la tierra que hoy día se conoce como Venezuela cuando llegó Cristóbal Colón? ¿Cuál era el grupo más desarrollado?
4. ¿Cuáles son las ventajas de la ubicación geográfica del país?
5. ¿Cómo se pueden describir las diferentes áreas geográficas de Venezuela?
6. ¿Qué importancia tiene el petróleo para este país?

B. ¡A charlar!

En grupos de tres, comenten las siguientes preguntas y temas.

1. Si Uds. tuvieran la oportunidad de ir a Venezuela, ¿irían? ¿Por qué sí o por qué no?
2. Si estuvieran de viaje en Venezuela, ¿qué sitios mencionados en la lectura les gustarían ver? ¿Por qué?

3. Antes de leer esta lectura, ¿sabían que Venezuela tenía tanta belleza natural? ¿Por qué creen Uds. que, a pesar de su belleza natural, no se conoce Venezuela como un destino turístico tanto como México, por ejemplo?

C. Investigación y conversación

Paso 1. Para investigar y contestar las siguientes preguntas relacionadas con el tema de la lectura, visite su buscador preferido en Internet y utilice las palabras clave que aparecen después de cada pregunta como punto de partida.

1. Busque información sobre una de las cuatro zonas de Venezuela. Describa con detalle esta zona. ¿Cuáles son las atracciones principales? ¿Qué tipo de actividades se pueden hacer?

   (*turismo Venezuela, tierras bajas / región montañosa / cuenca / Guiana + Venezuela*)

2. ¿Hay mucho turismo en Venezuela? ¿De dónde provienen los turistas que van a Venezuela?

   (*turismo Venezuela datos, blogs de visitantes a Venezuela*)

3. ¿Qué campañas publicitarias existen para atraer a visitantes al país?

   (*campañas publicitarias turismo Venezuela*)

4. ¿Existe el ecoturismo en Venezuela? ¿En qué partes del país?

   (*ecoturismo Venezuela*)

Paso 2. En grupos de tres, compartan los resultados de su investigación del **Paso 1.**

Paso 3. Comenten las siguientes preguntas.

1. ¿Qué es lo que más les impresionó sobre las zonas que investigaron? ¿Por qué?
2. ¿Les sorprendieron los datos relacionados con el turismo a Venezuela? ¿Por qué sí o por qué no?
3. ¿Qué opinan Uds. de las campañas publicitarias para atraer a turistas a Venezuela?
4. En su opinión, ¿qué debe hacer Venezuela para atraer turismo?

LECTURA CULTURAL 3: El turismo en Costa Rica

Costa Rica está situada en Centroamérica, al sur de Nicaragua y al norte de Panamá. Es uno de los países más pequeños de la región. Además de San José, la capital del país, otras de las ciudades principales son Alajuela y Puerto Limón. La superficie del territorio nacional alcanza unas 19.730 millas cuadradas, y el 25% de este territorio está compuesto por parques nacionales. El clima del país es tropical con dos estaciones[a] al año: la estación seca —de diciembre a abril— y la estación de las lluvias —de mayo a noviembre.

Al igual que en otros países centroamericanos, la agricultura es la fuente principal de sus ingresos.[b] Los principales productos agrícolas de exportación son: las bananas, el café —el cual disfruta de una excelente reputación mundial— el azúcar y el cacao. Los «ticos», como se les conoce a los nativos del país por su tendencia a utilizar el diminutivo **-ico,** han alcanzado un nivel de alfabetización[c] del 93% entre la población, un porcentaje mayor

---

[a] temporadas [b] fondos [c] nivel... *literacy rate*

El centro turístico Tabacón del Parque Nacional Volcán Arenal de Costa Rica

que el de los Estados Unidos. Los costarricenses demuestran un gran amor por la democracia con sus tranquilas elecciones políticas. Por lo general, son muy hospitalarios,[d] amables y apacibles.[e]

El amor de los costarricenses por la paz se ve ilustrado en la expresión «pura vida» con la que se identifica al país y a su población. La tendencia a la celebración de la vida y a la tranquilidad atrae a muchos turistas de todo el mundo. Estas características pacíficas se manifestaron en 1987 cuando el presidente de Costa Rica de entonces, Óscar Arias (1986–1990), recibió el Premio Nóbel de la Paz. Desde 2006, Óscar Arias ha ejercido de nuevo el cargo de presidente del país.

Con la llegada de los españoles en 1522 se inició en Costa Rica un modelo colonial que se repitió en el resto de Latinoamérica, es decir, el desarrollo de una economía basada en la hacienda[f] y la agricultura, la imposición del catolicismo y el crecimiento de una población mestiza que fue el resultado de la unión entre los indígenas y los españoles. Estos factores históricos confluyeron[g] de tal manera que se convirtió el país en lo que es hoy día. A diferencia de los otros países, Costa Rica se ha distinguido por el rechazo de la confrontación militar para resolver problemas y desde 1948 no dispone de[h] fuerzas militares. La disolución de las fuerzas armadas de Costa Rica llevó a las Naciones Unidas a proclamar el país territorio neutral. De ahí surge su sobrenombre de «la Suiza de Centroamérica».

Su buena reputación en el exterior[i] —consecuencia de su neutralidad— su estabilidad política y la preferencia de sus habitantes a una vida pacífica hicieron que Costa Rica se destacara entre los demás países de habla hispana. Se convirtió en tema de documentales, transmitidos por canales como Discovery, que presentaban su rica biodiversidad, geología espectacular y bellezas naturales y que le sirvieron de promoción al país. Como resultado, había y sigue habiendo mucho interés en Costa Rica por parte del público de los Estados Unidos, Inglaterra y España. Hoy día hay millones de visitantes de todo el mundo que van al país cada año para disfrutar del paraíso que han visto en la televisión.

Costa Rica cuenta con 112 formaciones volcánicas. El Volcán Arenal es el más activo, el Irazú el más alto y el cráter del Volcán Poas ocupa el segundo lugar entre los cráteres más grandes del mundo. Las montañas, los ríos, las cataratas —escondidas entre las altas montañas—, las playas —algunas de ellas con inmensos arrecifes[j] coralinos—, los bosques húmedos y lluviosos y la diversidad de su fauna y flora son atributos naturales que atraen a los turistas, especialmente a aquellos que van en busca de ecoturismo. La diversidad geográfica y los ecosistemas del país crean las condiciones óptimas para hacer actividades al aire libre. Muchas compañías organizan excursiones que se dedican, entre otras, al buceo, a la pesca, a las cabalgatas[k] y a las caminatas campestres. Además se pueden; escalar picos altos, visitar los volcanes y hacer surf y rafting.

<hr />

[d]generosos [e]tranquilos [f]finca grande [g]coincidieron [h]dispone... tiene [i]extranjero [j]*reefs*
[k]paseos de gente a caballo

DESPUÉS DE LEER

A. Comprensión

Conteste las siguientes preguntas sobre la lectura.

1. ¿En qué se basa la economía del país?
2. ¿Por qué se les llama «ticos» a los habitantes de Costa Rica? Dé ejemplos del uso del diminutivo «ico» en una palabra. Por ejemplo, chiquitico es el equivalente de chiquitito.
3. ¿Cuáles serían los mejores meses del año para visitar el país? ¿Por qué?
4. ¿Cómo se beneficia el país del carácter tranquilo de sus habitantes?
5. ¿Por qué se conoce Costa Rica como «la Suiza de Centroamérica»? ¿Qué tienen en común Suiza y Costa Rica?
6. ¿Qué tipo de biodiversidad tiene Costa Rica?
7. ¿Cómo se relaciona la biodiversidad del país con las atracciones turísticas?

B. ¡A charlar!

En grupos de tres, comenten las siguientes preguntas y temas.

1. ¿Qué características geográficas tiene la ciudad/región donde viven?
2. ¿De qué países provienen sus familias? ¿Cómo es la geografía de sus países de origen? Si lo han visitado, ¿qué impresiones tuvieron sobre sus características geográficas? ¿Cómo es el clima y la naturaleza?
3. ¿Les gustan las actividades al aire libre? ¿Cuáles? Si no les gusta ninguna, expliquen por qué.
4. ¿Qué cualidades ayudan a un país a tener una buena reputación en el exterior? ¿Cuáles dañan su buena reputación y por qué?

C. Investigación y conversación

Paso 1. Para investigar y contestar las siguientes preguntas relacionadas con el tema de la lectura, visite su buscador preferido en Internet y utilice las palabras clave que aparecen después de cada pregunta como punto de partida.

1. ¿Cuáles son algunas de las atracciones más conocidas del país?
   (*atracciones Costa Rica*)

2. ¿Cuáles son algunos ejemplos de la flora y fauna muy distintiva del país?
   (*flora / fauna / aves / biodiversidad + Costa Rica*)

3. ¿Cuáles son los ecosistemas típicos del país?
   (*ecosistemas naturales Costa Rica*)

4. ¿Cuáles son los centros turísticos más importantes y qué actividades ofrecen?
   (*volcanes / parques nacionales + Costa Rica, Guanacaste, la Península de Osa, Tortuguero, senderismo / cabalgatas / campamentos + Costa Rica*)

5. Busque vídeos promocionales de la biodiversidad del país. ¿Qué tipo de información contienen?
   (*vídeos promocionales Costa Rica*)

(Continúa.)

Paso 2. En grupos de tres, compartan los resultados de su investigación del **Paso 1.**

 Paso 3. Comenten las siguientes preguntas.

1. ¿Qué les impresionó más sobre Costa Rica?
2. De los lugares que investigaron, ¿adónde les gustaría ir y por qué?
3. ¿Qué les parecieron los vídeos promocionales sobre la biodiversidad de Costa Rica?
4. En su opinión, ¿por qué creen Uds. que los costarricenses son tan apacibles?

Ortografía

Los usos de las letras c, s y z

En el español latinoamericano frente al español ibérico no se diferencian los sonidos de las letras **c** (antes de **e** o **i**), **s** y **z.** Esto puede causar confusión en cuanto a su ortografía. Las siguientes sugerencias sirven para ayudarle a aprender los usos de dichas letras.

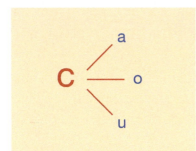

- La **c** se pronuncia de dos maneras.
- Cuando la **c** precede a las vocales **a, o** y **u,** se pronuncia como la **c** de **cama.**

  casa   **co**che   **cu**ra

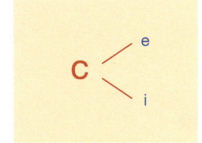

- En Latinoamérica, cuando la **c** precede a las vocales **e** e **i,** se pronuncia como la **c** de **centro,** la **s** de **siete** y la **z** de **zeta.**

  celos   **ci**ta

- Al conjugar los verbos que terminan en **-zar,** cuando la **z** de la raíz va seguida de **e** o **i** cambia a **c.**

  comen**zar** → comen**zó,** comen**zaron,** comen**zarían,** comen**zaremos,** *pero* comien**ce,** comien**ces,** comen**cemos,** etcétera

alcan**zar**	disfra**zar**	memori**zar**
almor**zar**	empe**zar**	organi**zar**
amena**zar**	enla**zar**	parali**zar**
bauti**zar**	familiari**zar**	recha**zar**
boste**zar**	for**zar**	re**zar**
comen**zar**	garanti**zar**	trope**zar**
cru**zar**	go**zar**	utili**zar**
destro**zar**	lan**zar**	

- Al conjugar los verbos que terminan en **-cer,** se agrega una **z** cuando la **c** no va seguida de **e** o **i.**

  cono**cer** → cono**ce,** cono**cemos,** cono**cían,** *pero* cono**zco,** cono**zcamos,** etcétera

  ofre**cer** → ofre**ció,** ofre**cimos,** ofre**cieron,** *pero* ofre**zco,** ofre**zcamos,** etcétera

aconte**cer**	engrande**cer**	pare**cer**
agrade**cer**	estable**cer**	pla**cer**
care**cer**	falle**cer**	recono**cer**
compade**cer**	favore**cer**	
descono**cer**	ofre**cer**	

- Las palabras que terminan en **z,** se escriben con la letra **c** en su forma plural.

actriz → actrices   maíz → maíces   vez → veces
feliz → felices   paz → paces
lápiz → lápices   raíz → raíces

- Generalmente, cuando una palabra en inglés termina en *-tion,* en español se termina con **-ción.**

action → ac**ción**   *association* → asocia**ción**

Otros ejemplos son:

aten**ción**	direc**ción**	obliga**ción**
combina**ción**	educa**ción**	opera**ción**
composi**ción**	explica**ción**	organiza**ción**
comunica**ción**	fun**ción**	pobla**ción**
cond**ición**	imagina**ción**	produc**ción**
construc**ción**	informa**ción**	reac**ción**
conversa**ción**	investiga**ción**	revolu**ción**
crea**ción**	lec**ción**	sec**ción**
declara**ción**	libera**ción**	sensa**ción**
descrip**ción**	manifesta**ción**	situa**ción**

Las derivaciones de dichas palabras también se escriben con la letra **c.** Por ejemplo, si la palabra es **emoción,** todas las palabras relacionadas se escriben con **c: emocionado/a, emocional** y **emocionante.**

NOTA Cuando estas palabras se escriben en plural, pierden el acento.

civilización → civilizaciones

EXCEPCIONES: Las siguientes palabras que en inglés se escriben con *t,* se escriben también con **t** en español:

combustión, congestión, cuestión, digestión, indigestión

EXCEPCIONES: Las siguientes palabras que en inglés se escriben con *t,* se escriben con **x** en español:

conexión, genuflexión

- Por lo general, cuando una palabra en inglés termina en *-sion,* en español se termina con **-sión.**

mansion → man**sión**   *commission* → comi**sión**

Otros ejemplos son:

compren**sión**	explo**sión**	preci**sión**
conclu**sión**	expre**sión**	profe**sión**
confu**sión**	ilu**sión**	se**sión**
depre**sión**	impre**sión**	ver**sión**
discu**sión**	mi**sión**	vi**sión**
excur**sión**	oca**sión**	
expan**sión**	pa**sión**	

Las derivaciones de estas palabras también se escriben con **s.** Por ejemplo, si la palabra es **confesión,** todas las palabras relacionadas se escriben con **s** como: **confesar, confesó** y **confesionario.**

NOTA Cuando estas palabras se escriben en plural, pierden el acento.

decisión → decisiones

Las siguientes sugerencias generales ayudan a distinguir entre los usos de la **c, s** y **z.**

- La letra **c** se usa:
  - en el sufijo diminutivo **-cito/a**

    cafe**cito**   peda**cito**
  - en los sufijos **-acia, -icio/a, -ancia** y **-encia**

    efic**acia**   fict**icio**   inf**ancia**   vehem**encia**

    EXCEPCIONES: antonomasia, idiosincrasia, paronomasia
- En general la letra **s** se usa:
  - antes de la **p** y de la **t**

    á**sp**ero, ha**st**a, e**st**ándar,
  - en los sufijos **-esa, -esco/a, -ismo, -ista** y **-oso/a**

    duqu**esa**, pintor**esco**, real**ismo**, art**ista**, honr**oso**
  - en el sufijo del superlativo **-ísimo/a**

    buen**ísimo**
  - en las palabras terminadas en **-sis**

    te**sis**, análi**sis**, sínte**sis**
- Generalmente la letra **z** se usa:
  - en los sufijos **-az, -azgo, -azo, -azón** y **-eza**

    cap**az**, hall**azgo**, cod**azo**, cor**azón**, alt**eza**
  - en el sufijo aumentativo **-azo/a**

    cabez**azo**

Existen algunas palabras que cambian de significado cuando se escriben con **s** frente a **c** o **z.** A continuación se encuentran algunos ejemplos.

- **abrasar:** hacer arder con calor excesivo o quemar algo hasta convertirlo en brasas

  En el desierto el calor del sol **abrasa** la piel.
- **abrazar:** rodear con los brazos

  Ella siempre lo **abraza** como gesto de cariño.
- **as:** cartas que llevan el número uno en los juegos de naipes

  Tenía escondidos los **as** dentro de la manga de su camisa.
- **has:** segunda persona singular del verbo **haber** en el presente perfecto

  ¿Tú no **has** desayunado todavía?
- **haz:** segunda persona singular del verbo **hacer** en el imperativo

  Haz tu tarea en cuanto regreses de la escuela.
- **asar:** abrasar o cocinar los alimentos directamente en el fuego o las brasas

  Nos gusta **asar** mazorcas en un almuerzo campestre.
- **azar:** casualidad, suerte o caso fortuito

  Ellos dos se encontraron por **azar.**

- **casar:** unir en matrimonio

  El cura los va a **casar** en la primavera.

- **cazar:** buscar y perseguir animales para atraparlos o matarlos

  En Inglaterra, **cazar** zorros es una vieja tradición.

- **caso:** acontecimiento, suceso, situación particular

  Su **caso** no tiene solución inmediata.

- **cazo:** recipiente de cocina, generalmente con un pico para verter

  Tenía mucha sed y bebió siete **cazos** de agua.

- **cocer:** preparar y someter los alimentos al calor para poder consumirlos

  Prefiero **cocer** los vegetales al vapor.

- **coser:** utilizar hilo y aguja para unir dos pedazos de tela

  La máquina de **coser** es un invento muy útil.

- **poso:** sedimento del líquido que hay en un recipiente

  El café y el chocolate dejan un **poso** en las tazas.

- **pozo:** hoyo profundo o perforación en la tierra

  El **pozo** de petróleo se está secando.

- **seta:** hongo con forma de sombrilla

  Algunas **setas** son comestibles, pero otras son tóxicas.

- **zeta:** última letra del alfabeto latino

  En España la **zeta** se pronuncia de manera distinta de la de Latinoamérica.

- **tasa:** relación matemática entre magnitudes; impuesto cobrado por el uso de ciertos servicios

  La **tasa** de inflación mide el aumento general de los precios.

- **taza:** recipiente o vasija pequeña con una asa para tomar líquidos

  Él tiene una **taza** grande para tomar café.

- **ves:** Segunda persona singular del verbo ver en el tiempo presente

  ¿Tú **ves** bien con tus nuevos anteojos?

- **vez:** ocasión, oportunidad y número de ocurrencias de un hecho

  Esta **vez** sí logré llegar a tiempo.

Práctica

A. Forme oraciones completas con la forma plural de las siguientes palabras.

MODELO actriz → Las actrices no habían trabajado con el dramaturgo colombiano.

1. vez
2. feliz
3. nariz
4. luz
5. paz
6. nuez
7. veloz
8. voz
9. matiz
10. cruz

B. Escoja la palabra que corresponda a cada una de las definiciones. Use el diccionario si es necesario.

civilización	excursión	mansión
composición	explosión	operación
confusión	lección	población
declaración	liberación	revolución
dirección	manifestación	

MODELO Empleo, facultad u oficio que una persona ejerce con derecho a pago → profesión

1. conjunto de ideas, creencias religiosas, ciencias, artes y costumbres propias de un determinado grupo de personas
2. acción de confundir
3. salida a alguna ciudad, museo o lugar por motivos de estudio o recreación
4. ensayo en que el alumno desarrolla un tema, dado por el profesor o elegido libremente, para ejercitar su dominio del idioma, su habilidad expositiva, su sensibilidad literaria, etcétera
5. cambio violento en las instituciones políticas, económicas o sociales de un país
6. casa magnífica, grande y costosa
7. liberación brusca de una gran cantidad de energía encerrada en un volumen pequeño, la cual produce un incremento violento y rápido de la presión, con desprendimiento de calor, luz y gases
8. conjunto de personas que habitan la Tierra (*Earth*) o cualquiera de las divisiones geográficas de esta
9. lo que enseña el maestro al estudiante para que lo aprenda y lo estudie
10. señas escritas sobre una carta o caja para indicar a qué lugar se envía y a quién se dirige

C. Dé la forma apropiada de los verbos entre paréntesis, según el contexto de cada oración.

1. a. Hoy día, la Isla de San Andrés en Colombia (ofrecer) muchas actividades como deportes acuáticos para los turistas.
   b. Cuando me visitan mis amigos yo siempre les (ofrecer) algo de tomar y picar.
2. a. La semana pasada yo (conocer) a dos estudiantes de Venezuela.
   b. Mi hermana quiere traer a su novio a casa para que mis padres lo (conocer).
3. a. A veces, cuando el comité (organizar) un evento para recaudar fondos, yo contribuyo con mi tiempo.
   b. El próximo año, cuando la universidad (organizar) un viaje a Costa Rica, pienso ir.
4. a. Los estudiantes (memorizarse) todos los nombres de los ríos de Colombia y Venezuela.
   b. Es difícil que los estudiantes (memorizarse) todos los nombres de los ríos de Colombia y Venezuela si no estudian.
5. a. El año pasado, la agencia de viajes (establecerse) en el centro de la ciudad para incrementar su clientela.
   b. Los dueños no quieren que (establecerse) otra agencia de viajes cerca de su nuevo local.

D. Complete las oraciones con las palabras que falten. Use el diccionario si es necesario.

abrasaron	cazar	posos
abrazaron	caso	pozos
asar	cazo	tasa
azar	cocer	taza
casar	coser	

1. La ____ de interés subió dos puntos porcentuales la semana pasada debido a los cambios gubernamentales.

2. Los padres ____ a su hijo cuando regresó de su largo viaje a Venezuela y Colombia.

3. Mi abuela me enseñó a ____ a máquina cuando era niña.

4. El gobierno de Colombia resolvió el ____ de la compañía transnacional que importaba frutas de los Estados Unidos.

5. Después de regresar de un breve viaje a Cartagena, los novios se fueron a ____ por la iglesia.

6. Se prohíbe ____ animales en peligro de extinción en la selva costarricense.

7. Los ____ de petróleo que se encuentran en el golfo de México son muy profundos.

8. Los juegos de ____, como los que hay en los casinos, son muy populares entre muchos de los visitantes de Latinoamérica que van a Las Vegas, Nevada.

9. Los señores Ramos decidieron ____ un puerco para celebrar la llegada de su hija de Europa.

10. Mis amigos siempre se toman una ____ de café colombiano por la mañana.

Gramática

Los tiempos compuestos

Como ya se ha visto, se puede usar el participio pasado como adjetivo (la puerta **cerrada,** las piernas **rotas**). También se puede usarlo con el verbo **haber** para formar los tiempos compuestos.

> el verbo auxiliar **haber** + el participio pasado*

Cuando se usa el participio pasado para formar un tiempo compuesto, el participio siempre termina en **-o.** (Es decir, no hay concordancia de género o número.)

Modo indicativo

- **El presente perfecto de indicativo** expresa una acción que pasó, pero esta acción repercute (*has repercussions*) en el presente.

    Se forma con:

    haber conjugado en el presente de indicativo + el participio pasado

    Zulma **ha reservado** los pasajes para su viaje a Bogotá.

---

*Para repasar las formas del participio pasado, vaya a las páginas 71–73 del **Capítulo 3.**

he reservado	hemos reservado
has reservado	habéis reservado
ha reservado	han reservado

- **El pluscuamperfecto de indicativo** indica una acción que ocurrió en el pasado, anterior a otra en el pasado.

  Se forma con:

  haber conjugado en el imperfecto + el participio pasado

  Cuando Ramón llegó a San José, ya **había dejado** de llover.

había dejado	habíamos dejado
habías dejado	habíais dejado
había dejado	habían dejado

- **El futuro perfecto** expresa una acción que se refiere a un evento en el futuro y que se completará antes de otro evento en el futuro.

  Se forma con:

  haber conjugado en el futuro* + el participio pasado

  Mañana, para cuando amanezca, ya **habremos llegado** a Caracas.

habré llegado	habremos llegado
habrás llegado	habréis llegado
habrá llegado	habrán llegado

- **El condicional perfecto** expresa una acción en el pasado que habría ocurrido bajo otras circunstancias.

  Se forma con:

  haber conjugado en el condicional† + el participio pasado

  Mis amigos no compraron el carro. Dijeron que **habrían comprado** el carro si hubieran tenido dinero.

habría comprado	habríamos comprado
habrías comprado	habríais comprado
habría comprado	habrían comprado

Modo subjuntivo

- **El presente perfecto de subjuntivo** describe acciones o eventos que ya ocurrieron dentro de un contexto en que se requiere el subjuntivo. A diferencia del presente perfecto de indicativo, se usa siempre en una cláusula subordinada.

  Me alegro de que **hayas corrido** en el maratón.

---

*El futuro se estudiará en el **Capítulo 6**.

†El condicional se estudiará en el **Capítulo 6**.

Se forma con:

haber conjugado en el presente de subjuntivo* + el participio pasado

haya corrido	hayamos corrido
hayas corrido	hayáis corrido
haya corrido	hayan corrido

- **El pluscuamperfecto de subjuntivo** expresa una acción ocurrida en el pasado anterior a otra acción pasada dentro de un contexto en que se requiere el subjuntivo.

Se forma con:

haber conjugado en el imperfecto de subjuntivo† + el participio pasado

Con respecto al verbo auxiliar **haber,** en la mayoría de las variedades del español, se emplean las formas del imperfecto de subjuntivo que terminan en **-ra** + las terminaciones personales.

hubie**ra**, hubie**ras**, hubie**ra**, hubié**ramos**, hubie**rais**, hubie**ran** + el participio pasado

En ciertos casos, sobre todo en España y en algunos lugares de Latinoamérica, se usan las formas del imperfecto de subjuntivo que terminan en **-se** + las terminaciones personales.

hubie**se**, hubie**ses**, hubie**se**, hubié**semos**, hubie**seis**, hubie**sen** + el participio pasado

Las dos formas son correctas.

A mi esposo le molestó que yo no **hubiera conseguido** los boletos para ir a Costa Rica.

hubiera conseguido	hubiéramos conseguido
hubieras conseguido	hubierais conseguido
hubiera conseguido	hubieran conseguido

Práctica

A. La familia Ramírez va de viaje a Cartagena. ¿Qué preparativos ha hecho para el viaje? Cambie las oraciones y use el presente perfecto de indicativo.

MODELO Compraron los boletos para ir en primera clase. →
Han comprado los boletos para ir en primera clase.

1. Juan buscó las maletas en casa de su primo.
2. Anita y José compraron el equipo de bucear muy barato.
3. Todos asistimos a clases de buceo.
4. Le pregunté a Juan: «¿Conseguiste la crema protectora contra el sol?»
5. Ya hice las maletas.

---

*El presente de subjuntivo se estudiará en el **Capítulo 7.**
†El imperfecto de subjuntivo se estudiará en el **Capítulo 8.**

B. Antes de que la familia Ramírez llegara a Cartagena, su hijo Enrique ya llevaba una semana en la ciudad. ¿Qué había hecho Enrique antes de que llegara su familia? Cambie las oraciones y use el pluscuamperfecto de indicativo.

MODELO **Llegó** a Bogotá muy cansado. →
Antes de que llegara su familia, Enrique **había llegado** a Bogotá muy cansado.

1. **Fue** a ver el Museo del Oro y el de Arqueología en la Plaza Bolívar.
2. Enrique **escaló** las montañas.
3. Enrique **comió** en el restaurante Mar de las Antillas.
4. Enrique **corrió** en el maratón que patrocinaba la ciudad.
5. Enrique y sus amigos, Roberto y Paola, **visitaron** la Iglesia de Santo Domingo y la Catedral de Cartagena.

C. Imagínese que en dos años Ud. irá de vacaciones a Latinoamérica. ¿Qué son las diez cosas que Ud. ya habrá hecho para entonces? Escriba oraciones en el futuro perfecto de indicativo.

MODELO Antes de viajar a Latinoamérica, habré conseguido mi pasaporte.

D. Lorena fue a visitar a su familia. Tuvo una serie de contratiempos (*setbacks*) que le arruinaron el viaje. ¿Qué habría hecho Ud. diferente a Lorena? Escriba oraciones en el condicional perfecto de indicativo.

MODELO LORENA: Llegué tarde al aeropuerto y perdí el avión. Tuve que esperar cuatro horas para tomar otro vuelo.
UD.: *Si yo hubiera sido ella, yo habría llegado al aeropuerto temprano.*

1. LORENA: Cuando llegué a la ciudad no encontré mis maletas.
UD.: Si yo hubiera sido ella, yo…
2. LORENA: Estaba muy deprimida porque mis maletas se habían perdido y no tenía ropa que ponerme.
UD.: Si yo hubiera sido ella, yo…
3. LORENA: Comí mariscos una noche y después estuve enferma dos días.
UD.: Si yo hubiera sido ella, yo…
4. LORENA: Mi familia estaba muy preocupada porque no sabía qué me había pasado.
UD.: Si yo hubiera sido ella, yo…
5. LORENA: En mi viaje de regreso, se me olvidó el pasaporte en el hotel y perdí el avión otra vez.
UD.: Si yo hubiera sido ella, yo…

E. ¿Qué cree Ud. que le ha pasado a Gabriel, ya que no fue al aeropuerto a despedirse de Enrique? Con las frases que aparecen a continuación, construya oraciones en el presente perfecto de subjuntivo.

Tal vez* Quizás* Es posible Ojalá

MODELO tuvo un accidente →
Tal vez haya tenido un accidente.

---

*También se pueden usar tiempos verbales de modo indicativo con **tal vez** y **quizá(s)** si hay menos duda o un mayor grado de certidumbre.

1. se durmió
2. se encontró con sus amigos
3. se perdió
4. Marisa y Gabriel se enojaron
5. olvidó la información del vuelo en su casa

F. Reaccione ante las siguientes experiencias que tuvo la familia Ramírez en Colombia. Con las frases que aparecen a continuación, construya oraciones en el pluscuamperfecto de subjuntivo.

dudaba que   fue fantástico   fue posible   fue una lástima   me dio gusto

MODELO Ganaron la lotería en Colombia. →
      Me dio gusto que hubieran ganado la lotería porque ya se les estaba acabando el dinero.

1. Encontraron todos los museos abiertos.
2. Comieron en los mejores restaurantes.
3. Hicieron muchos amigos.
4. Compraron esmeraldas muy baratas.
5. Aprendieron mucho sobre la historia de Colombia.

Nuestro idioma

Palabras en español de origen visigodo

La influencia de los pueblos germánicos en la Península Ibérica data del siglo III. Los historiadores llaman a la época entre el siglo V y comienzos del siglo VIII, «la Hispania Visigoda» debido al asentamiento (*settlement*) del pueblo visigodo en esa área. Como resultado, la cultura visigoda dejó su huella lingüística en el español. La siguiente es una lista de algunas palabras de origen visigodo.

El reino visigodo hacia el año 500.

el aspa	la espuela	la parra
el bando	la estaca	rapar
el barón	el estribo	la tala
el botín	el galardón	la tapa
la brida	el ganso	ufano/a
el dardo	guisar	el varón
esgrimir	el hacha	el yelmo

(Continúa.)

Escritura

El ensayo expositivo

El ensayo expositivo, también conocido como «la exposición», es un tipo de ensayo en el que se tiene que explicar algo —ideas, procesos, cosas, acontecimientos (en algunos casos históricos), cómo hacer algo, etcétera— de manera objetiva. El propósito es informar al lector sobre algo y proveerle de datos y hechos relacionados con el tema. En este ensayo hay que emplear lenguaje formal.

El ensayo expositivo debe tener la estructura básica de un ensayo típico. Debe constar de una introducción en la que se le presenta al lector el tema, es decir, la idea principal del ensayo; «el desarrollo», o sea, varios párrafos que apoyan el tema y una conclusión derivada de las ideas expuestas.

Cómo realizar un ensayo expositivo

Para escribir un ensayo expositivo hay que seguir los siguientes pasos.

Paso 1: Buscar información sobre el tema

- Escoja el tema.
- Prepare una lista sobre la información que desea buscar sobre el tema.
- Consiga la información que necesita, ya sea en Internet, en la biblioteca, en periódicos, etcétera.
- Tome apuntes sobre la información que encuentre.

Paso 2: Organizar la información que ha encontrado

- Estudie las ideas que ha recopilado y escoja aquellas que le parezcan más relevantes y más interesantes.
- Use un mapa semántico o un cuadro para organizar la información como los que aparecen en la sección **Escritura (Capítulo 2).** Le ayudarán a tener una idea visual del material que tiene.

Paso 3: Identificar al lector para el cual escribe

- Piense en quién será su lector y organice sus ideas alrededor del mismo: ¿Es joven o una persona mayor? ¿Le interesará el tema? ¿Por qué sí o por qué no? ¿Qué información debe proporcionarle al lector?

Paso 4: Escribir un esquema

- Escriba la idea principal del tema.
- Determine el orden en que aparecerán las ideas en el ensayo.

- Para cada párrafo del desarrollo, escriba una oración principal y dos o más ideas de apoyo.
- Escriba la idea principal de la conclusión.

Paso 5: Escribir el primer borrador

- Redacte y desarrolle el ensayo según el orden del esquema.
- Escriba oraciones completas.

Paso 6: Lista de cotejo (*Checklist*): ¿Qué incluí en el ensayo?
Después de escribir el primer borrador, hágase las siguientes preguntas

- ☐ ¿Es claro el tema?
- ☐ ¿La introducción capta el interés del lector?
- ☐ ¿Se puede identificar al lector?
- ☐ ¿Se me ha quedado alguna idea sin desarrollar?
- ☐ ¿Apoyan los párrafos el tema?
- ☐ ¿Se deriva claramente la conclusión de la información presentada en el ensayo?
- ☐ ¿Hay información innecesaria en la composición?
- ☐ ¿Es preciso el vocabulario que utilizo?
- ☐ ¿El título de mi ensayo refleja las ideas que presento?

Paso 7: Evaluar el primer borrador

- Lea de nuevo el primer borrador.
- Identifique claramente la introducción, el desarrollo y la conclusión.
- Tome apuntes sobre lo que Ud. crea necesario corregir.
- Pídale a un compañero (una compañera) que lea su ensayo y que anote sus sugerencias al margen.
- Evalúe las sugerencias de su lector(a) y escoja las que quiera incorporar.

Paso 8: Reescribir

- Revise detenidamente el texto hasta que el texto final sea satisfactorio.
- Revise cuidadosamente la gramática, la ortografía y la construcción de las oraciones y los párrafos.

Ejemplo de un ensayo expositivo

El ecoturismo en Venezuela

La riqueza ecológica de Venezuela y su gran diversidad natural hacen que este país sea un lugar ideal para hacer ecoturismo. Con la colaboración de tanto instituciones privadas como gubernamentales se ha ido desarrollando este tipo de turismo en que el turista ayuda en la conservación de la flora y fauna del país a la vez que disfruta de la belleza natural de Venezuela. Los objetivos del ecoturismo en Venezuela, como en todos los países donde se hace, son: promover la conservación del ambiente, ayudar con el desarrollo de las comunidades que participan en el mismo y asegurarse de que tanto los turistas como los residentes tengan experiencias positivas.

Cada vez más gente joven descubre las ventajas de hacer ecoturismo. La vida agitada de muchos jóvenes hoy día se combina con la creciente preocupación por la conservación del ambiente. Como resultado ha ido aumentando la tendencia en esta clase específica de turista a buscar lugares tranquilos y en armonía con la naturaleza para poder disfrutar de unos días de descanso y paz. Venezuela ofrece muchas opciones de ecoturismo que son muy diferentes a los viajes típicos y corrientes que la mayoría de la gente suele hacer.

El ecoturismo en Venezuela se hace en lugares como los Andes venezolanos donde se puede practicar senderismo[a] y explorar cañones, selvas y cataratas. También, se puede visitar el Salto Ángel y disfrutar de la caída de agua más alta del mundo, y de camino hacia allí, pasar por pequeños pueblos donde se aprende la cultura del lugar mientras se observa la vida diaria de la comunidad. Otra posible opción es explorar el Río Orinoco y observar la flora y fauna de este ecosistema.

El turista contemporáneo que desee conocer los lugares de ecoturismo de Venezuela puede hacer investigaciones en Internet. Por ejemplo, se puede aprender sobre los servicios que se ofrecen, las opciones que hay en cuanto al alojamiento y cualquier otro tipo de información. Las fotos, vídeos y comentarios de la gente que ya ha estado en esos lugares ayudan al turista de hoy a tomar una buena decisión sobre los lugares a los cuales quiere ir, qué quiere hacer, cuánto quiere gastar y qué servicios va a encontrar.

En conclusión, en estos tiempos de tanta agitación, ya sea por las presiones del trabajo, de los estudios o de asuntos de familia, existe la opción de descansar, aprender y disfrutar de nuevas culturas y a la vez apreciar la belleza de nuestro planeta.

---

[a]actividad deportiva que consiste en recorrer senderos campestres

Práctica

Conteste las siguientes preguntas y base sus respuestas en la lectura anterior y en lo que aprendió sobre la exposición.

1. ¿Cuál es el tema del ensayo, o sea, qué quiere decir el autor?
2. ¿Qué ideas usa el autor para apoyar dicho tema?
3. ¿A qué conclusión llegó el autor?
4. ¿Es lógica la conclusión? ¿Está basada en el contenido del ensayo?

¡Vamos a escribir!

Imagínese que Ud. es periodista ambiental y escribe para una revista ecológica de gran renombre. Los ejecutivos de la revista le asignan la tarea de escribir un ensayo expositivo sobre cómo se está desarrollando el ecoturismo en Costa Rica.

Primero, haga una búsqueda sobre el ecoturismo en Costa Rica, los lugares que se han desarrollado y aquéllos que podrían desarrollarse. Luego, basándose en lo estudiado en este capítulo sobre Costa Rica y la información que haya conseguido en sus investigaciones, organícese y escriba.

Las siguientes preguntas le pueden ayudar a organizar sus ideas.

¿Qué es el ecoturismo?
¿Qué ventajas y desventajas tiene?
¿Cómo se beneficia Costa Rica con este tipo de turismo?
¿En qué otros lugares de Costa Rica se podría desarrollar el ecoturismo? ¿Por qué?

John Leguizamo

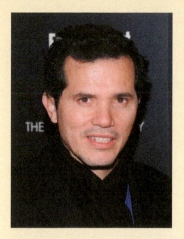

Nació en Bogotá, y emigró con su familia a los Estados Unidos cuando tenía tres años. Leguizamo se crió en Nueva York donde cursó sus estudios primarios. Posteriormente asistió a New York University donde estudió teatro. Comenzó su carrera artística como cómico e hizo papeles teatrales en producciones fuera de Broadway en Nueva York. Desde los años 80 ha participado en programas de televisión y en películas de Hollywood. Leguizamo escribió y actuó en los monólogos *Mambo Mouth* (1991) y *Spic-O-Rama* (1993). Los dos tratan el tema de la identidad de los hispanos en los Estados Unidos. También ha actuado en muchas películas, entre otras, *Casualties of War* (EE.UU., 1989), *Whispers in the Dark* (EE.UU., 1992), *Moulin Rouge* (EE.UU., 2003) y *Crónicas* (México, Ecuador, 2004). Ha ganado varios premios de la organización ALMA y ha sido nominado al Globo de Oro en la categoría de Mejor Actor de Reparto por su destacado papel en la película *To Wong Foo, Thanks for Everything, Julie Newmar* (EE.UU., 1995).

Óscar Arias

Óscar Arias Sánchez nació en Heredia, Costa Rica. Estudió la licenciatura en la Facultad de Derecho y la Facultad de Ciencias Económicas en la Universidad de Costa Rica. Posteriormente recibió la maestría y el doctorado en ciencias políticas en The University of Essex en Inglaterra. Desde los 20 años empezó a involucrarse en la política y llegó a ocupar varios cargos administrativos en el gobierno. En 1978 fue elegido diputado de su país y en 1986 alcanzó la presidencia de la República de Costa Rica. En 2006 logró su segundo mandato presidencial. En la capacidad de presidente de su país trabajó arduamente por la pacificación de Centroamérica sin dejar de atender las necesidades de los costarricenses y en 1987 se le otorgó el prestigioso Premio Nóbel de la Paz. El doctor Arias estableció la Fundación Arias para la Paz y el Progreso Humano para promover la desmilitarización y la resolución de conflictos en el mundo en vías de desarrollo, la igualdad de oportunidades para la mujer centroamericana y la promoción del cambio en la orientación filantrópica en Latinoamérica. También ha publicado varios libros relacionados con la política y el desarrollo de su país.

Carolina Herrera

Nació María Carolina Josefina Pacanins y Niño en Caracas, Venezuela donde estudió en colegios británicos. Se mudó a Nueva York a los 12 años e hizo los estudios universitarios en Poughkeepsie. En 1980 Carolina Herrera se convirtió en una de las diseñadoras de moda más conocidas del mundo y en una empresaria muy reconocida. Su línea de perfumes, cosméticos y ropa se vende en almacenes y boutiques. La Sociedad Americana del Cáncer la escogió como Madre del Año; España le otorgó la Medalla de Oro de las Bellas Artes y el Council of Fashion Designers of America le otorgó la distinción de ser la Mejor Diseñadora de Ropa Femenina del año 2004.

Patricia Cardoso

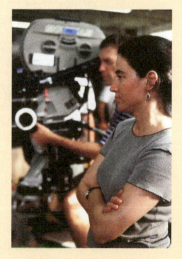

Nació en Colombia, donde estudió arqueología y llegó a enseñar en la prestigiosa Pontificia Universidad Javeriana en Bogotá. Después de haber recibido una beca Fulbright, emigró a los Estados Unidos en 1987. En 1991 hizo una práctica profesional en el Festival de Cine de Sundance, y en 1994 se graduó en la Escuela de Cine y Televisión en la Universidad de California en Los Ángeles con una maestría en bellas artes. Su filme *El reino de los cielos* (1994) ganó el Premio Óscar por la Mejor Película Universitaria. Cardoso ha escrito cuatro guiones para el cine: *José Gregono, Milky Way Dream Land, Little Saints* y *Alien of Extraordinary Abilities*. También dirigió la aclamada película, ganadora de varios premios, *Real Women Have Curves* (EE.UU., 2002). En 2010 se estrenará su película *Nappily Ever After*.

(Continúa.)

A. **¡A charlar!** En parejas, comenten las siguientes preguntas.

1. ¿Cuáles son algunas de las características que tienen en común estos personajes destacados de origen colombiano, venezolano y costarricense?

2. ¿Hay algunas diferencias entre ellos? ¿Cuáles son?

3. ¿Cuáles son algunos de los logros de estos personajes que les han impactado más a Uds.?

B. **¡A escribir!** Investigue la vida de otro personaje destacado de origen colombiano, venezolano o costarricense y escriba una breve biografía sobre este personaje. Utilice como modelo las descripciones de los personajes destacados que leyó en esta sección.

Negocios

Lectura: El turismo como sector económico de un país

Un anuncio publicitario para el ecoturismo en Costa Rica

Los Estados Unidos reciben muchos visitantes debido a su posición económica, la extensión y variedad de su territorio y su historia relativamente reciente, pero rica en sucesos de interés global. En un informe de la Organización Mundial de Turismo (OMT) sobre las ciudades, parques temáticos y monumentos históricos que más se visitan mundialmente, los diez primeros en la lista están localizados en los Estados Unidos. En otro informe publicado por el Fondo Económico Mundial (FEM), Latinoamérica no aparece entre las regiones geográficas con mayor número de visitantes en comparación con otras naciones del mundo. Costa Rica es el país en la primera posición entre los países latinoamericanos, aunque ocupa la posición 42 entre los 133 países a nivel global que forman parte del índice de competitividad de viajes y turismo, según informa el Foro Internacional de Comercio. A Costa

Rica le siguen México en posición 51, Panamá en la 55, Guatemala en la 70, Honduras en la 83, El Salvador en la 94 y Nicaragua ocupa la 103.

Según la OMT, el mayor crecimiento en el número de visitantes en Latinoamérica se observó en la región centroamericana, aunque a nivel mundial quedó en tercer puesto. Un total de 7.3 millones de turistas llegaron a Centroamérica en el año 2008 con 2 millones a Costa Rica, seguido de Guatemala con 1.7 millones, El Salvador con 1.6 millones, Honduras con 1.2 millones y Nicaragua con 850.000. La captación de divisa extranjera[a] les agregó un total de 5 mil millones de dólares a estos países.

Debido a los ingresos que genera el turismo, cada vez más los gobiernos latinoamericanos implementan nuevas iniciativas para desarrollar este sector económico. Los países aprovechan sus bellezas naturales, su rica cultura, ruinas históricas e historia colonial para atraer a visitantes de todo el mundo. Algunos de estos países, como México y varias islas del Caribe, sacan ventaja de su proximidad a los Estados Unidos y han utilizado el turismo como fuente importante de ingresos. Otros van desarrollando la infraestructura necesaria para también beneficiarse del turismo.

Dado que el turismo puede generar muchos ingresos para un país, es importante comprender cómo contribuye a la economía. El turismo representa una industria de servicios de exportación que crea fuentes de ingresos en un país. Cuando las personas de otros países compran nuestros productos y servicios se reciben pagos provenientes del exterior: eso se conoce como «exportación». Cuando compramos productos y servicios de otras naciones y hacemos pagos al exterior, a eso le llamamos importación. Puesto que el turismo es una industria que genera ingresos que llegan del exterior, se clasifica como una exportación de servicios. Todos los países desean aumentar los fondos[b] que llegan del exterior (vender más fuera), reducir la importación (comprar menos de fuera) y tener una tasa de desempleo[c] baja. El sector turístico trae al país dinero de fuera y emplea a mucha gente debido a la variedad y complejidad de servicios, necesidades y fines de los visitantes.

Las ofertas de turismo cambian según los estilos de vida del momento y las condiciones socio-económicas del mundo. Hay países que tienen atracciones inherentes a su geografía, cultura o historia; hay otros que agregan atracciones especiales, como los parques de diversiones y otros que lo tienen todo, lo cual les permite recibir turistas durante todo el año. Hoy día, los tipos de turismo más conocidos son las visitas (normalmente de familias) a los parques de diversiones al estilo de Disney World y Universal Studios y el turismo de sol y playa. Sin embargo existen otras clases de turismo muy populares, entre otras:

- el turismo de vida nocturna, cuyas atracciones son los restaurantes, bares, clubes nocturnos, centros de baile y espectáculos musicales;
- el turismo urbano en el que las orquestas sinfónicas ofrecen conciertos y los centros de bellas artes presentan todo tipo de espectáculos como ballet, ópera y obras teatrales;
- el turismo cuyo fin es ir de compras a grandes y prestigiosos centros comerciales;
- el turismo de salud para las personas que van a descansar, a hacer ejercicio, comer bien y en algunos casos, a recibir tratamientos de belleza y masajes;
- el turismo deportivo en el que se asiste a los grandes estadios para ver juegos entre equipos nacionales e internacionales o grandes campeonatos mundiales;
- el turismo de deportes de invierno que ofrece viajes para esquiar;

---

[a]captación… ingresos de un país de origen extranjero [b]ingresos [c]tasa… *unemployment rate*

- el ecoturismo en el que se ofrecen oportunidades para disfrutar de la naturaleza;
- el turismo tipo Las Vegas;
- el turismo rural en el que las personas visitan lugares del interior de un país para disfrutar de la vida del campo y compartir con los habitantes de la región;
- el turismo de actividades de alto riesgo que consiste, por ejemplo, en escalar el Monte Everest o vivir la experiencia de un astronauta al viajar fuera de la atmósfera terrestre en una nave espacial; y,
- el turismo religioso que trata particularmente de visitas a centros sagrados: a Jerusalén y La Meca; a tumbas; a iglesias, templos y mezquitas y a grutas y peregrinaciones[d] a lugares donde hubo apariciones de figuras religiosas.

Los empleos asociados con el turismo son vastos y se transforman constantemente según va cambiando el perfil[e] de los turistas. Los trabajos no se limitan a los que tienen que ver con hoteles y restaurantes. Además de los empleos que requieren tratar directamente con los turistas se han creado otros relacionados con la industria. Por ejemplo, en los Estados Unidos todos los estados tienen campañas promocionales muy competitivas. En sus ciudades se reconstruyen las áreas que están en malas condiciones y se restauran los lugares históricos. Las ciudades compiten entre sí para ser la base de los equipos de béisbol, baloncesto y fútbol americano, o para ser la sede de los más importantes encuentros deportivos al construir estadios cada día más modernos y deslumbrantes. Toda esta actividad es fuente de empleos para una ciudad y los beneficios que se derivan se extienden por la región. El efecto multiplicador de una industria en particular, se convierte en oportunidades económicas para otras.

En resumen, el turismo es un sector generador de muchos empleos relacionados con viajes, hoteles, restaurantes y diversiones. Se necesita a empleados que hablan idiomas extranjeros de todos los niveles ocupacionales en aeropuertos, los medios de transporte y los servicios de comidas, alojamiento, diversión y recreación. Hay áreas del gobierno y de compañías privadas que se ocupan de la promoción y venta de la imagen del país, de sus centros de diversión y de sus ciudades que emplean a un gran número de personas.

Para el interesado en la industria del turismo es importante saber en qué área le gustaría educarse y dónde podría hacerlo. Hay muchas universidades en los Estados Unidos que conceden títulos en las distintas ramas del turismo. Los departamentos académicos llevan, entre otros, los nombres de *Hospitality and Tourism*, *Leisure Studies* y *Tourism Management*. Los títulos que se otorgan incluyen gerencia de: hoteles, balnearios, parques nacionales, parques de diversiones, complejos turísticos, de restaurantes, complejos deportivos y de recreación y otros más. Existen programas universitarios que combinan el estudio del medioambiente y del turismo, cuyo objetivo es aprender a satisfacer las necesidades del ecoturista empleando estrategias que protejan los ecosistemas. La gama de estudios especializados en el área turística es amplia y provee al estudiante de oportunidades de trabajo en diversos sectores.

---

[d] *pilgrimages* [e] *profile*

DESPUÉS DE LEER

A. Comprensión

Conteste las siguientes preguntas sobre la lectura.

1. ¿Cuál es la diferencia entre una exportación de servicios y una importación?

2. ¿Por qué el turismo se considera una exportación aunque no se trata de enviar productos al exterior?

3. ¿Por qué cambian los empleos y servicios relacionados con el turismo? Dé ejemplos.

4. ¿Cuáles son algunos de los tipos de turismo mencionados en la lectura?

5. ¿Por qué muchos gobiernos desean desarrollar el sector turístico de su país?

B. ¡A charlar!

En grupos de tres, comenten las siguientes preguntas y temas.

1. ¿En qué tipo de turismo han participado Uds.?

2. Aparte de los ejemplos mencionados en la lectura, ¿cuáles son otros tipos de turismo de alto riesgo?

3. ¿Cuáles son los tipos de turismo más populares en la ciudad/pueblo y estado donde viven?

4. ¿Por qué creen Uds. que hay tanta competencia entre las ciudades, estados y países en cuanto a la industria del turismo?

C. Investigación y conversación

Paso 1. Para investigar y contestar las siguientes preguntas relacionadas con el tema de la lectura, visite su buscador preferido en Internet y utilice las palabras clave que aparecen después de cada pregunta como punto de partida.

1. ¿Cuáles son las atracciones turísticas que más se visitan en Latinoamérica?

   (*atracciones turísticas más visitadas Latinoamérica, sitios/países más visitados Latinoamérica*)

2. ¿Qué es la Organización Mundial de Turismo y de qué se ocupa?

   (*Organización Mundial de Turismo*)

3. ¿Qué universidades en los Estados Unidos ofrecen títulos en las distintas áreas de la industria del turismo? ¿Qué universidades en Latinoamérica ofrecen títulos de turismo?

   (*universidades turismo*)

4. Busque información sobre las estrategias, campañas y lemas (*taglines*) publicitarios de Colombia, Venezuela o Costa Rica para atraer turismo. ¿Cuál es la estrategia del país que investigó? ¿Qué campañas se han llevado a cabo en ese país? ¿Cuál es el lema?

   (*campaña publicitaria + país, el lema de + país*)

Paso 2. En grupos de tres, compartan los resultados de su investigación del Paso 1.

Paso 3. Comenten las siguientes preguntas.

1. ¿Les sorprende que no haya tanto turismo en Latinoamérica comparado con los Estados Unidos?
2. Si pudieran planear su viaje ideal a Latinoamérica, ¿adónde irían? ¿Qué clase de turismo harían y por qué?
3. ¿Les interesa trabajar en la industria del turismo? ¿Por qué sí o por qué no?
4. ¿Qué información respecto a las campañas publicitarias del país que investigaron les impresionó más? ¿Por qué?
5. ¿Han visto anuncios publicitarios (en la televisión, periódicos o revistas) que promocionen turismo a países latinoamericanos? ¿Para qué países eran los anuncios? ¿Qué estrategia usan? ¿Qué información ofrecen? ¿Qué imágenes presentan? ¿Cuál es el lema que usan? ¿Les gustaría visitar alguno de esos países?

Proyecto final

En parejas, escojan uno de los siguientes proyectos y preséntenlo a la clase.

1. Anuncio publicitario

Preparen un anuncio para una revista turística para promocionar una área específica de Colombia, Venezuela o Costa Rica. Incluyan en el anuncio, entre otros, fotografías del área, precios y una lista de los lugares atractivos que se pueden visitar.

2. Póster publicitario

Preparen un póster publicitario sobre un área que conocen en su estado o país de origen que Uds. creen que tiene potencial económico para atraer a turistas de Latinoamérica. Incluyan en el póster los siguientes datos y usen además su imaginación para ampliar su trabajo.

A. localización geográfica del lugar
B. descripción de las características que más sobresalen
C. descripción del público que visitaría el lugar: gente joven o de mediana edad, familias, jubilados, etcétera
D. lema que utilizaría en la campaña

Encuesta

¿Cuánto aprendió Ud. sobre el turismo y el medio ambiente, el tema del **Capítulo 4?** ¡Seguro que ha aprendido mucho! Ahora que ha llegado al final del capítulo, vuelva a la página 84 al principio del capítulo y complete la encuesta de nuevo. ¿La segunda vez que la tomó le fue mejor que la primera vez?

Story Teller de Velino Shije Herrera

Objetivos

- **adquirir información sobre la literatura, mitos y leyendas de Perú, Ecuador y Bolivia**

- **aprender a usar correctamente las letras b y v**

- **aprender a aplicar las reglas relacionadas con la voz activa y la voz pasiva**

- **aprender a escribir ensayos con la técnica de causa y efecto**

- **comprender el valor económico de la palabra escrita**

- **aplicar, por medio de un proyecto final, los conocimientos y destrezas desarrollados**

- **conocer más a fondo Perú, Ecuador y Bolivia**

Para empezar

¿Cuánto sabe Ud. de las tradiciones literarias, mitos y leyendas de Perú, Ecuador y Bolivia? Indique si la afirmación es cierta (C) o falsa (F).

1. C   F   Dos de los temas centrales en las obras literarias de los incas anteriores a la llegada de los españoles se relacionan con sus dioses y la agricultura.

2. C   F   Garcilaso de la Vega «El Inca» fue el primer conquistador de Perú.

3. C   F   César Vallejo fue un escritor peruano que escribió poemas, novelas y obras de teatro.

4. C   F   El peruano Mario Vargas Llosa escribió novelas, obras de teatro y ensayos.

5. C   F   La tradición oral ya no existe en Latinoamérica.

6. C   F   Se pueden encontrar muchos mitos y leyendas de Latinoamérica en Internet.

7. C   F   Los mitos cuentan muchos eventos sobrenaturales ligados a situaciones de la sociedad moderna.

8. C   F   Los personajes de los mitos suelen ser campesinos y gente humilde del pueblo.

9. C   F   La mitología es una colección de los mitos tradicionales de una cultura.

10. C   F   La leyenda de El Dorado trata de una ciudad de oro que buscaban los españoles.

- Si Ud. tuvo ocho o más respuestas correctas, eso indica que sabe mucho sobre las tradiciones literarias, mitos y leyendas de Perú, Ecuador y Bolivia.
- Si tuvo de cinco a siete respuestas correctas, eso indica que su conocimiento sobre el tema es moderado.
- Si tuvo menos de cinco respuestas correctas, eso indica que Ud. va a aprender mucho sobre las tradiciones literarias, mitos y leyendas de Perú, Ecuador y Bolivia.

1.C 2.F 3.C 4.C 5.F 6.C 7.F 8.C 9.C 10.C

Lecturas culturales

ANTES DE LEER

En parejas, comenten las siguientes preguntas.

1. ¿Qué tipo de libros, revistas o periódicos les gusta leer?
2. ¿Recuerdan Uds. algunas de las historias que se contaban en su familia cuando era niño/a? ¿Quién solía contar esas historias?
3. ¿Qué opinan de la poesía? ¿Han escrito Uds. algún poema? ¿Alguien les ha escrito algún poema?
4. ¿Saben Uds. de algunos escritores de Latinoamérica? ¿A quiénes conocen?

Introducción

Latinoamérica tiene un acervo[a] literario muy diverso, prolífico y de gran valor. Según los expertos en literatura latinoamericana la producción literaria incluye desde algunos escritos indígenas que datan del primer siglo antes de Cristo hasta una extensa literatura contemporánea que incluye la cultura urbana. Esta literatura es de suma importancia por diferentes razones. Por un lado, existe una industria literaria con ganancias[b] de millones por la venta de los libros, además de que las historias que aparecen en estos libros con frecuencia son adaptadas a películas o telenovelas. Por otro lado, esta literatura también se enseña en diferentes universidades y escuelas en Latinoamérica y en otras partes del mundo, incluidos los Estados Unidos. En todo el continente latinoamericano se encuentra una literatura indígena que ha sido transcrita[c] al idioma español. Algunas de las historias que forman parte de esta literatura fueron transcritas de su forma oral o de las diferentes formas de comunicación escrita que existían y que existen aún en varias partes del continente. Estos escritos incluyen leyendas de la creación del mundo, obras históricas, crónicas,[d] poemas y textos legales. Aunque el *Popol Vuh,* texto de la cosmología[e] maya, es una de las historias indígenas de las Américas más conocidas del continente, existen otros escritos igualmente importantes del área andina y de la misma época que no han sido objeto de la misma atención.

---

[a] colección [b] *profits* [c] traducida [d] historias en que se exponen los acontecimientos mientras ocurren [e] parte de la astronomía que trata de la estructura y de la evolución del universo

LECTURA CULTURAL 1: Tradiciones literarias en Perú desde Apu Inca Atawallpaman hasta Mario Vargas Llosa

En Perú, donde se hablan varios dialectos del lenguaje quechua[a] y otros idiomas, se puede apreciar una gran cantidad de obras literarias creadas antes de la llegada de los españoles. Muchas de estas, que provienen de la tradición oral, fueron traducidas al español y sus temas principales se relacionan con los dioses, la agricultura y la vida cotidiana de su comunidad. Con respecto a la poesía tradicional, abundan también los temas religiosos y militares mientras que en la poesía popular se aprecian los temas sobre las cosechas[b] y las siembras,[c] la naturaleza en general y la familia. Uno de estos textos populares incluye un poema sobre el asesinato cometido por los

---

[a] lengua indígena de los quichuas, descendientes de los incas [b] *harvests* [c] *planting seasons*

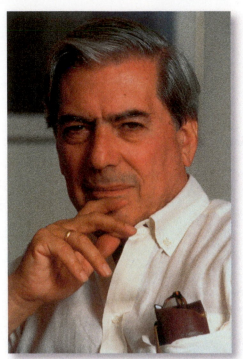

El escritor peruano Mario Vargas Llosa

españoles del Apu Inca Atawallpaman, el último emperador inca. Debido al gran impacto que esta noticia tuvo por todo el imperio inca, existen varios textos representativos de las diferentes tribus del imperio que narran esta historia. Hoy día se presentan obras teatrales basadas en este hecho histórico. Otro ejemplo de un escrito que aún sobrevive es *El Manuscrito de Huarochirí* que, en sus 31 capítulos, narra la historia de la creación del mundo.

Durante la época de la conquista y la colonia, Garcilaso de la Vega «El Inca» inició la literatura indígena escrita en español. Siendo mestizo, hijo de un conquistador español y una princesa inca, Garcilaso de la Vega pudo transferir la realidad indígena al idioma español. Escribió, por ejemplo, *La Florida del Inca* (1605), la historia del explorador Hernando de Soto. Su obra *Los comentarios reales* (1609) describe la vida y las costumbres de los incas, y resalta desde una perspectiva indígena su historia y religión. Su libro titulado *Historia general del Perú* (1617) es una crónica de la conquista y colonización de Perú.

Después de las guerras por la independencia, el escritor César Vallejo publicó *Los heraldos negros* (1919), el primer libro de poesía moderna en español en el continente sudamericano. En este Vallejo relata la vida diaria de la gente pobre y oprimida y expone ejemplos de la familia tradicional sudamericana. Otras obras de Vallejo son: los poemarios[d] *Trilce* (1922) y *Poemas humanos* (1939), la novela *Tungsteno*[e] (1931) y la obra de teatro *Lockout* (1939). Un ejemplo clásico de la obra de Vallejo es el siguiente poema, «Los heraldos[f] negros», que viene del poemario del mismo nombre y, que además, es uno de los más leídos y reconocidos de la poesía latinoamericana.

LOS HERALDOS NEGROS

Hay golpes en la vida, tan fuertes... ¡Yo no sé!
Golpes como del odio de Dios; como si ante ellos,
la resaca de todo lo sufrido
se empozara[g] en el alma... ¡Yo no sé!

Son pocos; pero son... Abren zanjas[h] oscuras
en el rostro más fiero y en el lomo[i] más fuerte.
Serán tal vez los potros[j] de bárbaros atilas;*
o los heraldos negros que nos manda la Muerte.

Son las caídas hondas de los Cristos del alma,
de alguna fe adorable que el Destino blasfema.
Esos golpes sangrientos son las crepitaciones[k]
de algún pan que en la puerta del horno se nos quema.

¡Y el hombre... Pobre... pobre! Vuelve los ojos, como
cuando por sobre el hombro nos llama una palmada;
vuelve los ojos locos, y todo lo vivido
se empoza, como charco de culpa, en la mirada.

Hay golpes en la vida, tan fuertes... ¡Yo no sé!

---

[d] colecciones de poemas [e] metal estratégico que se mina [f] algo que anuncia la próxima llegada de cierta cosa [g] se... se quedara depositado [h] *trenches* [i] *back* [j] *colts* [k] *crackling sounds*

---

*Atila, rey de los hunos, en el año 452 atacó Roma y otras ciudades de Italia. Era conocido como «el Azote de Dios».

En este poema se puede ver el dolor existencial y espiritual desde la perspectiva del narrador del poema, o sea, el sujeto poético. También expresa una profunda sensibilidad[l] ante la realidad de la vida cotidiana y cómo ese dolor causa estragos[m] en el cuerpo del individuo. Se puede notar que el sujeto poético transciende un inexplicable dolor existencial que se confunde con el dolor material. Por ejemplo, cuando habla de los golpes de la vida estos se pueden interpretar como golpes metafóricos y reales.

Este poema de Vallejo es un ejemplo de la rica tradición literaria de Perú. Hoy día, grandes escritores peruanos continúan este legado literario y se han aventurado a escribir obras literarias que reflejan la nueva realidad de su país. Estos escriben sobre la situación política de Perú, la condición de la mujer contemporánea y temas relacionados con la vida urbana. Un ejemplo de estos escritores, y uno de los más conocidos de Perú es Mario Vargas Llosa. Sus novelas, obras de teatro y ensayos, han sido traducidos a varios idiomas y leídos por millones de lectores en todo el mundo. Entre sus obras figuran[n] *La ciudad y los perros* (1962), *Pantaleón y las visitadoras* (1966), *La guerra del fin del mundo* (1981), *La fiesta del chivo* (2000) y otras. Estas son sólo una pequeña muestra de la abundante y excelente literatura peruana que actualmente sigue teniendo lectores en todo el mundo. Junto a Vargas Llosa, existen otros escritores que continúan esta gran tradición literaria.

---

[l] *sensitivity*   [m] daños   [n] se encuentran

DESPUÉS DE LEER

A. Comprensión

Conteste las siguientes preguntas sobre la lectura.

1. ¿Cuáles son los temas en las obras literarias de la tradición oral de Perú anteriores a la llegada de los españoles?
2. ¿Cuáles son los temas en la poesía tradicional y en la poesía popular de Perú anteriores a la llegada de los españoles?
3. ¿Por qué existen varias narraciones del asesinato del Apu Inca Atawallpaman?
4. ¿Qué ventajas tuvo Garcilaso de la Vega «El Inca» como historiador de los incas?
5. ¿Quién es uno de los escritores peruanos más importantes en la actualidad y qué obras ha escrito?
6. ¿Cuáles son los temas que se reflejan en la literatura contemporánea de Perú?

B. ¡A charlar!

En grupos de tres, comenten las siguientes preguntas y temas.

1. Vuelvan a leer el poema «Los heraldos negros». ¿Cuáles son las palabras o frases que apoyan la idea de que es un poema que refleja dolor existencial y espiritual?
2. ¿Qué opinan Uds. del poema?
3. ¿Cómo ha evolucionado la literatura peruana a través de los siglos? ¿A qué atribuyen Uds. estos cambios?

C. Investigación y conversación

Paso 1. Para investigar y contestar las siguientes preguntas relacionadas con el tema de la lectura, visite su buscador preferido en Internet y utilice las palabras clave que aparecen después de cada pregunta como punto de partida.

1. Busque información sobre dos escritores peruanos. ¿En qué época vivieron? ¿Cuáles son algunos ejemplos de las novelas, cuentos o poemas que escribieron? ¿Cuáles son algunos de los temas centrales de sus obras literarias?

    (*Xavier Abril, Alberto Hidalgo, Ricardo Palma, Abraham Valdelomar*)

2. Busque información sobre dos escritoras peruanas. ¿En qué época vivieron? ¿Cuáles son algunos ejemplos de las novelas, cuentos o poemas que escribieron? ¿Cuáles son algunos de los temas principales de sus obras literarias?

    (*Teresa María Llona Castañeda, Ana María Mur, Carmen Ollé, Rosina Valcárcel*)

3. Haga una búsqueda sobre una de las novelas de Mario Vargas Llosa. ¿De qué se trata? ¿Quiénes son los protagonistas? ¿Tuvo mucho éxito esta novela?

    (*Mario Vargas Llosa*)

Paso 2. En grupos de tres, compartan los resultados de su investigación del **Paso 1.**

Paso 3. Comenten las siguientes preguntas.

1. ¿Qué opinan de las obras literarias que investigaron?
2. ¿Los temas que tratan los/las escritores/as de las obras literarias que investigaron se parecen a temas que han estudiado Uds. en la literatura estadounidense? ¿Cómo?
3. ¿Hay algunas diferencias temáticas o estilísticas entre las escritoras y escritores peruanos?

LECTURA CULTURAL 2: Mitos y leyendas de la zona andina

La tradición oral cuenta la historia, las creencias y las interpretaciones de la vida de cada pueblo que van de boca en boca y de generación en generación. Esta tradición oral se ha venido recogiendo en libros y ahora se encuentran en Internet. La tradición oral representa una parte fundamental de la cultura de cada pueblo. Cada cultura explica su interpretación de la creación del mundo, la historia de su gente y su particular cosmovisión[a] a través de mitos y leyendas.

Los mitos cuentan hechos sobrenaturales estrechamente ligados a la religión y al cosmos.[b] Los personajes son dioses, semidioses, héroes con poderes extraordinarios, seres humanos divinizados[c] y líderes que reclaman ser descendientes directos de los dioses. Hay mitos que relatan el origen y la historia de los dioses, de los seres humanos y de las cosas. Por ejemplo, el texto maya *Popol Vuh* trata del origen del mundo según los mayas. Algunos mitos intentan explicar el futuro y el fin del mundo, y otros —los

---

[a]manera de ver el mundo   [b]espacio exterior a la Tierra   [c]*deified*

Un grabado en madera (*woodcut*) de una expedición en 1541 en el Río Amazonas de Francisco de Orellana, un explorador español en busca de El Dorado

mitos morales— explican la lucha entre el bien y el mal. Los mitos le dicen al pueblo cómo debe vivir y proveen su vida de significado. Los mitos tradicionales de una cultura se recogen en lo que se conoce como mitología.

Si el relato tiene origen en un acontecimiento histórico, en una persona, o en una comunidad y tiene alguna posibilidad de verificación, se le conoce como «leyenda». Cada pueblo tiene sus mitos y leyendas, sus dioses y sus héroes y todos contienen elementos universales que identifican a cada cultura como parte de la raza humana.

El proceso de colonización fue una de las causas principales de que muchos de los mitos y leyendas se perdieran, especialmente aquellos relacionados con la cosmogonía[d] andina, dioses y personajes mitológicos. Muchas de las historias que quedaron están mezcladas con las de los conquistadores. Al estudiarlas bien se pueden identificar las partes que provienen de la cultura precolombina[e] y las que son producto del mestizaje.

Los pueblos andinos, cuya tradición oral se basa en la cultura inca, comparten con el mundo sus mitos y leyendas a través de la tradición oral, libros e Internet, dejándole a la posteridad este legado histórico tan importante. Además, todavía se sigue transmitiendo el pensamiento inca de padres a hijos a través de la tradición oral usando los idiomas nativos quechua y aymara.[f]

Uno de los mitos más arraigados en el mundo andino es el mito de Inkari. Cuando el último inca fue ejecutado por los españoles, los miembros[g] arrancados de su cuerpo, fueron sepultados[h] en diferentes zonas de Perú. Así, por ejemplo, la cabeza del inca yace[i] enterrada bajo el Palacio de Gobierno en Lima, sus extremidades superiores en Waqaypata o Plaza del llanto[j] en Cuzco y sus extremidades inferiores en Ayacucho. Cuando los

---

[d] relato mítico relativo a los orígenes del mundo   [e] antes de la llegada de Cristóbal Colón al Nuevo Mundo   [f] lengua indígena del pueblo aymara, gente que vive en partes de Bolivia, Perú y Chile   [g] las extremidades del ser humano   [h] enterrados   [i] se encuentra   [j] efusión de lágrimas

miembros fragmentados del inca se fusionen nuevamente a su cuerpo, es decir, cuando la cabeza se junte con las manos y los pies, entonces el inca resucitará y terminará para siempre el sistema opresor de los españoles.

La leyenda de El Dorado se desarrolló en las montañas de Colombia donde se encuentra el Lago Guatavita. Algunos cuentan que al morir Atahualpa, príncipe inca asesinado por Francisco Pizarro, los incas echaron al lago todo el oro que tenían porque sabían que ese era el tesoro más preciado para los conquistadores. Cuenta la leyenda que en 1534 un indígena del lugar, que conocía la avaricia[k] del hombre blanco, les contó de la existencia de El Dorado, una ciudad cubierta de oro, y así despertó su codicia.[l] El Dorado se convirtió en un lugar mítico en América que tenía grandes reservas de oro, calles pavimentadas de oro y donde había tanto del precioso metal que se despreciaba como algo común. Los conquistadores buscaron la ciudad de El Dorado desesperadamente y muchos murieron en el intento.

Otra variante del mito cuenta de un cacique[m] indígena que se cubría el cuerpo de polvo de oro durante la ceremonia ritual del baño sagrado. Luego, se embarcaba[n] en la Laguna Guatavita donde se bañaba y arrojaba[ñ] al agua valiosas ofrendas[o] en oro y esmeraldas en honor a la divinidad. Los españoles divulgaron el mito del indio dorado por toda América, desde Colombia hasta Perú y Argentina y este fue distorsionándose hasta terminar siendo El Dorado un lugar donde se encontraban grandes riquezas en oro y piedras preciosas.

---

[k]*greed* [l]*greed* [m]jefe de una tribu [n]se... entraba [ñ]tiraba [o]*offerings*

DESPUÉS DE LEER

A. Comprensión

Conteste las siguientes preguntas sobre la lectura.

1. ¿Qué es la tradición oral?
2. ¿Qué representan los mitos y las leyendas para los pueblos del mundo?
3. ¿En qué difieren los mitos de las leyendas? ¿En qué se parecen?
4. ¿Qué características del mito presenta el mito de Inkari? ¿Cuál es la promesa de dicho mito?
5. ¿Qué características de la leyenda presenta la leyenda de El Dorado? ¿Cuál es el mensaje de la leyenda?

B. ¡A charlar!

En grupos de tres, comenten las siguientes preguntas y temas.

1. En su opinión, ¿qué revelan el mito de Inkari y la leyenda de El Dorado con respecto a cómo se sentían los indígenas hacia los españoles?
2. Compartan leyendas y mitos que conocen. ¿Cuáles son las características de los mitos y leyendas que compartieron?
3. ¿Creen Uds. que hoy día necesitemos mitos y leyendas? Expliquen su opinión.
4. ¿Qué mitos y leyendas para niños conocen Uds.? Den ejemplos y expliquen qué les enseñan estos a los niños.

C. Investigación y conversación

Paso 1. Para investigar y contestar las siguientes preguntas relacionadas con el tema de la lectura, visite su buscador preferido en Internet y utilice las palabras clave que aparecen después de cada pregunta como punto de partida.

1. Busque información sobre un mito andino no mencionado en esta lectura. ¿De qué se trata? ¿Qué le dice al pueblo?
   (*mitología andina, El mito de Wiracochaan*)

2. Haga una búsqueda sobre una leyenda andina no mencionada en esta lectura. ¿De qué se trata? ¿Cuál es el mensaje?
   (*leyenda andina, La camisa de Margarita, Pedro de Candía*)

Paso 2. En grupos de tres, compartan los resultados de su investigación del **Paso 1**.

Paso 3. Comenten las siguientes preguntas.

1. ¿Se parecen los mitos y leyendas que investigaron a algunas historias que ya conocen?

2. ¿Cómo creen que estos mitos y leyendas se relacionan con el pueblo de donde provienen?

3. De todos los mitos y leyendas que aprendieron tanto en la lectura como en sus investigaciones, ¿cuáles les gustan más? ¿Por qué?

4. ¿Hay un lugar para la tradición oral, ya que hay libros e Internet como fuentes de información?

LECTURA CULTURAL 3: Mitos y leyendas de Ecuador y Bolivia

Las sociedades van creando historias para dar sentido a eventos milagrosos o inexplicables. Surgen dioses, santos y héroes que les explican la vida y les dicen qué hacer cuando necesitan ayuda y requieren la intervención de un dios.

Los pueblos andinos le asignaban a cada una de sus deidades una misión especial relacionada con los misterios de la existencia humana. Por ejemplo, un dios era responsable de la fertilidad y otro dios de la salud. Esta organización sobrenatural les ayudaba a comprender los fenómenos extraños propios de la naturaleza. A base de esta mitología los pueblos andinos formularon las historias del origen de los incas.

El dios supremo de muchos pueblos andinos era Viracocha. Según el mito sobre este dios, Viracocha envió a los Andes a dos hermanos y a dos hermanas a fundar el imperio de la futura raza de los hombres: los incas. Este mito explica cómo se construyó Machu Picchu en Perú y cómo y de dónde surgieron los incas. También sirve para enseñarles a los incas que eran de ascendencia divina. Esta es una de las muchas leyendas y mitos que vienen de la época precolombina y crean la cosmovisión del pueblo andino.

El mito de la Pacha Mama, nombre que quiere decir «Madre Tierra», trata de la Pacha Mama quien tuvo gemelos —un niño y niña— de su unión con el dios del cielo Pachacámac. Los gemelos se llamaban Wilka. El padre murió y Pacha Mama se quedó sola con los dos niños vagando[a] en la oscuridad. Mientras vagaban en la oscuridad, se les acercó un hombre llamado Wakon. Wakon mandó a los niños a buscar agua en un cántaro[b] roto y cuando se quedó solo con Pacha Mama, trató de seducirla. Como no pudo lograrlo, la mató y la cortó en pedazos. Cuando los gemelos al regresar no encontraron a su madre, huyeron de Wakon con la ayuda del ave que anuncia la salida

---

[a] andando sin determinación   [b] jarra

El Museo Pacha Mama de Amaicha del Valle de Tucamán, Argentina

del sol, Huaychau. En el camino, una zorra^c los protegió del hombre malvado que quería matarlos. La zorra engañó a Wakon y este se cayó al abismo. Más tarde, los niños encontraron una soga^d que colgaba del cielo. Subieron la soga y se encontraron con su padre, Pachacámac, quien convirtió al niño en el sol y a la niña en la luna. Pacha Mama se convirtió en el nevado La Viuda. Desde esa cumbre ella reparte fecundidad y el dios del cielo envía lluvias para que broten las plantas. Así que la Pacha Mama es la diosa inca de la fertilidad, las siembras y las cosechas. En Ecuador el martes anterior al Miércoles de Ceniza en la religión católica era el día en que se hacían ritos en honor a esta diosa. Los devotos le enterraban comida, encendían velas, quemaban incienso y sacrificaban animales. En Bolivia también se le rendía culto a Pacha Mama^e aunque se llevaba a cabo el primero de agosto. El rito requería que en ese día se enterrara una olla de barro con comida preparada, coca, alcohol, vino, cigarros y otras cosas que la diosa pudiera necesitar. Hoy día las personas siguen llevando cordones de hilo atados a los tobillos, las muñecas y el cuello para evitar el castigo de Pacha Mama.

Hay leyendas que cuentan eventos inexplicables o historias de terror que se contaban en noches oscuras. Una de estas leyendas es «El sapo^f Kuartam se transforma en tigre». Proviene de los shuar quienes eran campesinos que vivían en los Andes de Ecuador. Esta leyenda cuenta cómo un sapo llamado Kuartam se convirtió en tigre y se comió a un shuar. Un shuar imitó el canto de Kuartam —cantó «Kuartam-tan, Kuartam-tan»— a pesar de que su esposa le había advertido que no lo hiciera porque el sapo podría transformarse en tigre si se cree objeto de burla. No le creyó y el cazador shuar decidió desafiar^g el consejo de su mujer y retar^h al sapo porque ya había imitado el canto del sapo de manera burlona y nada había pasado. El sapo de inmediato se convirtió en tigre y se comió al shuar. La mujer mató al sapo y le cortó la panza para salvarle al marido, pero el cazador ya se había muerto. Todavía se oye el canto «Kuartam-tan, Kuartam-tan», pero no se sabe si es un sapo o un shuar burlándose de él.

_____

^c *female fox* ^d cuerda ^e se... *Pacha Mama was worshipped* ^f *toad* ^g no hacer caso ^h *to challenge*

DESPUÉS DE LEER

A. Comprensión

Conteste las siguientes preguntas sobre la lectura.

1. ¿Por qué el pueblo crea mitos y leyendas? ¿Qué hacen los dioses y las diosas?
2. ¿Quién es Viracocha? ¿Qué instrucciones les dio a los hermanos? ¿Qué explica ese mito?
3. ¿Quién era Pacha Mama?
4. ¿Qué le pedía la gente a la Pacha Mama? ¿Cómo eran los ritos que hacían los ecuatorianos? ¿Cómo eran los de los bolivianos?
5. ¿Qué clase de leyenda es la leyenda del shuar?

B. ¡A charlar!

En grupos de tres, comenten las siguientes preguntas y temas.

1. ¿Por qué creen Uds. que el mito sobre el dios Viracocha era importante para los pueblos andinos?
2. ¿Por qué creen Uds. que era importante para los ecuatorianos y bolivianos tener una diosa de la fertilidad?

3. ¿Cuál es el mensaje de la leyenda «El sapo Kuartam se transforma en tigre»?

4. Comenten sobre ritos que se hacen hoy día para obtener favores de una divinidad superior. ¿Se parecen a los narrados en los mitos y leyendas que han estudiado en este capítulo?

C. Investigación y conversación

Paso 1. Para investigar y contestar las siguientes preguntas relacionadas con el tema de la lectura, visite su buscador preferido en Internet y utilice las palabras clave que aparecen después de cada pregunta como punto de partida.

1. Busque una leyenda de Ecuador o de Bolivia que no se haya mencionado en esta lectura. Alude a un dios o a una diosa? ¿Explica algo de la sociedad de donde proviene? ¿De qué se trata la leyenda que encontró? ¿Cuál es el mensaje de la leyenda?

   (*leyendas de Ecuador/Bolivia, leyendas de los incas, leyendas del mundo actual*)

2. Busque un mito de Ecuador o de Bolivia que no se haya mencionado en esta lectura. ¿Alude a un dios o a una diosa? ¿Explica algo de la sociedad de donde proviene? ¿De qué se trata el mito que encontró? ¿Qué aprendió del mito?

   (*mitos de Ecuador/Bolivia, mitos cosmogónicos, mitos de los incas, mitos del mundo actual*)

3. ¿Cómo se relacionan los mitos y las leyendas de Ecuador y Bolivia con el resto de los pueblos andinos? ¿Tienen temas en común? ¿Tienen diferencias marcadas?

   (*semejanzas leyendas de Ecuador y Bolivia, semejanzas mitos de Ecuador y Bolivia, semejanzas leyendas pueblos andinos*)

Paso 2. En grupos de tres, compartan los resultados de su investigación del **Paso 1.**

Paso 3. Comenten las siguientes preguntas.

1. ¿Qué opinan Uds. de las leyendas y mitos que encontraron? Compárenlos con los estudiados en este capítulo.

2. ¿Cuáles son las semejanzas y diferencias entre los mitos y leyendas que investigaron con las leyendas y mitos que conocen Uds.? Expliquen.

3. ¿Por qué creen Uds. que hay variantes de los mismos mitos y leyendas?

4. ¿Creen Uds. que se haya perdido la costumbre de transmitir oralmente las leyendas y mitos?

5. ¿Cómo creen Uds. que se transmiten hoy día los mitos y leyendas? Den ejemplos.

Ortografía

Los usos de las letras b y v

En español, las letras **b** y **v** representan el mismo sonido —es decir que la pronunciación de ambas letras es idéntica. La ortografía de las palabras que contienen ese sonido puede causar algunos problemas, pues no hay reglas determinadas que se apliquen a todos los casos. Las siguientes descripciones de los contextos más comunes en que aparecen pueden ayudarle a distinguir el uso de cada una de estas dos letras.

Se escriben con **b**...

- las palabras que contienen el sonido de la **b** antes de **l** o **r**, seguidas de vocal.

  bla-: a**bla**ndar, **bla**sfemar, ha**bla**r
  ble-: **ble**do, em**ble**ma, esta**ble**cer
  bli-: **bli**ndar, ne**bli**na, obli**gado**
  blo-: **blo**quear, ha**bló**, Pa**blo**
  blu-: **blu**sa, **blu**són
  bra-: a**bra**zar, **bra**zo, co**bra**r, pala**bra**
  bre-: **bre**cha, **bre**va, cum**bre**, he**bre**o
  bri-: a**bri**l, **bri**llar, **bri**ndar, **bri**sa
  bro-: **bro**cha, **bro**ma, **bro**nce, cere**bro**
  bru-: a**bru**mar, **bru**ja, **bru**sco, **bru**to

- las palabras que contienen los prefijos **ab-, ob-** y **sub-,** seguidos de una consonante.

  ab-: **ab**soluto, **ab**sorber, **ab**stinencia
  ob-: **ob**licuo, **ob**scuro, **ob**servar
  sub-: **sub**levación, **sub**marino, **sub**teniente

- las palabras que contienen los prefijos **bene-** (con el significado de «bien»), **bi-** o **bis-** (con el significado de «dos»), **bibl-** (con el de «libro») y **bio-** (con el de «vida»).

  bene-: **bene**factor, **bene**ficencia, **bene**volencia
  bi-/bis-: **bi**cicleta, **bi**lateral, **bi**nacional, **bis**abuelo
  bibl-: **Bibl**ia, **bibl**iografía, **bibl**ioteca
  bio-: **bio**degradable, **bio**logía, **bio**química,

- todos los verbos terminados en **-ar** en el imperfecto de indicativo y el verbo **ir** en el imperfecto de indicativo.

  camin**aba**, dese**ábamos**, est**aban**, estudi**aba**, trabaj**aba**
  iba, ibas, iba, íbamos, ibais, iban

- las palabras que contienen el sonido de la **b** después de la letra **m,** seguidas de vocal.

  cam**b**io, cam**b**alache, Cam**b**odia

Se escriben con **v**...

- las palabras que contienen el prefijo **vice-.**

  vicepresidente, **vice**versa

- las palabras que contienen **villa-.**

  bugan**villa**, **villa**ncico, **Villa**lba, **Villa**lpando, **villa**no, **Villa**rica
  EXCEPCIÓN: billar

- las palabras que comienzan con **lla-, lle-, llo-** y **llu-,** seguidas del sonido de la **b.**

  llavero, **lle**var, **llo**ver, **llu**via

- los adjetivos terminados en **-avo/a, -evo/a, -ivo/a, -ave** y **-eve,** siempre que estas terminaciones sean tónicas.

  escl**avo/a**; nu**evo/a**; caut**ivo/a**, gr**ave**; l**eve**

- las palabras que comienzan con el prefijo **ad-** seguido por el sonido de la **b.**

  adverbio, **ad**versario, **ad**vertir

- las formas del pretérito de ciertos verbos (**andar, estar, tener**) y sus derivados (**mantener, detener,** etcétera) — anduve, anduviste, anduvo, anduvimos, anduvisteis, anduvieron

Práctica

A. Escriba la palabra que corresponda a cada una de las definiciones. Use el diccionario si es necesario.

abstener	bilateral	bruto
abstinencia	binario	obertura
amable	biografía	oblea
beneficio	brigada	obsceno
biblia	bruja	obstáculo

MODELO cima o parte superior de un monte → cumbre

1. acción de privarse total o parcialmente de satisfacer algún placer
2. historia de la vida de una persona
3. bien que se hace o se recibe
4. perteneciente o relativo a los dos lados, partes o aspectos que se consideran
5. mujer que, según la opinión vulgar, tiene pacto con el diablo y, por ello, poderes extraordinarios
6. el acto de privarse de alguna cosa o no participar en algo a que se tiene derecho
7. impúdico, torpe, ofensivo al pudor
8. hoja delgada de pan ázimo (*unleavened bread*) de la que se sacan las hostias en la Iglesia católica
9. la sagrada escritura, o sea, los libros canónicos del Antiguo y Nuevo Testamento
10. impedimento, dificultad

B. Dé la forma apropiada del imperfecto de indicativo de los verbos entre paréntesis según el contexto.

MODELO En la escuela secundaria, nosotros siempre (estudiar) los poetas latinoamericanos y leíamos sus poemas. → estudiábamos

1. Cuando yo era niño, siempre (ir) a pasar los veranos a la casa de mis abuelos.
2. Todos los años durante la época navideña mis padres (planear) un viaje a la playa.
3. Mientras estábamos en la escuela secundaria, mi amiga Berta y yo (trabajar) en la biblioteca pública todos los veranos.
4. Cuando era niño nosotros siempre (ir) al cine con nuestros amigos durante los fines de semana.
5. Mi abuelo dice que cuando ellos eran jóvenes (caminar) con frecuencia más de tres kilómetros para ir a la escuela.
6. Cuando yo estaba en la escuela secundaria (jugar) fútbol y béisbol.
7. Dice mi hermano que cuando él era niño nunca (quejarse) aunque tenía que compartir su recámara con nuestro hermano mayor.
8. Cuando era niña, (gustarme) ver los dibujos animados en la televisión los sábados por la mañana.

(Continúa.)

9. En el pasado, raramente (pasar) programas con escenas tan violentas como hoy día.

10. En los años 30 la mayoría de las mujeres (trabajar) en casa.

C. Dé la forma apropiada del pretérito de los verbos entre paréntesis según el contexto.

MODELO Ayer nosotros (estar) estudiando para el examen de geografía en la casa de Luisa por cinco horas. → estuvimos

1. Esta mañana yo (tener) un accidente mientras manejaba y hablaba por teléfono con mi padre que vive en Quito, pero el policía que me (detener) fue bueno conmigo y no me puso una multa.

2. Después del accidente, mi primo Juan no (mantener) la calma y discutió con el policía.

3. El fin de semana pasado, los señores Ruiz (andar) buscando una casa nueva por toda la ciudad y, como no encontraron lo que querían, (tener) que seguir buscando durante el resto de la semana.

4. Ayer, la esposa de mi hermano, Leticia, (tener) su primer bebé y sólo (estar) en hospital un día.

5. Anoche yo (estar) conduciendo por dos horas hasta que se me acabó la gasolina y por eso (detenerme) en una gasolinera a llenar el tanque.

D. Forme oraciones completas con las palabras a continuación.

MODELO doceavo (*twelfth*) → La escuela celebra hoy el doceavo aniversario de su fundación.

1. cautivo
2. grave
3. nieva
4. diva
5. adversario
6. advertir
7. llave
8. llover
9. vicepresidente
10. villano

Gramática

La voz activa y la voz pasiva

En las oraciones con voz activa, el sujeto o agente lleva a cabo la acción.

Garcilaso de la Vega escribió el libro *Los comentarios reales*.
Los españoles asesinaron a Apu Inca Atawallpaman.

En cambio, en las oraciones con voz pasiva, el sujeto recibe la acción.

El libro ***Los comentarios reales*** fue escrito por Garcilaso de la Vega.
Apu Inca Atawallpaman fue asesinado por los españoles.

El español muestra marcada preferencia por el uso de la voz activa debido a que el mensaje es más claro y dinámico. Sin embargo, si se desea establecer un cierto punto de vista centrado en el sujeto que recibe la acción, se usa la voz pasiva. La acción en una oración pasiva es más lenta y no se debe abusar de su uso. La voz pasiva se usa más en el español escrito que en el hablado, aunque hoy día su uso se ha difundido a causa de la influencia del inglés en el que se emplea esta voz con más frecuencia.

Voz activa:

> sujeto (agente) + verbo + objeto que recibe la acción del verbo
> Juan + lee + el libro

Voz pasiva con **ser:**

> sujeto (que recibe la acción) + **ser** + participio pasado + **por** + agente
> El libro + es + leído + por + Juan.

En este contexto el participio pasado funciona como adjetivo; por eso, concuerda en número y género con el sujeto que modifica.

En ciertos casos el agente no se menciona porque no es información necesaria.

> La carta fue recibida ayer. (voz pasiva)

Se puede convertir dicha oración con voz pasiva en una oración con voz activa con el uso del **se** pasivo y con el verbo en la tercera persona singular o plural, dependiendo del sujeto gramatical.

> La carta fue recibida ayer. → Se recibió la carta ayer.
> Las cartas fueron recibidas ayer. → Se recibieron las cartas ayer.

Práctica

A. Cambie las siguientes oraciones de la voz pasiva a la voz activa y a la voz activa con **se.**

> MODELO Los libros fueron repartidos por la maestra en la clase. →
> La maestra repartió los libros en la clase.
> Se repartieron los libros.

1. Don Juan fue apresado por la guardia municipal en el convento de los franciscanos.
2. Al nacer, Pedro fue abandonado por su madre en la capilla de San Luis de Potosí.
3. El general fue galardonado por el gobierno militar por sus logros en la guerra.
4. Antes de poner el producto en el mercado, muchas muestras fueron enviadas por los fabricantes para ver cómo reaccionaba el público consumidor.
5. Hoy han sido cerradas las escuelas por orden del gobierno.
6. El libro del profesor Martínez podrá ser leído por los estudiantes en Internet.
7. El actor de la nueva película es admirado por todas las chicas jóvenes.
8. El nuevo edificio de la ciudad fue construido por el arquitecto Ramírez el año pasado.
9. Cuba fue descubierta por Cristóbal Colón en 1492.
10. Las bebidas fueron compradas por Susana.

B. Traduzca al español el siguiente párrafo. Tenga cuidado con el uso de la voz activa y la voz pasiva.

The ancient city was built by the indigenous people years before the Spaniards had arrived in the Americas. It was designed to reach the heavens where the gods resided. Every five years young men and women were led to the main altar by the priests where they were consecrated to serve the gods of life, time, and fertility. The young men and women were housed in the main palace. The carefully organized event was a recreation of the same sacred ceremony that had taken place for centuries.

C. Escriba un breve ensayo sobre una de las leyendas presentadas en este capítulo. Explique la impresión que le causó y qué relevancia tendría en el país en que se originó. Al terminar, marque con un rotulador (*highlighter*) los verbos en voz activa, voz activa con **se** y voz pasiva con el verbo **ser.** Analice el artículo y determine si cambiar la voz de pasiva a activa mejora el texto. Vuelva a escribir el artículo con los cambios necesarios y comparta con sus compañeros de clase el porqué de los cambios que hizo y cómo estos mejoraron lo que escribió.

Nuestro idioma

Palabras en español de origen quechua

El quechua fue la lengua oficial del imperio inca. Este imperio se expandió por los territorios que hoy comprenden el sur de Colombia, Ecuador, Perú, Bolivia, el noroeste de Argentina y el norte de Chile. Hoy día habla quechua la mayoría de los aborígenes que aún habita esos países y algunos nativos de Brasil. Con la llegada de los españoles en el siglo XV, se impuso el español como idioma oficial en toda esa zona. Debido a que los españoles no tenían en su país muchos de las frutas, animales, ropa o utensilios que encontraron en estos lugares, lógicamente tampoco tenían palabras en su idioma para nombrarlos. Como resultado, se incorporaron al idioma español muchas palabras del quechua. La siguiente es una lista de algunas palabras españolas de origen quechua.

Un profesor enseña quechua cerca de Carhuaz, Perú

el auca	el gaucho	la papa
la cancha	el guanaco	el pisco
el charqui	el guano	el puma
la chilca	la lancha	la quena
el choclo	la llama	la quincha
la coca	la ñapa/yapa	el tambo
el cóndor	la pampa	la vicuña

Actividades

A. Conteste las siguientes preguntas.

1. ¿Sabe Ud. lo que significan estas palabras de origen quechua? Si hay algunas que no conoce, búsquelas en el diccionario y apréndalas.

2. ¿Emplea Ud. algunas de las palabras de esta lista? ¿Cuáles usa?

3. ¿Conoce Ud. otras palabras provenientes del quechua?

B. En parejas, identifiquen categorías o patrones con respecto a estas palabras. ¿Qué conclusiones se pueden sacar al analizar esta lista?

Escritura

Causa y efecto

La causa es el origen o fundamento de algo, y el efecto es lo que sigue por virtud de una causa. Cuando escribimos debemos cuidar la forma en que se secuencian las causas para poder adscribirles (*assign to them*) los debidos (*proper*) efectos.

El escritor (La escritora) que va a escribir un ensayo de este tipo ha de investigar cuidadosamente los datos que va a enumerar de tal forma que los efectos tengan sus causas apropiadas. Si el texto es ficticio y se va a emplear la técnica de causa y efecto, los datos presentados como hechos han de tener una secuencia lógica para justificar las conclusiones a las que llega el escritor.

Las causas responden a la pregunta *¿a qué se debe la situación?* En cambio, el efecto responde a la pregunta *¿cuáles son las consecuencias de esa situación?*

Ejemplos del uso de la técnica de causa y efecto

En la leyenda «El sapo Kuartam se transforma en tigre» se utiliza la técnica de causa y efecto de manera creativa.

> *Causa:* El sapo Kuartam se convirtió en felino.
> *Efecto:* El sapo Kuartam se comió al shuar.

> *Causa:* Desapareció el shuar.
> *Efecto:* La mujer decidió matar al sapo Kuartam.

Los siguientes ejemplos muestran el uso de causa y efecto como medio para crear tensión.

> *Causa:* Un shuar imita el canto del sapo Kuartam.
> *Efecto:* Nada pasó.

> *Causa:* La mujer del shuar le dijo al shuar que no imitara el canto de Kuartam porque el sapo podía convertirse en tigre.
> *Efecto:* El shuar no le creyó.

Esta técnica crea tensión en la persona que lee o escucha la leyenda porque no se sabe si la mujer tiene razón o no.

Práctica

A. Identifique las causas y los efectos en el mito de «La Pacha Mama». Comente con la clase lo que encontró.

B. Busque una leyenda latinoamericana en Internet, en un texto de leyendas latinoamericanas o utilice alguna que escuchó de un familiar o amigo. Identifique las causas y los efectos que encuentre en la misma. Comparta con sus compañeros de clase lo que encontró.

¡Vamos a escribir!

Escriba Ud. un mito o una leyenda y use la técnica de causa y efecto. Aplique las características que aprendió y toda la información que encontró a través de la investigación que hizo sobre el tema. Termine con una conclusión lógica que parta de las causas y efectos que creó. Comparta con la clase su creación.

Diana Mera

Nació en Quito, Ecuador y se crió en Lima, Perú. La cantante, compositora y actriz también ha vivido en México, Venezuela y Suiza y actualmente reside en los Estados Unidos. La potencia, sensualidad y originalidad de su voz la distinguen en el medio artístico como una exponente fuerte y única en el género del pop/rock en español. Inició su carrera como cantante en los programas *Despierta América, El Gordo y La Flaca* en Univisión y *América en Vivo* en Telemundo, entre otros. Mera ha colocado sus vídeos musicales en reconocidos canales de televisión, tales como Ritmoson Latino, VH UNO y MTV Español. Su segunda producción discográfica la produjeron Gustavo Borner, tres veces ganador del Premio Grammy, y Dany Tomas, compositor de muchos éxitos musicales. Su canción «Bésame» es parte de la música de la película *Druthers* y es la cortinilla[a] del podcast de la revista *Hispanic MPR*. Con el vídeo musical de «Bésame», logró obtener el segundo lugar en una competencia de vídeos de Comcast Cable, siendo su canción la única en español.

————
[a] música de entrada

Juan Diego Flórez

Nació en Lima en 1973 y actualmente pasa mucho tiempo en los Estados Unidos. Juan Diego Flórez estudió música y canto en el Conservatorio Nacional de Música de Lima. Posteriormente obtuvo una beca para estudiar en el Instituto Curtis en Filadelfia y en donde comenzó a cantar en producciones estudiantiles de ópera. Actualmente se le considera uno de los tenores más importantes del mundo. Aparece en conciertos de ópera en Europa, Sudamérica y Norteamérica, incluyendo presentaciones en Wigmore Hall en Londres, Théâtre des Champs-Élysées en París, Lincoln Center y Carnegie Hall en Nueva York y el Palau de la Música en Barcelona. En 2001

Flórez firmó contrato con la compañía disquera Decca con la cual ha grabado varios CDs. Ha ganado el Cannes Classical Award dos veces consecutivas: en 2003 y 2004 con los CDs *Rossini Arias* y *Una lágrima furtiva,* respectivamente. En junio de 2007 recibió la condecoración[a] más importante de Perú: La Gran Cruz de la Orden del Sol del Perú.

————
[a] honor y distinción

Daisy Pareja

De origen boliviano, Daisy Pareja comenzó su carrera periodística en 1985 en La Paz, Bolivia, en la radio nacional Illimani. Más tarde, Pareja se mudó a los Estados Unidos donde trabajó de periodista para el Canal 14 KDTV de Univisión en San Francisco, California. Despúes, desempeñó el trabajo de productora para CNN en Español en Atlanta, Georgia. En 2001, Daisy Pareja se convirtió en empresaria al fundar Pareja Media Match, una agencia especializada en la representación y promoción de periodistas hispanos en los Estados Unidos. Además de apoyar a periodistas jóvenes y de renombre, su compañía distribuye información semanal sobre periodistas hispanos en el país y sobre lo último en el campo periodístico. En 2002, junto con Belisa Morillo, fundó un seminario bilingüe titulado «El Workshop». Este curso es un evento de un día de duración que se presenta por todo el país y cuyo propósito es mejorar y pulir[a] la técnica periodística. Daisy Pareja ha ganado varios premios incluyendo dos en el área de mejor reportaje investigativo, otorgado por la Asociación de Directores de Noticias de Radio y Televisión.

————
[a] perfeccionar

Carlos Ismael Noriega Jiménez

Nació en Lima en 1959 y ahora reside en los Estados Unidos. Hizo sus estudios de secundaria en la escuela Wilson High de Santa Clara, California, y recibió un título universitario en la Universidad de California del Sur. Obtuvo dos maestrías en la escuela Naval de los Estados Unidos: una en informática y otra en operaciones de sistemas. Actualmente es astronauta de la NASA y es científico y teniente coronel jubilado del cuerpo de los Infantes de Marina de los Estados Unidos. En 1995 fue enviado al Johnson Space Center y participó en la misión espacial STS-84 en 1997 y en la STS-97 en 2000. Ha recibido varias medallas de la fuerza naval de los Estados Unidos incluyendo la del Servicio Superior de Defensa y la Medalla del Aire. La NASA le otorgó la Medalla del Servicio Excepcional y la Medalla del Vuelo Espacial. También ha sido condecorado[a] por el Gobierno de Perú.

---

[a] *honored*

DESPUÉS DE LEER

A. **¡A charlar!** En parejas, comenten las siguientes preguntas.

1. ¿Cuáles son algunas de las características que tienen en común estos personajes destacados de origen peruano, ecuatoriano y boliviano?

2. ¿Hay algunas diferencias entre ellos? ¿Cuáles son?

3. ¿Qué opinan Uds. de los logros de estos personajes?

4. ¿Saben de otros artistas de origen peruano, ecuatoriano y boliviano? ¿A quiénes conocen?

B. **¡A escribir!** En grupos de tres, seleccionen a una persona de la clase e imaginen que en diez años él/ella se ha convertido en una figura importante en este país. Inventen y escriban una leyenda sobre esta figura importante. Use la técnica de causa y efecto.

Negocios

Lectura: El valor económico de la palabra escrita

Sabemos que un relato, un poema o una canción puede tener valor sentimental y cultural. Se añade valor económico cuando hay quienes quieran comprar la obra. ¿Cómo se determina el valor de la palabra escrita? Un principio económico universal es que a mayor escasez[a] y a mayor demanda, mayor valor económico se le adjudica a[b] un objeto. Esto es parte de la idea de una economía de mercado.[c] El mercado determina el valor de un objeto. ¿Y cómo se paga por la palabra? Hay varias formas: puede ser a través de interpretaciones orales como el teatro, el cine y la grabación o a través de la trascripción en la cual la palabra pasa de forma oral a forma escrita.

La palabra escrita no se convirtió en producto para la venta hasta que varios componentes prácticos —como el invento de la imprenta,[d] la educación y el mercado para el libro— existieran. La imprenta hizo posible la uniformidad de las letras, lo cual ayudó a facilitar la lectura y la producción del libro de forma económica y rápida. Sin embargo, para vender libros se necesitaban la gestión[e] comercial y un mercado.

A partir del invento de la imprenta se comenzó a recoger la información en forma escrita. Al principio, existía un grave problema para la industria del libro como negocio rentable:[f] La mayoría de la gente no sabía leer ni escribir. El producto existía, pero no había clientes. Como suele pasar con los nuevos inventos, especialmente si son innovadores y requieren de

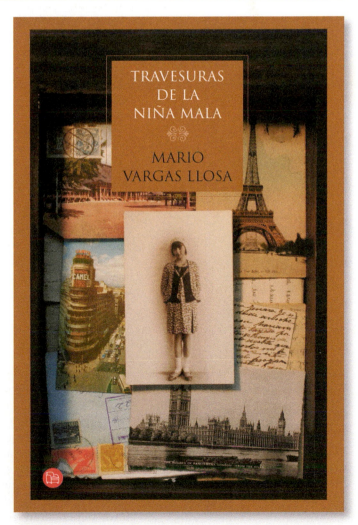

La portada del libro *Travesuras de la niña mala* de Mario Vargas Llosa

---

[a] insuficiencia, falta   [b] se... tiene   [c] economía... *market economy*   [d] *printing (press)*   [e] *management, administration*   [f] que produce una ganancia

destrezas antes no conocidas, hacía falta tiempo para que el libro se generalizara entre el público. El acceso a aprender estaba reducido a una minoría. La economía de entonces no valoraba la escolaridad, ya que la sociedad no relacionaba el ganarse la vida con saber leer y escribir. Si una persona sabía leer, leía en voz alta a un grupo de personas. Si una persona necesitaba un documento escrito, iba a un escribano.[g]

Con el paso del tiempo otros comenzaron a educarse y la literatura escrita en español, muy escasa[h] durante la edad media europea, floreció con la ayuda de la imprenta a partir de finales del siglo XV y llegó a su apogeo[i] durante los siglos XVI y XVII. En la literatura de la época de sus comienzos, encontramos referencias a la industria del libro. En *Don Quijote*, Cervantes hace referencia a que durante el comienzo del libro los escritores no se beneficiaban económicamente. Los que imprimían y vendían los libros eran los que recibían la mayor parte de las ganancias.

El invento del libro y la existencia de un mayor número de personas que podían escribir ayudaron a que las historias de la conquista de América, sus tradiciones, mitos y leyendas no se perdieran del todo. Durante la conquista y el período colonial se escribió mucho. España y la iglesia católica comprendían la magnitud de lo que había ocurrido y resolvieron tener, por razones económicas y políticas, un archivo detallado de lo que ellos llamaban el «Nuevo Mundo». Los sacerdotes copiaban las historias y dibujaban las tierras para mantener informadas a la corona y a la iglesia de las riquezas que habían encontrado y para satisfacer la curiosidad de los europeos sobre el Nuevo Mundo. Esto se sabe precisamente por las crónicas y por los códices que son antiguos libros en que se recogió mayormente la historia pictográfica de la conquista de América.

Además de los cronistas oficiales, muchos conquistadores escribieron relatos que enviaron a España para legitimar sus derechos y exigir recompensas[j] de la iglesia y de los reyes de España. Las cartas que le escribió Hernán Cortés al rey sobre la conquista de México, por ejemplo, cuentan maravillas de la vida y costumbres de los aztecas, sus mitos y leyendas e información sobre la ciudad de Tenochtitlán, la capital de los aztecas, sobre la cual se construyó más tarde la Ciudad de México. Las historias de la conquista de América comenzaron a aparecer en forma escrita con el comienzo de la industria del libro.

En la actualidad, existe una industria literaria con ganancias de millones por la venta de libros en español. Hay varias editoriales[k] que publican libros en español; entre ellos se destacan: Grupo Planeta, Alfaguara, Alianza, Santillana, Corregidor y Seix Barral.

Hay un acervo literario latinoamericano de gran valor que está compuesto por la literatura indígena y la literatura contemporánea. La literatura indígena —mitos, leyendas, escritos históricos, crónicas y poemas— ya está al alcance de todos por medio de la palabra escrita. Se han recogido los mitos y las leyendas en libros que se venden al público y que se pueden encontrar en las bibliotecas, incluso en las bibliotecas virtuales. En cuanto a la literatura contemporánea, hay una abundancia de libros de gran éxito y mucha venta como *La casa de los espíritus* (1982) de Isabel Allende, *Los detectives salvajes* (1998) de Roberto Bolaño y *Travesuras de la niña mala* (2006) de Mario Vargas Llosa, entre muchos otros.

Un fenómeno que está revolucionando la industria del libro es el archivo electrónico liviano[l] que contiene miles de libros virtuales que se puede leer o escuchar sin necesidad de tener un libro en las manos. Existen en el mercado algunos prototipos de este invento aunque el más conocido es el que se llama Kindle. Los libros que se bajan[m] o se guardan en este dispositivo electrónico cuestan menos que los libros reales. El futuro de este producto y de sus libros dependerán de la acogida[n] que reciba en el mercado.

---

[g]persona que por oficio público escribe   [h]poca   [i]auge, florecimiento   [j]*rewards*   [k]*publishing houses*   [l]ligero   [m]se... *are downloaded*   [n]recepción

En definitiva,[ñ] la tecnología, mecánica primero y electrónica en el presente, ha estado en desarrollo durante muchos siglos y no sabemos hasta dónde llegará y cómo afectará el mercado de la palabra escrita. Lo que sí es cierto es que todavía existe un mercado para el libro.

[ñ]En... En conclusión

DESPUÉS DE LEER

A. Comprensión

Conteste las siguientes preguntas sobre la lectura.

1. ¿Cómo se convierte algo sin aparente valor económico en un producto que luego se vende?
2. ¿Qué elementos deben confluir para que podamos determinar el valor económico de algo?
3. ¿Cuándo se comenzaron a recoger los mitos y leyendas de América de forma escrita?
4. ¿Por qué escribían los sacerdotes?
5. ¿Cómo se proliferó la escritura?
6. ¿Qué está pasando en la actualidad con respecto a la literatura latinoamericana?
7. ¿Cómo ha hecho más fácil la tecnología contemporánea cargar en las manos miles de libros?

B. ¡A charlar!

En grupos de tres, comenten las siguientes preguntas y temas.

1. ¿Qué historias aprendieron Uds. que son producto de la cultura de origen de sus respectivas familias? Expliquen por qué les gustaría conservar esos recuerdos. ¿Qué valor tienen para Uds.?
2. ¿Han leído Uds. algunos de los libros mencionados en esta lectura? ¿Hay algunos libros en español que quieran leer? ¿Cuáles? ¿Por qué les interesaría leerlos?
3. Discutan a favor o en contra: La forma escrita está mejorando y va en aumento debido al correo electrónico, los blogs, los chats y los mensajes que se envían por móvil.

C. Investigación y conversación

Paso 1. Para investigar y contestar las siguientes preguntas relacionadas con el tema de la lectura, visite su buscador preferido en Internet y utilice las palabras clave que aparecen después de cada pregunta como punto de partida.

1. Haga una búsqueda sobre dos de las editoriales mencionadas en esta lectura. ¿Dónde está la sede (*headquarters*) de cada una? ¿Dónde tienen oficinas? ¿Qué tipos de libros publican? ¿Cuáles son sus libros más exitosos? ¿Han tenido algún *best seller*? ¿Cuál?
   (*Alianza, Alfaguara, Corregidor, Grupo Planeta, Santillana, Seix Barral*)

2. Busque información sobre los archivos electrónicos. ¿Cuándo se originaron? ¿Cómo funcionan? ¿Son populares? ¿Han tenido éxito en el mercado?
   (*Kindle, Sony, Nook*)

3. ¿Qué libros grabados se encuentran en la biblioteca virtual Cervantes? ¿Cómo se consigue acceso a dichos libros?
   (*biblioteca virtual Cervantes*)

Paso 2. En grupos de tres, compartan los resultados de su investigación del **Paso 1.**

Paso 3. Comenten las siguientes preguntas.

1. ¿Les gustan los tipos de libros que publican las editoriales que investigaron? ¿Han leído algunos de sus libros? ¿Cuáles? Si no, ¿hay algún libro que les gustaría leer? ¿Cuál?
2. ¿Han tenido éxito los archivos electrónicos en el mercado? Expliquen.
3. ¿Han comprado o comprarían un archivo electrónico? ¿Por qué sí o por qué no?
4. ¿Qué les pareció la biblioteca virtual Cervantes? En su opinión, ¿cómo puede beneficiar al público tener acceso a libros grabados en Internet?

Proyecto final

En parejas, escojan uno de los siguientes proyectos y preséntenlo a la clase.

1. Leyenda

Invéntense una leyenda sobre la vida contemporánea utilicen como comienzo un hecho histórico verdadero. Expliquen la relación entre el hecho histórico y su leyenda.

2. Colección de mitos

Preparen una colección de mitos contemporáneos. Expliquen las consecuencias de esos mitos en las generaciones futuras. Por ejemplo, en la antigüedad la gente creía que la Tierra era plana y limitada por el mar, y que al llegar al borde del mar, los barcos caían en un precipicio lleno de monstruos. Una consecuencia de este mito es que la gente no se aventuraba mar adentro.

3. Propuesta de libro

Escriban una propuesta para un libro de ficción o de una historia real. En la propuesta incluyan lo siguiente:

- el género del libro y de qué se trata
- una explicación de por qué este libro tendría éxito en el mercado
- una lista de los libros parecidos
- las características de este libro
- un esquema de los capítulos
- una muestra de parte del primer capítulo

Encuesta

¿Cuánto aprendió Ud. sobre las tradiciones literarias, mitos y leyendas de Perú, Ecuador y Bolivia, el tema del **Capítulo 5?** ¡Seguro que ha aprendido mucho! Ahora que ha llegado al final del capítulo, vuelva a la página 112 al principio del capítulo y complete la encuesta de nuevo. ¿La segunda vez que la tomó le fue mejor que la primera vez?

Capítulo 6 · Las artes

El Teatro Colón de Buenos Aires, Argentina

Objetivos

- **adquirir información sobre las artes plásticas y escénicas en Argentina, Chile Paraguay y Uruguay**

- **aprender a usar correctamente las letras ll y y**

- **aprender a usar las reglas relacionadas con el futuro y el condicional de indicativo**

- **aprender a escribir un ensayo argumentativo**

- **comprender el valor económico de las artes**

- **aplicar, por medio de un proyecto final, los conocimientos y destrezas desarrollados**

- **conocer más a fondo Argentina, Chile, Paraguay y Uruguay**

Para empezar

1. C F — El teatro latinoamericano tiene sus orígenes en el teatro precolombino.

2. C F — La influencia de España en el teatro latinoamericano fue muy poca.

3. C F — El sainete es una obra dramática de un acto.

4. C F — El gobierno de Augusto Pinochet impidió el desarrollo del teatro.

5. C F — La pintura costumbrista representa escenas de la vida diaria de un país.

6. C F — En los museos de las capitales de los países latinoamericanos sólo exponen (*exhibit*) obras de artistas extranjeros.

7. C F — Los teatros de esas capitales no ofrecen variedad de programas por ser estos muy costosos.

8. C F — La figura del gaucho es popular en las pinturas naturalistas y costumbristas de los pintores de Chile.

9. C F — El teatro chileno dejó de florecer cuando cayó el gobierno socialista de Salvador Allende en 1973.

10. C F — El Teatro Solís es el lugar preferido en Montevideo para disfrutar de las películas populares.

- Si Ud. tuvo ocho o más respuestas correctas, eso indica que sabe mucho sobre las artes plásticas y escénicas en Argentina, Chile, Paraguay y Uruguay.

- Si tuvo de cinco a siete respuestas correctas, eso indica que su conocimiento sobre el tema es moderado.

- Si tuvo menos de cinco respuestas correctas, eso indica que Ud. va a aprender mucho sobre las artes plásticas y escénicas en los países de Argentina, Chile, Paraguay y Uruguay.

1.C 2.F 3.C 4.C 5.C 6.F 7.F 8.F 9.C 10.C

Lecturas culturales

ANTES DE LEER

En parejas, comenten las siguientes preguntas.

1. ¿Tienen Uds. pinturas o cuadros en su casa o apartamento que usan como decoración? Descríbanlos. ¿Con qué otras cosas decoran su casa o apartamento?

2. ¿Les gusta ir a los museos? ¿Cuál es su museo favorito? ¿Qué museo les gustaría visitar algún día? ¿Por qué?

3. ¿Cuáles son algunos de los museos que existen en su ciudad? ¿Los conocen?

4. ¿Han asistido o les gustaría asistir a un ballet? ¿Hay alguna compañía de ballet en su ciudad?

5. ¿Han asistido a una ópera, a un concierto de la sinfónica o a un concierto de música popular? ¿Les gustan los conciertos o prefieren la música grabada?

Introducción

Las artes plásticas y las artes escénicas han sido una parte importante de las culturas latinoamericanas. Las artes plásticas son el conjunto de expresiones artísticas que se caracterizan por el uso de elementos moldeables para manifestar sentimientos a través de la pintura, la escultura y la arquitectura. Las artes escénicas se definen como el estudio y la práctica de la forma de expresión a través del teatro, la danza, la música y el mundo del espectáculo en general. A través de su arte, los artistas dedicados a las artes plásticas así como a las artes escénicas expresan sus percepciones y sentimientos como seres humanos y estimulan la creatividad de aquellos que aprecian su trabajo. Asímismo, transmiten las ideas y los valores de la época y de la cultura que representan. Para un país, las artes sirven como una expresión representativa del grupo étnico o cultural del artista que las crea. También representan los procesos históricos de los diferentes fenómenos culturales y sociales que ocurren en la época cuando el artista crea su arte. Latinoamérica cuenta con museos y galerías de arte donde se pueden apreciar estas creaciones artísticas. También tiene una larga historia de pintores, escultores, arquitectos, así como dramaturgos que han dejado y siguen dejando un legado artístico a través de sus creaciones.

LECTURA CULTURAL 1: Ideas generales sobre el teatro y las artes plásticas en Argentina

El teatro latinoamericano se remonta al teatro precolombino que presentaba temas relacionados con las costumbres, las creencias religiosas y los grandes hechos de los pueblos indígenas. El desarrollo del teatro prehispánico se truncó[a] con la llegada de los españoles a Latinoamérica y cambió con la influencia del teatro religioso español cuyo propósito era convertir a los indígenas al catolicismo. Parte del teatro latinoamericano de los siglos que siguieron la conquista fue copia del teatro español, aunque se mezclaban algunas obras que incorporaban temas latinoamericanos.

A finales del siglo XIX, Latinoamérica había desarrollado su propia voz teatral que, aunque estaba basada en el teatro de España, se había adaptado a las particularidades de Latinoamérica con respecto a sus costumbres, cultura y música. Uno de los géneros teatrales que más éxito tuvo durante

---

[a] cortó

Retrato de Macedonia Escardó de Carlos Morel

esta época fue el sainete, pieza dramática de un acto cuyos temas eran populares y jocosos.[b] El sainete que se popularizó en Buenos Aires se conocía como «sainete orillero»; se escribía en el dialecto urbano de la época y su música era el tango.

Hacia fines del siglo XIX y comienzos del siglo XX, el teatro latinoamericano consistía en sainetes, obras realistas y comedias costumbristas. El costumbrismo como género literario y artístico representa las costumbres típicas de un país o región, así que las comedias costumbristas eran comedias basadas en las costumbres de la gente. En Argentina se desarrolló el teatro rural naturalista, el cual representaba la forma en que vivía el gaucho y cómo era maltratado por el sistema de la época. Todos estos géneros teatrales fueron degenerando hasta convertirse en obras poco originales que sólo imitaban a las europeas.

A finales de los años veinte empezó a surgir un teatro latinoamericano que se oponía a la imitación europea. Este teatro buscaba la expresión artística original y estableció las bases del teatro contemporáneo. Además, con este teatro se comenzó la formación de los dramaturgos latinoamericanos del futuro.

Este nuevo movimiento teatral en Argentina surgió de las clases obreras que usaban el teatro como medio de concienciar al público de las condiciones del país. Este teatro era visto como un taller de orientación didáctica[c] y fue cambiando hasta tener características experimentales para terminar siendo un teatro de calidad. A este tipo de teatro se le llamó «independiente». En esta época se reformó el sainete y se experimentó con el *sketch*. El *sketch* es una historieta, escena o pieza breve independiente, generalmente de carácter humorístico o sarcástico, que forma parte de un espectáculo o de una obra de teatro, cine o televisión. Además, se desarrollaron el teatro de juego —un género de teatro en donde rigen[d] leyes distintas a las del diario vivir— y el teatro de rito —un género de teatro que expresa, de manera poética, la experiencia de lo sagrado.

En Argentina se instalaron[e] pintores extranjeros en el país que influyeron en los pintores locales. Uno de los pintores argentinos que se destacó en esta época fue Carlos Morel (1813–1894), pintor de óleos[f] que ilustran escenas y costumbres de Argentina.

Después de la derrota[g] del general Juan Manuel de Rosas, político conservador argentino que gobernó el país desde 1829 hasta 1852, un grupo de artistas formó instituciones que ayudaron a promover las artes plásticas en el país. Algunas de estas instituciones fueron la Sociedad Estímulo de Bellas Artes, el Museo Nacional de Bellas Artes y la Academia. Surgieron muchos más pintores de prestigio, como por ejemplo, Eduardo Sivori que introdujo el naturalismo en Argentina— y Ángel Della Valle —quien desarrolló el costumbrismo.

---

[b]*graciosos* [c]*perteneciente a la enseñanza* [d]*están vigentes* [e]*establecieron* [f]*oil paintings* [g]*defeat*

DESPUÉS DE LEER

A. Comprensión

Conteste las siguientes preguntas sobre la lectura.

1. ¿Qué temas presentaba el teatro precolombino?
2. ¿Qué acontecimiento truncó este teatro? Explique.
3. ¿Cuál era el propósito del teatro español en Latinoamérica?

4. ¿Cómo se puede describir el teatro latinoamericano que surgió hacia fines del siglo XIX?

5. ¿Qué es un «sainete orillero»? ¿Dónde se popularizó?

6. ¿Qué impacto tuvo el movimiento teatral latinoamericano en el teatro argentino a finales de los años veinte?

7. ¿Qué ocurrió con respecto a las artes plásticas en Argentina después de la derrota del general Juan Manuel de Rosas?

B. ¡A charlar!

En grupos de tres, comenten las siguientes preguntas y temas.

1. ¿Se presentan obras de teatro parecidas al sainete orillero en la actualidad?

2. ¿Qué es el costumbrismo? ¿Conocen alguna obra de teatro o musical que pertenezca a este género? Explique.

3. ¿Hay un equivalente del teatro rural naturalista argentino de la época de finales del siglo XIX en los Estados Unidos hoy día?

4. Comenten la importancia del teatro didáctico que surgió en Argentina.

C. Investigación y conversación

Paso 1. Para investigar y contestar las siguientes preguntas relacionadas con el tema de la lectura, visite su buscador preferido en Internet y utilice las palabras clave que aparecen después de cada pregunta como punto de partida.

1. Busque información sobre la obra de un dramaturgo argentino. Describa su obra. ¿Qué época histórica representaba y qué ideas reflejaba en su obra? ¿Qué o quiénes influyeron en su obra? ¿Cuáles son algunos de los premios, reconocimientos o distinciones que ha recibido?

   (*dramaturgos argentinos, historia del teatro argentino, sainete orillero de Argentina*)

2. Busque información sobre la obra de un pintor, escultor o arquitecto argentino. Describa su obra. ¿Qué época histórica representaba y qué ideas reflejaba en su obra? ¿Qué o quiénes influyeron en su obra? ¿Cuáles son algunos de los premios, reconocimientos o distinciones que ha recibido?

   (*pintores/escultores/arquitectos + argentinos, Fernando Fader, Raquel Forner, Benito Quinquela Martín*)

3. Actualmente, ¿qué reflejan el arte teatral y las artes plásticas en Argentina?

   (*teatro contemporáneo Argentina, artes plásticas actualidad Argentina*)

Paso 2. En grupos de tres, compartan los resultados de su investigación del **Paso 1.**

Paso 3. Comenten las siguientes preguntas.

1. ¿Qué les impresionó de la obra de los dramaturgos argentinos que investigaron?

2. ¿Qué les impresionó de la obra de los artistas en las ramas de las artes plásticas que investigaron?

3. ¿Siempre se nota en qué época histórica vivió un artista a través de su obra? ¿Se pueden separar los dos? ¿Por qué sí o por qué no?

LECTURA CULTURAL 2: Ideas generales sobre el teatro y las artes plásticas en Chile

Después de las guerras por la independencia en Latinoamérica, comienza la creación de una literatura propia que rechaza los modelos europeos en cuanto al arte y a la literatura. En Chile durante esta época se destacan dos obras nacionales: *Los amores del poeta* y *Ernesto* de Carlos Bello y Rafael Minvielle, respectivamente. En 1852 surge una generación de románticos* que en sus obras de teatro tratan asuntos históricos y costumbristas. Algunos de los dramaturgos de esta época son José Victorino Lastarria y Salvador Sifuentes. En 1867 aparece otra generación romántica que difiere de la anterior por su temática. Estos se centran más en la sociedad en que viven y son más observadores, antagónicos[a] y críticos. A este grupo pertenece la obra *La beata* de Daniel Barros Grez. Después, en 1882 emerge una generación de dramaturgos naturalistas quienes representan la realidad de la clase baja y lo que motiva su violencia y su miseria. Esta generación está influenciada por las teorías científicas y sociales de la época como el positivismo, el determinismo y el darwinismo.[†]

---

[a] *antagonistic*

---

*Los románticos pertenecían al movimiento de la primera mitad del siglo XIX que se llamaba el Romanticismo. Este movimiento artístico extremadamente individualista prescindía de las reglas de los clásicos.

[†]El positivismo es un sistema filosófico que propone el método científico experimental para conocer la realidad. El determinismo es una teoría que supone que la evolución de los fenómenos naturales está completamente predeterminada por las condiciones iniciales. El darwinismo es una teoría que supone que la evolución de las especies se produce por selección natural y se perpetúa por la herencia.

Diques (docks) de Valparaíso de Ramón Subercaseaux

A principios del siglo XX el dramaturgo Antonio Acevedo Hernández presenta en sus obras problemas sociales como la explotación, el hambre, la prostitución el alcoholismo y la violencia.

Ya en la década de los 40, Chile desarrolla su teatro experimental de la Universidad de Chile y de la Universidad Católica. De estos dos grupos surgen los dramaturgos, actores y directores fundadores del teatro actual en Chile. Este teatro se mantuvo hasta que en 1973 Augusto Pinochet dio el golpe militar que derrocó[b] el gobierno socialista de Salvador Allende.

A partir de la independencia de los Estados Unidos y de la emancipación de Sudamérica, Latinoamérica empieza la búsqueda de su identidad y estilo propio en el arte y se aleja[c] de las influencias europeas. En esta época, pintores extranjeros se establecen en diferentes países latinoamericanos e influyen con sus estilos en los pintores locales. La pintura de esta época trata de liberarse del academicismo[d] burgués[e] y surge una pintura que pone de manifiesto temas más populares y realistas. Hacia mediados del siglo XVIII se destacan en Chile el alemán Johann Moritz Rugendas, romántico que retrata[f] los personajes típicos latinoamericanos y sus costumbres y el francés Raymond Monvoisin, quien se dedicó a la pintura de retratos.[g] No fue sino hasta fines de este siglo que emergen los pintores chilenos, entre los que se destacan Ramón Subercaseaux y Onofre Jarpa.

Ramón Subercaseaux, natural de Chile, tuvo cargos políticos y diplomáticos que le permitieron viajar mucho al extranjero y adquirir allí sus destrezas artísticas. Su pintura se caracterizó por paisajes urbanos, jardines señoriales[h] y vistas de Valparaíso, lugar donde nació en 1854.

Onofre Jarpa nació en 1849 y es considerado uno de los mejores paisajistas chilenos. Ya en 1875 había ganado reconocimiento oficial por su obra como pintor. Fue entonces que viajó a Europa a estudiar bajo la dirección del renombrado pintor español Francisco Pradilla quien le enseñó el estilo histórico que prevalecía en esa época. Regresó a Chile en 1885 y a partir de entonces recibió muchos reconocimientos por sus pinturas, incluso en los Estados Unidos y Argentina. Murió a los 91 años de edad en Santiago.

A finales del siglo XIX en Europa surge el movimiento impresionista con pintores de renombre como Claude Monet, Pierre-Auguste Renoir y Vincent van Gogh, entre otros. Esta nueva visión en el arte prepara el camino para el siglo XX cuando se revoluciona el arte y se rompe el paradigma artístico tradicional que existía hasta entonces. En esta época surge en Chile la llamada «Generación del 13» que se caracterizó por una pintura neorrealista, subjetivista y naturalista.[‡] Destacan pintores como Fernando Álvarez Sotomayor, Arturo Gordon y muchos otros. Los pintores del Grupo Montparnasse trajeron de Europa su influencia cubista y surrealista.[§] En este grupo estaban Camilo Mori, José Perotti, Inés Puyó, Ana Cortés y Trepte. Entre 1950 y 1980 aparece el grupo Forma y Espacio que pone énfasis en la forma y el color. Figuran en este grupo Ramón Vergara Grez y muchos otros.

---

[b] quitó a la fuerza [c] aparta [d] imitación rigurosa de los modelos antiguos o clásicos [e] de la clase media [f] *does portraits of* [g] *portraits* [h] pertenecientes a personas con cierta dignidad

---

[‡] La pintura neorrealista sigue los preceptos del neorrealismo, corriente filosófica contemporánea que afirma que la observación no altera la percepción del objeto. La pintura subjetivista trata de la idea de que lo que uno percibe es relativo a su modo de pensar o sentir y no al objeto en sí. La pintura naturalista considera la naturaleza como primer principio de la realidad.
[§] El cubismo es el estilo artístico, surgido a principios del siglo XX, que se caracteriza por la imitación, empleo y predominio de formas geométricas. El surrealismo es el movimiento literario y artístico que intenta sobrepasar lo real mediante lo imaginario y lo irracional. Su primer manifiesto fue realizado por André Breton en 1924.

DESPUÉS DE LEER

A. Comprensión

Conteste las siguientes preguntas sobre la lectura.

1. ¿Qué temas tratan los románticos chilenos de 1852?
2. ¿A qué grupo generacional pertenece la obra teatral *La beata*?
3. ¿Qué movimientos científicos y sociales influyen en la generación de escritores naturalistas?
4. ¿Cuáles son los temas que representa en sus obras Antonio Acevedo Hernández?
5. ¿De dónde surge el teatro experimental de Chile?
6. ¿Qué pintores extranjeros se destacaron en Chile a mediados del siglo XVIII?
7. ¿Qué temas se ven en la pintura de Ramón Subercaseux y Onofre Jarpa?

B. ¡A charlar!

En grupos de tres, comenten las siguientes preguntas y temas.

1. ¿Por qué después de las guerras por la independencia en Latinoamérica se rechazaron los modelos europeos de arte y de literatura?
2. ¿Cómo influyen los problemas sociales en la expresión artística? ¿Cuáles son algunos ejemplos de la lectura?
3. ¿Cómo afectó el gobierno de Augusto Pinochet al teatro chileno?
4. Describan la pintura en Latinoamérica de la época de mediados del siglo XVIII.
5. ¿Cómo influenciaron los artistas extranjeros a los artistas locales? ¿Qué opinan Uds. de esta influencia?

C. Investigación y conversación

Paso 1. Para investigar y contestar las siguientes preguntas relacionadas con el tema de la lectura, visite su buscador preferido en Internet y utilice las palabras clave que aparecen después de cada pregunta como punto de partida.

1. Busque información sobre la obra de un dramaturgo chileno. ¿Cómo es su obra? ¿Qué época histórica representaba y qué ideas reflejaba en su obra? ¿Qué o quiénes influyeron en su obra? ¿Cuáles son algunos de los premios, reconocimientos o distinciones que ha recibido?

   (*dramaturgos chilenos, historia del teatro chileno*)

2. Busque información sobre la obra de un pintor, escultor o arquitecto chileno. ¿Cómo es su obra? ¿Qué época histórica representaba y qué ideas reflejaba en su obra? ¿Qué o quiénes influyeron en su obra? ¿Cuáles son algunos de los premios, reconocimientos o distinciones que ha recibido?

   (*pintores/escultores/arquitectos + chilenos, Jorge Caballero, Magdalena Mira, María Tupper*)

3. Actualmente, ¿qué reflejan el teatro y las artes plásticas en Chile?

   (*teatro contemporáneo Chile, artes plásticas actualidad Chile*)

Paso 2. En grupos de tres, compartan los resultados de su investigación del **Paso 1.**

Paso 3. Comenten las siguientes preguntas.

1. ¿Qué les impresionó de la obra de los dramaturgos chilenos que investigaron?
2. ¿Qué les impresionó de la obra de los artistas chilenos en las ramas de las artes plásticas que investigaron?
3. En su opinión, ¿se puede separar el arte de la política?

LECTURA CULTURAL 3: Museos y teatros de Paraguay y Uruguay

Montevideo —la capital de Uruguay— y Asunción —la capital de Paraguay— son dos centros urbanos con jardines ornamentales, plazas, edificios históricos, teatros y museos que atraen a turistas internacionales y nacionales y que a la vez contribuyen a una mayor calidad de vida de los residentes.

En Montevideo y Asunción, muchos de los museos albergan[a] exposiciones de artes locales e internacionales. Se presentan exposiciones que reflejan la vitalidad cultural del área y de otros países y culturas.

En Montevideo, por ejemplo, el Museo Municipal de Bellas Artes Juan Manuel Blanes alberga colecciones de arte que incorporan las culturas locales, regionales, nacionales e internacionales. Es costumbre en muchas ciudades latinoamericanas construir un museo para conmemorar un acontecimiento histórico del país o para honrar los méritos o la memoria del personaje a quien se dedica un edificio o monumento. El Museo Municipal de Bellas Artes Juan Manuel Blanes se construyó en 1930 para conmemorar el centenario de la independencia de Uruguay. Para complementar las exposiciones de artes plásticas, en este museo —como en otros de la ciudad— se ofrecen conferencias y mesas redondas[b] sobre los temas de arte relacionados con las exposiciones, así como presentaciones de libros, películas y vídeos relativos a temas de interés cultural en el área de la institución.

Además, Montevideo cuenta con el Teatro Solís, un edificio neoclásico* que se construyó entre 1842 y 1856 y que hoy día sigue siendo un lugar para disfrutar de conciertos, óperas, ballet y obras de teatro. La programación del teatro incluye frecuentemente tanto conciertos de la orquesta filarmónica como conciertos de música alternativa, festivales de teatro y recitales de danza y ballet.

En Asunción, el Teatro Municipal Ignacio A. Pane actualmente es un lugar donde se puede apreciar una gran variedad de espectáculos. El teatro lleva el nombre de un ilustre personaje del país, Ignacio A. Pane. Nacido en 1881, Pane fue poeta, músico, periodista, político parlamentario y sociólogo. Como muchos de los edificios históricos de otras ciudades, este teatro ha tenido varias renovaciones debido al deterioro causado por el paso del tiempo. En 1997, se comenzó una amplia restauración para rescatar el teatro y, en diciembre de 2005, se reanudó[c] su programación. Hoy día los espectadores pueden disfrutar de ciclos de música popular, bandas y ballets folclóricos, conciertos de orquesta de cámara,[d] bandas de jazz, proyecciones de vídeos y películas, entre otros.

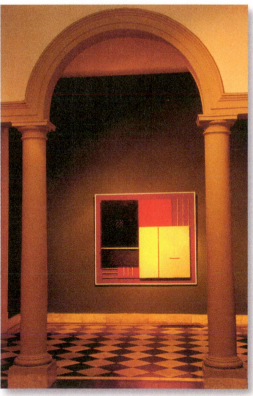

El Museo Municipal de Bellas Artes Juan Manuel Blanes de Montevideo, Uruguay

---

[a]tienen   [b]mesas... discusiones en las que un grupo de personas se reúne para comentar sus opiniones sobre un tema determinado   [c]se... restauró   [d]orquesta... *chamber music*

---

*Se le llama «neoclásico» al arte o estilo moderno que trata de imitar los estilos empleados antiguamente en Grecia o en Roma.

DESPUÉS DE LEER

A. Comprensión

Conteste las siguientes preguntas sobre la lectura.

1. ¿Qué tipo de arte se puede apreciar en los museos de Montevideo y Asunción?
2. ¿Cuál es el museo de arte específico que se menciona en la lectura?
3. ¿Cuáles son los dos teatros que se mencionan en la lectura?
4. ¿Qué tipo de espectáculos se puede disfrutar en los dos teatros?
5. ¿Cuáles son algunas de las circunstancias o razones que determinan el nombre que se les suele dar a los museos y a los teatros?

B. ¡A charlar!

En grupos de tres, comenten las siguientes preguntas y temas.

1. Hagan una lista de los tipos de programas que se ofrecen en el Teatro Solís y en el Teatro Municipal Ignacio A. Pane. ¿Pueden Uds. llegar a una conclusión sobre el tipo de persona que asiste a estos programas?
2. Piensen en las razones por las cuales se ofrece una variedad de programas en los teatros de las ciudades. ¿Por qué creen Uds. que no se ofrece sólo ballet folclórico o conciertos de música clásica?
3. ¿Por qué creen Uds. que los museos suelen tener exposiciones permanentes y exposiciones temporales?
4. En los Estados Unidos, ¿llevan nombres de personajes notables los museos y teatros? ¿Se les da a los edificios nombres de personajes famosos o se les da nombres de compañías comerciales?

C. Investigación y conversación

Paso 1. Para investigar y contestar las siguientes preguntas relacionadas con el tema de la lectura, visite su buscador preferido en Internet y utilice las palabras clave que aparecen después de cada pregunta como punto de partida.

1. Busque información sobre un museo en Montevideo donde haya exposiciones de arte. Describa este lugar. ¿Qué tipo de arte se expone en ese museo? ¿Existen exposiciones permanentes y temporales? ¿Tiene el museo exposiciones nacionales e internacionales? ¿Además de las exposiciones de arte, ¿qué otros programas le ofrece el museo al público?

   (*Museo Histórico Nacional Montevideo, Museo de Historia del Arte Montevideo, Museo Municipal de Bellas Artes Juan Manuel Blanes*)

2. Busque información sobre un museo en Asunción donde haya exposiciones de arte. Describa este lugar. ¿Qué tipo de arte se expone en ese museo? ¿Existen exposiciones permanentes y temporales? ¿Tiene el museo exposiciones nacionales e internacionales? ¿Además de las exposiciones de arte, ¿qué otros programas le ofrece el museo al público?

   (*Casa de la Independencia Asunción, Museo de Bellas Artes Asunción*)

Paso 2. En grupos de tres, compartan los resultados de su investigación del **Paso 1.**

Paso 3. Comenten las siguientes preguntas.

1. ¿Les impresionaron los museos que investigaron? Expliquen de qué forma.
2. ¿Creen Uds. que las exposiciones nacionales reflejen la situación social y política de un país?
3. ¿Qué opinan de las actividades que los museos le ofrecen al público? ¿Qué otros programas sugerirían Uds. para atraer al público a los museos?

Ortografía

Los usos de las letras ll y y

La ll

La doble l, o sea la letra **ll,** se usa siempre como consonante.

> tortilla   estrella   llanto   llano   caballo   cabello

Muchos hispanohablantes pronuncian de la misma manera la letra **ll** y la letra **y** cuando se usan como consonantes. En algunos de los países de habla hispana existen variaciones en cuanto a su pronunciación, siendo la pronunciación de los argentinos de la ciudad de Buenos Aires la que más llama la atención. En Buenos Aires, la **ll** y la consonante **y** se pronuncian con un sonido que varía entre «sh» y «zh». En otros lugares de Argentina la letra **ll** se pronuncia como «li»; la palabra **tortilla,** por ejemplo, suena algo parecido a «tortilia». Este sonido también se da en otras regiones de habla hispana. Además, como consonantes, ambas letras pueden tener una pronunciación parecida a la de la letra *j* en inglés.

La y

- La letra **y** puede ser una consonante o una vocal.
- Cuando la **y** le precede a una vocal, sirve de consonante cuya pronunciación tiene el valor de la letra **ll.**

  > **y**o   **Y**olanda   **y**ate   a**y**er   a**y**uno

- Cuando no le sigue una vocal, la **y** tiene el valor de la vocal **i** y se conoce con el nombre de «i griega».

  > **Y**vonne   María **y** Pedro

La ll y la y

Como la pronunciación de la **ll** y la **y** puede ser prácticamente idéntica, se puede confundir su ortografía.

Se escriben con **ll...**

• todas las palabras terminadas en **-illa** o **-illo.**	amar**illa**s ast**illa**, mes**illa**, pres**illa** bol**illo**s, cigarr**illo**, ov**illo**, pajar**illo**
• verbos que comienzan con **-ll.**	**ll**amar, **ll**egar, **ll**evar, **ll**orar y **ll**over EXCEPCIONES: yacer, yapar, yodar, yugular, yuxtaponer
• los verbos cuyo infinitivo termina en **-ellar, -illar, -ullar** y **-ullir.**	atrop**ellar**, br**illar**, a**ullar**, b**ullir**

- las palabras que empiezan con la sílaba **fa-, fo-** o **fu-** seguida del sonido de la **ll.**

  fallecer, fallero, follaje, folleto, fullero, fulleresco
  EXCEPCIONES: fayenza, fayuca

- los sustantivos que terminan en **-alle, -elle, -ello** y **-ullo.**

  de**talle**, mu**elle**, des**tello**, murm**ullo**
  EXCEPCIÓN: plebeyo

- los compuestos y derivados de palabras que se escriben con **ll.**

  bullir → bullicio
  fallecer → desfallecer
  silla → ensillar
  amarillo → amarillento

Se escriben con **y**…

- las palabras que contienen los sonidos **-yer** o **-yec.**

  yer-: a**yer**, **yer**ba, **yer**no, **yer**to
  yec-: aby**ec**ción, proy**ec**to, tray**ec**to
  EXCEPCIONES: hierático, hierbal, hierra, hierro; taller

- las palabras que comienzan con los sonidos **ayu-** y **may-.**

  ayu-: **ayu**da, **ayu**dante, **ayu**no, **ayu**ntamiento
  may-: **may**o, **may**onesa, **may**or-domo, **may**oría
  EXCEPCIONES: malla, Mallorca

- los tiempos verbales cuyo infinitivo no contiene ni la letra **ll** ni la letra **y.**

  concluir → concluyó
  obstruir → obstruyendo

- las palabras que acaban en diptongo que contenga este sonido.

  re**y**, so**y**, do**y**, ho**y**, vo**y**

- la conjunción **y.**

  Pablo **y** Nuria

Práctica

A. Complete las siguientes oraciones escribiendo la letra **ll** o **y** en los espacios en blanco. Si es necesario, busque las palabras en el diccionario.

1. Vamos a pasar las vacaciones en Ca__o Hueso.
2. El ma__oral de la Hacienda Cecilia vivía en la casa de los dueños.
3. La __ema del huevo es muy rica en colesterol.
4. Las __erberías son establecimientos muy conocidos en la ciudad.
5. Se necesita poner __ugos a los bue__es para poder usarlos en la labranza (*field*).
6. El __erno de tu hermana trabaja en el teatro.
7. Cuando éramos pequeños nos untábamos __odo en las heridas.
8. Me tuvieron que poner un __eso en la pierna.
9. Los perros comenzaron a au __ar cuando apareció la luna.
10. Me encantan los co__ares de perlas.
11. Constru__eron un puente nuevo.
12. Me la pasé __orando toda la noche.
13. Ellos fa__aron en todo lo que presentaron ante la legislatura.
14. Hay que seguir la le__, digan lo que digan.
15. Algunas personas a__unan un día a la semana.

B. Dé la forma apropiada de los verbos entre paréntesis según el contexto.

1. Antes de que (concluir) la obra de teatro, se apagaron las luces y nos quedamos en la oscuridad.

2. Tuvieron que cancelar la función de hoy porque un coche (atropellar) al actor principal de la obra.

3. El actor que había tenido una carrera de 30 años (fallecer) la semana pasada y los doctores le (atribuir) su muerte al cáncer que padecía.

4. Los fanáticos de los actores (obstruir) el paso a los vehículos que intentaban pasar.

5. Cada uno de los boletos para la obra (incluir) un pase para la recepción con los actores y el director.

6. En la trama de la obra, los personajes principales (huir) de la ciudad después de que ellos (destituir) (*to remove*) al alcalde de su puesto.

7. El año pasado (construirse) el Teatro del Estado.

C. Escriba la letra **ll** o la letra **y** en los espacios en blanco.

Un viaje a Buenos Aires

El mes pasado nuestra compañía conclu____ó un pro____ecto mu__ importante. Entonces decidí ir a visitar a mi abuela en Buenos Aires. Era primavera, estación perfecta para mí porque so____ una persona muy friolenta y tampoco me gusta la ____uvia. En esta época, el clima en Buenos Aires es ideal. Mi abuela es una persona increíble y siempre me hace sentir especial cuando la visito: prepara comidas extraordinarias, me a____uda con el español, me acompaña a los museos y me ____eva a la pla____a. También comparte conmigo deta____es interesantes de la historia de nuestra familia. Lo único que no me gusta es que siempre está fumando cigarri____os, pero ya me prometió que si esto____ dispuesta a visitarla con más frecuencia, e____a va a intentar dejar de fumar.

Este viaje fue particularmente divertido porque también estaba de visita el ____erno de mi abuela. Él actúa en una compañía de teatro y nos invitó al estreno de su obra. Mi abuela y yo ____egamos temprano y nos sentamos en la primera fila para presenciar (*to watch*) la obra. ____oré durante todo el tercer acto; fue una de las mejores obras de teatro que he visto. Ya esto____ haciendo planes para un viaje a Buenos Aires el ma__o que viene.

Gramática

El futuro de indicativo

- El futuro de indicativo es una manera de indicar acciones, eventos o situaciones que van a ocurrir en el futuro.

  La semana próxima **llevaré** a mis sobrinos al Museo de Arte Moderno.
  Mañana **entregaremos** la composición sobre los pintores chilenos.

Ambos ejemplos llevan el verbo en el futuro porque son acciones futuras, acciones que se llevarán a cabo la semana próxima y mañana, respectivamente.

- Otra función del futuro de indicativo es de expresar la idea de probabilidad o de posibilidad en un momento presente.

  «¿De qué **será** la exposición de arte que está ahora en el Museo Municipal?»
  «Me imagino que **será** de arte moderno».

Conjugación de los verbos regulares del futuro

La conjugación de los verbos regulares en el futuro de indicativo consiste en agregar al infinitivo del verbo las terminaciones apropiadas: **-é, -ás, -á, -emos, -éis, -án.**

HABLAR	COMER	ABRIR
hablar**é**	comer**é**	abrir**é**
hablar**ás**	comer**ás**	abrir**ás**
hablar**á**	comer**á**	abrir**á**
hablar**emos**	comer**emos**	abrir**emos**
hablar**éis**	comer**éis**	abrir**éis**
hablar**án**	comer**án**	abrir**án**

Conjugación de los verbos irregulares del futuro

La conjugación de los verbos irregulares en el futuro de indicativo consiste en agregar las mismas terminaciones a una raíz irregular del verbo en vez de al infinitivo.

INFINITIVO		RAÍZ	
caber	→	cabr-	
decir	→	dir-	
haber	→	habr-	
hacer	→	har-	-é
poder	→	podr-	-ás
poner	→	pondr-	-á
querer	→	querr-	+ -emos
saber	→	sabr-	-éis
tener	→	tendr-	-án
venir	→	vendr-	
satisfacer	→	satisfar-	
valer	→	valdr-	

Práctica

A. Dé la forma apropiada del futuro de indicativo de los verbos entre paréntesis.

MODELO Mañana mi prima (trabajar) ocho horas en el museo. →
Mañana mi prima trabajará ocho horas en el museo.

1. En tres semanas todos nosotros (tener) que entregar el proyecto final sobre Uruguay.
2. La próxima semana yo (ir) a la biblioteca para comenzar la investigación para el proyecto final porque me imagino que (tardar) muchas horas en hacerlo.
3. Dentro de tres días mis amigos y yo (asistir) al estreno de la obra de teatro aunque no sabemos quién (tener) el papel protagónico ni dónde (ser) la recepción para conocer a los actores.

4. El próximo sábado mi familia (venir) a visitarme y no sé qué (decir) sobre mi idea de cambiar mi especialidad en biología por una en dibujo técnico.

5. Mañana la junta directiva (posponer) la apertura de la exposición de arte contemporáneo, por eso el museo (permanecer) cerrado otras dos semanas.

B. Cambie las frases subrayadas al futuro de indicativo.

MODELO Dentro de tres días el profesor <u>va a ir</u> a Buenos Aires. →
Dentro de tres días el profesor irá a Buenos Aires.

1. El próximo semestre, el profesor de teatro <u>va a pedirles</u> a sus estudiantes tres obras de teatro como requisito de admisión al curso, pero la administración no lo <u>va a permitir</u>.

2. Mañana <u>vamos a salir</u> temprano de clase porque <u>va a venir</u> el pintor chileno a darnos una conferencia.

3. ¿<u>Vas a querer</u> ir al teatro el próximo viernes? Sé que nuestros amigos no <u>van a venir</u> porque tienen que estudiar para el examen final.

4. El próximo semestre <u>va a ser</u> muy difícil para mí porque <u>voy a tener</u> que asistir a una clase de teatro y dos de dibujo.

5. ¿<u>Van a estrenar</u> dos obras argentinas y una paraguaya esta temporada de teatro. ¿Qué otras obras <u>van a presentar</u>?

C. Complete las siguientes frases usando el futuro de indicativo.

MODELO Cuando yo termine esta clase… →
Cuando yo termine esta clase, podré escribir mejor el español.

1. Cuando yo pueda hacer un viaje a otro país,…
2. Cuando yo pueda comprar un carro nuevo,…
3. Tan pronto como yo termine mis clases este semestre,…
4. En cuanto yo cuente con suficiente dinero,…
5. Para mi próximo cumpleaños, yo…
6. El próximo fin de semana, yo…
7. El próximo verano, yo…
8. Cuando yo pueda comprar mi primera casa,…
9. Tan pronto como me gradúe,…
10. En cuanto termine de pagar mis deudas,…

D. Conteste la pregunta con el futuro de indicativo para expresar probabilidad en el presente.

MODELO ¿Cuánto cuestan las entradas para el teatro? →
Costarán veinte dólares.

1. ¿Cuándo se estrena la obra de teatro?
2. ¿A qué hora abre el museo de arte moderno?
3. ¿A qué hora llegan los actores para la función?
4. ¿Cómo se llama la nueva obra de teatro del escritor chileno?
5. ¿Cuántos libros requiere la clase de teatro latinoamericano?

El condicional de indicativo

- Este tiempo verbal se usa para expresar acciones, eventos o situaciones que pasarían bajo ciertas condiciones.

Yo **llevaría** a mis sobrinos al museo de arte, pero tengo que trabajar.
Nosotros **tendríamos** que trabajar todo el fin de semana si nos llegara otro pedido de libros.

- Se usa también para expresar una acción futura relacionada con el pasado.

  Juan dijo que me **llevaría** a la ópera mañana.

- Otra de las funciones del condicional de indicativo es de expresar la idea de probabilidad en el pasado.

  «Juan no fue al concierto anoche».
  «**Tendría** demasiado trabajo».

Conjugación de los verbos regulares del condicional

La conjugación de los verbos regulares en el condicional de indicativo consiste en agregar al infinitivo del verbo las terminaciones apropiadas: **-ía, -ías, -ía, -íamos, -íais, -ían.**

HABLAR	COMER	ABRIR
hablaría	comería	abriría
hablarías	comerías	abrirías
hablaría	comería	abriría
hablaríamos	comeríamos	abriríamos
hablaríais	comeríais	abriríais
hablarían	comerían	abrirían

Conjugación de los verbos irregulares del condicional

La conjugación de los verbos irregulares en el condicional de indicativo consiste en agregar las mismas terminaciones a una raíz irregular del verbo en vez de al infinitivo.

INFINITIVO		RAÍZ	
caber	→	cabr-	
decir	→	dir-	
haber	→	habr-	
hacer	→	har-	-ía
poder	→	podr-	-ías
poner	→	pondr-	-ía
querer	→	querr-	+ -íamos
saber	→	sabr-	-íais
tener	→	tendr-	-ían
venir	→	vendr-	
satisfacer	→	satisfar-	
valer	→	valdr-	

Práctica

A. Dé la forma apropiada del condicional de indicativo de los verbos entre paréntesis.

MODELO Yo (trabajar) ocho horas en el museo, pero han recortado el presupuesto. →
Yo trabajaría ocho horas en el museo, pero han recortado el presupuesto.

1. Yo (comprar) el libro sobre el arte contemporáneo uruguayo y lo (leer) en el vuelo a Montevideo, pero ya no tengo tiempo para ir a la librería.
2. Mis amigos y yo (asistir) al estreno de la obra de teatro e (invitar) a nuestros colegas, pero no tenemos dinero.
3. Yo (comprar) varias copias del libro de arquitectura y se las (regalar) a mis hermanos, pero no quedan más ejemplares (*copies*).

B. Complete las siguientes frases usando el condicional de indicativo.

MODELO Si ganara la lotería… →
    Si ganara la lotería, les compraría una casa nueva a mis padres.

1. Si pudiera viajar a cualquier lugar del mundo…
2. Si pudiera hablar con el presidente de los Estados Unidos…
3. Si hablara cuatro idiomas…
4. Si pudiera viajar al pasado…
5. Si tuviera un millón de dólares…

C. Dé la forma apropiada del condicional de indicativo de los verbos entre paréntesis.

1. El gerente de eventos públicos avisó a través de su página Web que el grupo de rock chileno, los Enanitos Verdes, (venir) de gira a los Estados Unidos en octubre.
2. Carmen dijo que (asistir) al concierto de los Enanitos Verdes el próximo fin de semana.
3. Yo te avisé en un mensaje de texto que te (ayudar) a vender los boletos para la exposición de arte porque ya había terminado mi tarea.
4. Mi compañero de cuarto le dijo a su novia que nos (acompañar) a la charla sobre los pintores chilenos contemporáneos.
5. La junta directiva anunció en un comunicado de prensa que el museo de arte (abrirse) en noviembre.
6. El director del museo de arte tuvo que explicar que no (traer) la exposición de Raúl Ulloa Burgos porque no hay suficientes fondos para cubrir los costos.
7. Mi consejera académica dijo que yo no (poder) tomar la clase sobre la apreciación del arte el próximo semestre porque ya estoy matriculada en cinco clases.

D. Los siguientes acontecimientos ocurrieron en el pasado. Dé una posible razón por la cual pasaron.

MODELO Juan no fue al concierto anoche. →
    Tendría demasiado trabajo.

1. María no vino ayer.
2. Alguien llamó anoche, pero no dejó un recado.
3. No pude encontrar mis llaves ayer.
4. Vi a alguien anoche en el teatro que se parecía a Juana.
5. Fui al museo ayer y vi a José con un niño.

Palabras en español de origen guaraní

Otro de los idiomas indígenas de Latinoamérica que influyó en el español fue el guaraní. El guaraní fue la lengua de los guaraníes, indígenas de una región de Sudamérica que abarcaba (*included*) partes de lo que hoy son Paraguay, Brasil, Argentina, Bolivia y Uruguay. Hoy día lo habla la mayoría de los aborígenes que aún habitan dicha región, especialmente en Paraguay. Al llegar los españoles estos impusieron el español

Una escuela de guaraní de Yacuy, Argentina con escritura en la pared en guaraní: «La escuela que ayuda a conservar el idioma guaraní en Yacuy».

como idioma oficial en toda la zona. Debido a que los españoles no tenían en su país muchas de las frutas, animales, ropa o utensilios que encontraron en estos lugares, tampoco tenían palabras en español para nombrarlos. Como resultado, se incorporaron al idioma español algunas palabras del guaraní que ahora forman parte del español. La siguiente es una lista de algunas palabras en español de origen guaraní.

el aguará guazú	el jaguar/yaguar	la piraña
el ananá	la mandioca	la tacuara
el carpincho	la maraca	la tapera
che	el maracuyá	el tiburón
el chipá	el ñandú	el tucán
el gurí / la gurisa	el ombú	el vacaray/vacaraí
la ipecacuana	la petunia	el yacaré/jacaré

Actividades

A. Conteste las siguientes preguntas.

1. ¿Sabe Ud. lo que significan estas palabras de origen guaraní? Si hay algunas que no conoce, búsquelas en el diccionario y apréndalas.
2. ¿Emplea Ud. algunas de las palabras de esta lista? ¿Cuáles usa?
3. ¿Conoce Ud. otras palabras provenientes del guaraní?

B. En parejas, identifiquen categorías o patrones con respecto a estas palabras. ¿Qué conclusiones se pueden sacar al analizar esta lista?

Escritura

La argumentación

Constantemente estamos expuestos a argumentos persuasivos: anuncios televisivos que nos instan a (*urge*) comprar algo que «necesitamos» y editoriales de revistas y de periódicos que argumentan su posición y esperan ganar el apoyo del lector. La argumentación y la persuasión son parte de la vida diaria y hay que aprender a reconocer los argumentos válidos e inválidos, además de aprender a presentar y a defender de manera eficaz su punto de vista sobre un tema dado.

En un ensayo argumentativo, el escritor (la escritora) expresa su opinión sobre un tema y la defiende con pruebas o razones convincentes para persuadir al lector de la validez de su punto de vista. Es de suma importancia presentar el argumento de manera lógica y clara. Se debe emplear lenguaje persuasivo, ya que la idea fundamental del ensayo es la persuasión.

Se construye esta clase de ensayo sobre una tesis sólida que se defiende con puntos de apoyo en la forma de pruebas y razonamientos. La conclusión es una deducción lógica de la tesis y del argumento desarrollado a lo largo del ensayo. Asimismo, la conclusión se deriva de lo que se conoce como «la premisa» de un argumento, es decir, los cimientos de un argumento.

Otro aspecto del ensayo argumentativo es que se tiene que pensar en todos los puntos de vista que puedan surgir en contra de la postura establecida en la tesis para saber cómo defenderla y sostenerla.

El ensayo argumentativo consta de tres partes: la introducción, el cuerpo y la conclusión.

- La introducción

  - Se presentan el tema, la postura que el escritor (la escritora) asume ante el mismo y la tesis.

- El cuerpo

  - Se presentan los puntos de apoyo en la forma de pruebas y razones que apoyan la posición del escritor.

  - Se pueden presentar puntos de vista contrarios a los del escritor (de la escritora) y luego refutarlos.

- La conclusión

  - Se resume la postura del escritor (de la escritora), se enfatiza la tesis y se presenta la deducción lógica de la tesis y del argumento desarrollado.

A continuación hay algunas frases útiles que puede usar en un ensayo argumentativo.

a pesar de que…	en definitiva…	opino que…
así que…	en resumen…	por (lo) tanto…
aunque…	en mi opinión…	sin embargo…
creo que…	estoy seguro/a de que…	

Lo que sigue es un esquema de un ensayo argumentativo en contra de los museos de arte contemporáneo. Tenga en cuenta que el arte creado entre 1900–1970 se considera arte moderno y el arte creado entre 1971 y el presente se considera arte contemporáneo.

Esquema

Pregunta: ¿Cuál es el objetivo de tener museos de arte contemporáneo?
Posición: En contra de los museos de arte contemporáneo

- Introducción

  - Establezca el tema.

  - Investigue los argumentos a favor y en contra de los museos contemporáneos y desarrolle una posición en contra. Escriba la tesis que expone su posición sobre el tema.

- Cuerpo del ensayo: Argumentos en contra de tener museos de arte contemporáneo
  - No ha pasado suficiente tiempo dentro del período histórico en que se produjo la obra de arte para determinar su valor. Muchas veces una obra de arte no es verdaderamente relevante hasta que se muere el artista.
  - Hacen falta estándares para determinar qué constituye arte debido a que hoy día parece que cualquier cosa puede pasar por arte. ¿Qué es arte?
  - Cuesta mucho dinero construir y mantener los museos de arte contemporáneo y, aunque la mayoría del dinero proviene del sector privado, estos fondos podrían usarse en la conservación de monumentos, esculturas y piezas de arte históricos, tales como la Capilla Sixtina, Machu Picchu, la Mona Lisa, etcétera.
- Conclusión
  - Escriba una conclusión basada en la tesis y los argumentos que desarrolló en el cuerpo del ensayo.

Práctica

A. Paso 1. Busque en Internet, en el periódico o en una revista un ensayo argumentativo (puede ser en forma de un editorial). Identifique el tema, la tesis y los argumentos que usa el/la escritor(a) para sostener su tesis.

Paso 2. Estudie la conclusión y establezca cómo el/la escritor(a) llegó a ella a partir de los argumentos.

Paso 3. En grupos de tres, comenten lo que averiguaron.

¡Vamos a escribir!

Escriba un ensayo argumentativo a favor de los museos contemporáneos. Siga el esquema presentado anteriormente.

Personajes destacados
de origen argentino, chileno, paraguayo y uruguayo

Ariel Dorfman

Nació en Buenos Aires en 1942; su familia se estableció en Chile en 1954 y se convirtió en ciudadano chileno en 1967. Dorfman colaboró con el gobierno de Salvador Allende y después del golpe militar de Augusto Pinochet, se exilió en Francia y posteriormente en los Estados Unidos. Actualmente reside en Carolina del Norte donde es profesor e investigador en Duke University. Dorfman es poeta, dramaturgo, novelista y ensayista. Entre sus obras más conocidas se encuentran: *La muerte y la doncella,* (1992), una obra de teatro que fue llevada al cine por Roman Polanski y la novela *Viudas* (Siglo XXI, 1981) que se adaptó a una ópera por Juan Orrego-Salas. También ha publicado docenas de artículos, novelas, poemarios, libros de cuentos, crónicas y ensayos como: *Ensayos quemados en Chile: Inocencia y neocolonialismo* (Ediciones de la Flor, 1974), *La última canción de Manuel Sendero* (Siglo XXI, 1982) y *Máscaras* (Sudamericana, 1988), entre otros.

Jorge Gestoso

Jorge Gestoso nació en Uruguay y ahora reside en los Estados Unidos. Desde 1988 y durante 16 años, Gestoso fue el presentador principal de noticias de CNN en español, además de corresponsal principal en Washington, D.C. También fue editor principal y consejero del presidente de la compañía CNN. En 2004,

Jorge Gestoso
Washington, DC

Gestoso creó Gestoso Television News (GTN), una compañía de productos periodísticos para la televisión y radio dirigidos al mercado hispanohablante de los Estados Unidos, Latinoamérica y el Caribe. Gestoso ha entrevistado a numerosos líderes latinoamericanos; entre ellos figuran Óscar Arias, Michele Bachelet, Evo Morales y Tavaré Vázquez. El periodista uruguayo también ha cubierto eventos importantes como la visita del Papa Juan Pablo II a Cuba y los conflictos bélicos[a] de Kosovo, Chechnya, Bosnia e Iraq. Gestoso ha ganado premios por su carrera periodística incluyendo el premio Alfred I. DuPont Silver Baton en 2002 otorgado por Columbia University en Nueva York por su labor periodística investigativa.

---

[a] conflictos… guerras

Gustavo Santaolalla

Nació en Buenos Aires en 1952 y actualmente reside en Los Ángeles, California. A los 16 años empezó su carrera musical y llegó a ser conocido por crear música que combinaba el sonido rock con la música tradicional latinoamericana. En los años 90, Santaolalla contribuyó al boom del rock latino por su trabajo con los grupos musicales Molotov, Caifanes y Café Tacuba y los artistas Julieta Venegas, Juanes, Jorge Drexler y Bersuit Vergarabat, entre otros. Es compositor, músico y productor musical y hoy es considerado uno de los músicos más importantes y populares de Latinoamérica. Entre su discografía[a] se incluyen *Arco iris* (1969), *El regreso a la Aurora* (1972), *Suite No. 1* (1972), *Ronrocco* (1998) y *Cuatro caminos* (2004). Ganó el Premio Óscar en la categoría de mejor banda sonora[b] para las películas *Brokeback Mountain* (EE.UU., 2005) y *Babel* (México, Francia, EE.UU., 2006) en los años 2005 y 2006, respectivamente.

---

[a] álbumes   [b] banda… *movie soundtrack*

Cindy Taylor

Cindy Taylor nació en Asunción en 1977 de madre paraguaya y padre estadounidense. Es modelo, actriz y presentadora de televisión. Taylor se crió en West Virginia y Asunción. En 1997 empezó su carrera de modelo en Miami, Florida. Ha participado en campañas publicitarias como modelo para compañías como Guess, Pantene, Perry Ellis y Frito-Lay. Taylor se convirtió en la chica de la portada en revistas como *Esquire, Ocean Drive, Shape Magazine, Men's Journal, Vanidades* y *Glamour,* entre otras. En 2002, Cindy Taylor se convirtió en la presentadora del programa *Wild On!* de E! Entertainment y en 2005 participó en las películas *The Wedding Crashers* (EE.UU., 2005) y *Descansos* (EE.UU., 2006). Taylor trabaja de voluntaria para la conservación y apreciación de la fauna y flora del mundo con la Sociedad Zoológica de Florida.

DESPUÉS DE LEER

A. ¡A charlar! En parejas, comenten las siguientes preguntas.

1. ¿Cuáles son algunas de las características que tienen en común estos personajes destacados de origen argentino, chileno, uruguayo y paraguayo?

2. ¿Cuáles son algunas de las diferencias entre ellos?

3. ¿Cuál es la carrera o profesión de cada uno de los personajes mencionados? ¿Les interesa alguna de estas? ¿Por qué?

4. ¿Saben de otros personajes destacados de origen argentino, chileno, uruguayo y paraguayo? ¿Quiénes son?

B. ¡A escribir! Escriba una breve composición sobre la importancia que tienen en nuestra sociedad las personas (como Ariel Dorfman, Jorge Gestoso, Gustavo Santaolalla y Cyndi Taylor) que por sus méritos se han destacado entre el público. Incluya en su composición una argumentación sobre las responsabilidades que estas personas tienen, ya que sus acciones están a la vista del público.

Lectura: El arte y el comercio

La estación de televisión de la cadena Univisión en Phoenix, Arizona, adorna sus pasillos y paredes con valiosas pinturas del colombiano Fernando Botero y con esculturas de varios artistas latinoamericanos. Esta costumbre de decorar lugares públicos y residencias privadas con objetos de arte es muy antigua, además de que al adquirir obras artísticas se hace una inversión cuyo valor aumenta con el paso del tiempo. Pero el valor del arte, como el de todas las cosas, depende del valor que el mercado le adjudique.

Cuando los españoles llegaron a Latinoamérica, encontraron muchos objetos de oro y de plata. Muchos de estos tenían un valor funcional o simbólico para las poblaciones indígenas, pero los conquistadores les confirieron[a] un valor económico por ser metales de gran demanda en Europa. Los objetos que no se perdieron durante el desorden inicial de la conquista se exponen en los museos del mundo o forman parte de colecciones privadas. Por la escasez de los mismos y por su trascendencia histórica su valor monetario actual es incalculable.

Con el paso del tiempo, la imaginación de los habitantes de las nuevas naciones latinoamericanas comenzó a desarrollar su propia creación artística.

---

[a] dieron

The Presidential Family de Fernando Botero

En el siglo XVIII, y conforme a[b] la experiencia colonial, se empezaron a combinar el patrimonio[c] renacentista[d] europeo con la herencia española y las influencias de los nuevos pueblos latinoamericanos.

La creación artística, aunque sincrética, calcaba[e] la función socio-religiosa que se seguía en la Europa renacentista. La Iglesia comisionaba la mayor parte de las pinturas y esculturas para enseñar el dogma y los incidentes bíblicos en que se basaba la fe católica. La gente, al no saber leer, dependía de la información visual. Lo mismo ocurrió en la Latinoamérica colonial donde se construyeron iglesias que lucían[f] ricos altares cubiertos de oro y plata, adornados con pinturas y esculturas también ilustrativas de los ritos católicos. Tiempo después las reliquias se convirtieron en representación de la creación artística de aquellos tiempos. Existe un mercado clandestino en donde se venden objetos auténticos, robados de las iglesias, pero también existen muchos estafadores[g] que venden copias falsificadas de altares, santos, imágenes de la Virgen María y del Niño Jesús y muchos otros, por los que se pagan precios altos.

En la Latinoamérica colonial, aunque la riqueza era mucho menor y menos ostentosa que la europea, ya en el siglo XIX algunos países comenzaron a renovar sus ciudades principales e imitaron las más famosas de Europa. Se construyeron largas y anchas avenidas bordeadas de árboles y teatros para la ópera, el ballet y el arte dramático. Se erigieron esculturas en honor a los próceres y héroes de las guerras por la independencia, plazas, parques y bellos jardines que aún se pueden apreciar en la mayoría de las capitales de los países hispanoamericanos. Los que en aquel entonces fueron símbolos de desarrollo son ahora considerados patrimonio artístico de la historia de estos países además de fuentes de ingresos, pues se han convertido en un segmento importante de la rutina de los miles de turistas que visitan esos países.

El arte de procedencia latinoamericana ha viajado a los Estados Unidos por medio de los inmigrantes que se han establecido en el país. Encontramos ahora arte urbano, abstracto y moderno al lado de representaciones de corte[h] nostálgico, artesanal y popular —muchas de ellas muy originales con gran proyección mundial. Inspirados por la experiencia de los inmigrantes en los Estados Unidos, en los sentimientos nacionales y en los recuerdos y símbolos culturales de las naciones que abandonaron, muchos artistas hispanos han creado una cultura artística en el exilio. Estos artistas escriben nuevos capítulos sobre la historia del desarrollo del arte latinoamericano al recoger la experiencia del trasplante cultural en sus creaciones. En los Estados Unidos, así como en los países a los que ha emigrado gran parte de la población latinoamericana, existe ahora un mercado de arte popular y de otras representaciones altamente cotizadas que enlazan nostálgicamente con su tierra nativa a los inmigrantes. En el extranjero, la dimensión artesanal y popular perteneciente a los recuerdos de los pueblos que dejaron enriquece las artes plásticas. En las tiendas para el turismo, en las galerías de arte y en los aeropuertos se vende todo tipo de representaciones artísticas, manualidades y artesanías. Las tiendas virtuales que han aparecido en Internet llevan estos objetos a un público mucho más amplio de lo que jamás se haya visto. La tienda virtual ha facilitado este mercado y le ha impartido viabilidad. Algunos artistas están dejando atrás estos temas y en la actualidad han iniciado un arte urbano en el cual incorporan los movimientos de vanguardia artística y las formas del arte abstracto.

---

[b]conforme... según   [c]herencia   [d]perteneciente al Renacimiento, movimiento europeo de los siglos XV y XVI   [e]imitaba   [f]exhibían   [g]*swindlers*   [h]tipo

Estas tendencias modernas y contemporáneas entre los artistas se notan en las obras que circulan en las galerías de arte de Nueva York, París y Madrid y que se exponen en los museos más prestigiosos del mundo. Las ventas de la obra de latinoamericanos y estadounidenses de ascendencia hispana han ido en aumento y se ha lanzado la idea de un boom, pues ahora se venden entre los mercados que cuentan con más dinero: los coleccionistas estadounidenses y europeos. Por ejemplo, en el famoso museo de arte moderno y contemporáneo, El Tate Modern en Londres, que se precia de ser el más visitado del mundo, se ha expuesto la obra de la colombiana Doris Salcedo. El Museo de Arte Moderno de Nueva York presentó una exposición llamada «Nuevas perspectivas del arte latinoamericano».

También, muchas fundaciones, por ejemplo, la Fundación de Davos en Suiza y la Fundación Cisneros, poseen sus colecciones. Las casas de subastas[i] más importantes, Sotheby's y Christie's, han subastado obras de artistas hispanos con un monto[j] mayor de lo esperado. Según las cifras que se han publicado se están rompiendo los récords de venta. Los precios para el arte moderno y contemporáneo hispano mejoran cada día más, aunque todavía no pueden competir con las obras más codiciadas[k] como las del arte contemporáneo de la posguerra. Algo que ha ocurrido que antes parecía inaudito:[l] Se están vendiendo algunas obras por sobre los 10.000 dólares y otras se han subastado por sobre los 100.000. Varios elementos del mundo contemporáneo han convenido para facilitar que se conozca y se venda mejor la obra de los artistas hispanos: El Internet ha ayudado a difundir información sobre artistas que antes se consideraban muy lejos de los centros de venta. Las universidades ahora incluyen cursos sobre arte latinoamericano y las ferias internacionales incluyen una mayor diversidad en sus colecciones, con fuerte representación hispana.

Aunque se ha visto en el mercado del arte una general reducción en los precios de venta de algunos artistas debido a la crisis económica que a partir de septiembre de 2008 azota[m] al mundo, el arte europeo todavía percibe los precios más altos del mercado internacional. Algunos compradores, partidarios de alternativas menos costosas, se han interesado en el arte de procedencia hispana de fuera y dentro de los Estados Unidos con el resultado de que estas obras ahora se venden a precios más altos que es de costumbre.

En resumen, el arte es una representación particular de la realidad que un artista crea para el disfrute del público. El arte también se transforma en un bien comercial cuando el artista lo vende y cuando el comprador lo posee. Gran parte de la producción artística se convierte en una inversión que aumenta su valor; no obstante, el valor es algo intangible que depende de la demanda de los compradores y de ciertas circunstancias que favorecen o desfavorecen la apreciación de un objeto. El arte también es un medio para ganarse la vida, sea en el mundo comercial de la publicidad, el diseño, las tarjetas de Hallmark, las ilustraciones en los libros, los dibujos animados o en el mundo comercial de las colecciones privadas, de los museos o de las galerías de arte.

---

[i]casas... *auction houses*　[j]precio　[k]*coveted*　[l]*outrageous*　[m]afecta

DESPUÉS DE LEER

A. Comprensión

Conteste las siguientes preguntas sobre la lectura.

1. ¿Por qué algunas instituciones privadas compran objetos de arte?
2. ¿De dónde llegaron los modelos artísticos a Latinoamérica?

3. ¿Por qué la Iglesia fue un cliente muy importante para los artistas?

4. ¿Dónde se expone el arte de origen hispano?

5. ¿Qué ha hecho posible la venta de los objetos de arte hispano en el presente?

6. ¿Cómo se ha difundido el arte hispano?

7. ¿Por qué han subido los precios del arte hispano en los años recientes?

B. ¡A charlar!

En grupos de tres, comenten las siguientes preguntas y temas.

1. ¿Qué obras de arte popular hispana conocen Uds.? ¿Qué valor tienen para Uds.?

2. Mencionen ejemplos de objetos de arte popular de un país latino-americano en particular que ahora son muy conocidos entre la población en general.

3. Discutan a favor o en contra: El arte no es importante para la comunidad.

4. Discutan a favor o en contra: El arte puede convertirse en un medio para ganarse la vida.

C. Investigación y conversación

Paso 1. Para investigar y contestar las siguientes preguntas relacionadas con el tema de la lectura, visite su buscador preferido en Internet y utilice las palabras clave que aparecen después de cada pregunta como punto de partida.

1. Haga una búsqueda sobre museos importantes de arte precolombino y colonial. ¿Qué tipo de arte precolombino se encuentra en algunos de estos museos? ¿Qué tipo de arte colonial se encuentra? ¿Qué colecciones exponen?

   (*museos de arte precolombino, museos de arte colonial, arte precolombino, arte colonial*)

2. Busque información sobre artistas estadounidenses de ascendencia hispana. Pueden ser pintores o escultores de arte popular, tradicional, moderno, contemporáneo o de arte urbano. ¿Cómo es la obra de estos artistas? ¿Ya tienen un nombre reconocido en el mercado?

   (*pintores hispanos EE.UU., escultores hispanos EE.UU., artistas hispanos en + ciudad*)

Paso 2. En grupos de tres, compartan los resultados de su investigación del **Paso 1.**

Paso 3. Comenten las siguientes preguntas.

1. ¿Qué opinan de los museos que investigaron? ¿Cuáles de estos museos prefieren y por qué?

2. De los artistas que investigaron, ¿hay algunos que les interesan más que otros? Expliquen por qué.

3. De los artistas que investigaron que no son conocidos, ¿quiénes entre ellos les parecen tener mayor potencial para la comercialización de su obra? ¿Por qué?

Proyecto final

En parejas, escojan uno de los siguientes proyectos y preséntenlo a la clase.

1. El sainete

Investiguen las características del sainete y escriban uno en el que satirizan un aspecto de la sociedad de hoy. Utilicen música de la época actual. Preséntenlo a la clase.

2. Obra de teatro

Escriban una obra de teatro corta tipo *sketch* y represéntenla a la clase.

3. Exposición de arte

Preparen una exposición de arte y use copias de obras que puedan obtener de Internet o de revistas. Primero, identifiquen el tema de su exposición. Incluyan el nombre del pintor (de la pintora) de cada obra y descripciones de cada obra. Cuando lo tengan todo listo, organicen la exposición como si fuera una galería de arte. Finalmente, presenten la exposición a la clase.

Encuesta

¿Cuánto aprendió Ud. sobre las artes plásticas y escénicas en Argentina, Chile, Paraguay y Uruguay, el tema del **Capítulo 6?** ¡Seguro que ha aprendido mucho! Ahora que ha llegado al final del capítulo, vuelva a la página 134 al principio del capítulo y complete la encuesta de nuevo. ¿La segunda vez que la tomó le fue mejor que la primera vez?

La llegada de Cristóbal Colón a América en 1492

Objetivos

- adquirir información sobre las ciudades españolas de Madrid, Sevilla y Barcelona y la importancia que tuvieron para España en 1992

- aprender a usar correctamente las letras **c, k y q**

- aprender a aplicar las reglas del presente de subjuntivo

- aprender a escribir un ensayo periodístico

- comprender el impacto económico de los Juegos Olímpicos

- aplicar, por medio de un proyecto final, los conocimientos y destrezas desarrollados

- conocer más a fondo España

Para empezar

Encuesta ¿Cuánto sabe Ud. de las ciudades españolas de Madrid, Sevilla y Barcelona y la importancia que tuvieron para España en 1992? Indique si la afirmación es cierta (C) o falsa (F).

1. C F Sevilla es la capital de España.

2. C F En Madrid se puede apreciar monumentos antiguos y modernos, visitar museos de arte y disfrutar de una gran vida nocturna.

3. C F AVE es el acrónimo para el sistema ferroviario (*rail*) de España: Alta Velocidad Española.

4. C F Barcelona fue la sede de los Juegos Olímpicos de 1992.

5. C F Se dice que el fundador de Sevilla fue Hércules.

6. C F En 1929 se celebró la Exposición Iberoamericana con sede en Sevilla.

7. C F En 1992 la Exposición Universal se celebró en Sevilla.

8. C F Durante las Olimpiadas de 1992 España fue víctima de ataques terroristas.

9. C F Madrid fue designada Capital Europea de la Cultura en 1992.

10. C F Madrid es una importante ciudad de negocios.

- Si Ud. tuvo ocho o más respuestas correctas, eso indica que sabe mucho sobre las ciudades españolas de Madrid, Sevilla y Barcelona.
- Si tuvo de cinco a siete respuestas correctas, eso indica que su conocimiento sobre el tema es moderado.
- Si tuvo menos de cinco respuestas correctas, eso indica que Ud. va a aprender mucho sobre tres de las ciudades más importantes de España.

1.F 2.C 3.C 4.C 5.F 6.F 7.C 8.F 9.C 10.C

Lecturas culturales

ANTES DE LEER

En parejas, comenten las siguientes preguntas.

1. ¿Qué saben Uds. de España?
2. Si han estado en España, ¿qué ciudades visitaron y qué les parecieron? Si no han estado, ¿qué ciudades les gustaría visitar? ¿Por qué?
3. ¿Qué saben Uds. de la Unión Europea?
4. ¿Cuáles son algunas ventajas y desventajas de los trenes de alta velocidad?

Introducción

En 1992 se cumplieron 500 años de la conquista de América de 1492. Los países latinoamericanos se independizaron de España durante el siglo XIX y España se dedicó a restablecerse después de la pérdida de sus colonias de América y del resto del mundo. Ahora, la relación entre los países latinoamericanos y España es una de intercambio económico y cultural entre países pertenecientes a un mundo global.

El proceso de modernización en España empezó después de la muerte del dictador Francisco Franco en 1975 y la instauración[a] de la monarquía del Rey Juan Carlos I que facilitó la democratización del país. Juan Carlos I propuso desmantelar el antiguo régimen del dictador y llevar a España por el camino de la restauración y la reforma. En 1978 se aprobó[b] la nueva Constitución española. En 1982 Felipe González fue elegido presidente del gobierno español, cargo que desempeñó hasta 1996. Bajo su gobierno, España pasó a formar parte de la Comunidad Económica Europea (CEE).*

¿Qué significa el año 1992 para España? La conmemoración del quinto centenario de la conquista se convirtió en escenario para lucir la España moderna. Esto se pudo lograr por medio de acontecimientos cuyas metas eran atraer la atención del mundo.

En 1992, España se proyectó[c] internacionalmente a través de tres eventos que tuvieron lugar en tres de sus ciudades más importantes: Madrid, Capital Europea de la Cultura; Sevilla, sede de la Exposición Universal y Barcelona, sede de los Juegos Olímpicos.

---

[a] establecimiento   [b] se... *was approved*   [c] hizo visible

---

*En los años 50, varios estados europeos, afectados por la debacle que había dejado la Segunda Guerra Mundial, crearon un frente económico autónomo e independiente a fuentes externos con el establecimiento de las Comunidades Europeas —la más famosa de las cuales era la Comunidad Económica Europea (CEE). El 1 de noviembre de 1993 Las Comunidades Europeas se convirtieron en la Unión Europea (UE), ahora una comunidad de veintisiete estados europeos. Para pertenecer a esta organización los estados tienen que cumplir con una serie de condiciones económicas y políticas establecidas en los criterios de Copenhague. Como miembro de la Unión Europea, a los estados se les permite la libre circulación de capitales y servicios y se les concede a sus poblaciones la ciudadanía europea que les permite trabajar, cruzar fronteras y residir libremente en cualquiera de estos estados sin necesidad de un visado.

LECTURA CULTURAL 1: Madrid: Capital Europea de la Cultura en 1992

La Plaza Mayor de Madrid

La Unión Europea escoge anualmente una ciudad para ser la Capital Europea de la Cultura, con el propósito[a] de darle la oportunidad de mostrar al mundo su cultura y el nivel de adelanto[b] y desarrollo urbano que ha adquirido.[c] Las ciudades que han ganado esta distinción han aprovechado esta ocasión para renovarse: Mejoran sus medios de transporte terrestre[d] y aéreo, renuevan edificios, invierten dinero en proyectos de embellecimiento[e] de la ciudad en general e invitan al mundo a visitarla. Todo esto se hace con la intención de transformar su imagen ante la comunidad internacional y atraer el turismo y negocios al país. En 1992 se le otorgó este honor a Madrid.

Madrid, fundada en el siglo IX, es la capital de España, sede del gobierno del estado y lugar donde reside el monarca español. Tiene un clima mediterráneo que se caracteriza por los inviernos húmedos y los veranos secos. Se encuentra aproximadamente en el centro de España y es de gran importancia como centro turístico y de negocios. Madrid recibe más de 6 millones de turistas al año quienes pasan por el aeropuerto internacional de Barajas, diseñado para manejar 70 millones de pasajeros al año. El turista que llega a Madrid puede apreciar sus grandes monumentos arquitectónicos,[f] antiguos y modernos; visitar sus palacios y museos de fama internacional como el Museo del Prado y pasear por sus jardines, además de disfrutar de la vida nocturna madrileña. Para aquellos que quieran disfrutar del espectáculo de las corridas de toros, esta ciudad cuenta con una de las plazas de toros más grandes de España, Las Ventas, que tiene capacidad para 25.000 personas.

Esta antigua ciudad tiene una larga historia que muestra al mundo a través de sus plazas, iglesias y edificios. Algunos ejemplos de su belleza arquitectónica son: la plaza de la Puerta del Sol, que se encuentra en el centro de Madrid y representa la época medieval; San Nicolás de los Servitas, la iglesia más antigua de la ciudad, que manifiesta la influencia morisca[g] y hace

---

[a]objetivo   [b]progreso   [c]conseguido   [d]relativo a la tierra   [e]mejora   [f]relativos a la arquitectura
[g]que tiene que ver con los musulmanes que se quedaron en España después de la Reconquista

recordar el período de la ocupación árabe en España; y la Plaza Mayor, construida por Felipe III en 1619, que representa el Madrid de los siglos XVI y XVII. En esta plaza tenían lugar corridas de toros, torneos[h] en celebración de algún santo y los actos de fe y los tribunales[i] de la Inquisición[†] en los que juzgaban y castigaban a los infieles. La época de fines del siglo XVII se caracteriza por la arquitectura barroca cuyo mejor ejemplo es la Iglesia de San José en la Calle de Alcalá.

En el centro histórico de Madrid se encuentra el Paseo del Arte, donde se puede visitar los tres museos más famosos de la ciudad: el Museo Nacional del Prado, el Museo Thyssen-Bornemisza y el Museo Nacional Centro de Arte Reina Sofía. El Museo Nacional del Prado es un museo reconocido por sus muchas y valiosas colecciones de arte y está al nivel del Museo Louvre en París y del Museo Metropolitano de Arte en Nueva York. La idea de la construcción de este museo surgió en la segunda mitad del siglo XVIII bajo el reinado de Carlos III, cuyos planes eran construir un museo de ciencias. Sin embargo, la Guerra Peninsular —parte de las Guerras Napoleónicas— atrasó el proyecto. Fue su nieto, Fernando VII y su esposa María Isabel, quienes hicieron realidad la idea de crear un lugar que pudiera albergar las obras de arte pertenecientes a la nobleza. El museo abrió sus puertas en 1819. En él se encuentran pinturas de Diego Velázquez, Francisco Goya, El Greco y muchas obras maestras del arte europeo.

El Museo Thyssen-Bornemisza contiene las colecciones acumuladas por la familia de este nombre desde principios del siglo XX. Esta familia contaba con una colección de arte impresionante (en su mayoría pinturas) que incluye pinturas desde el siglo XIII hasta el siglo XX. Estas obras comprenden varios estilos desde el primitivismo italiano hasta el expresionismo.[‡] En 1993 el gobierno español compró esta colección privada por 350 millones de dólares.

El Museo Nacional Centro de Arte Reina Sofía expone obras de arte moderno y contemporáneo en sus diversas manifestaciones. Se inauguró en 1992 y alberga, entre otras de igual renombre, obras de dos grandes pintores españoles: Pablo Picasso y Salvador Dalí. Cerca del Paseo del Arte también hay importantes monumentos y lugares históricos, jardines, edificios impresionantes y los hoteles más elegantes de la ciudad.

Asimismo, Madrid es una importante ciudad de negocios y de comercio internacional debido a que es uno de los centros financieros más grandes de Europa. Su importancia y desarrollo en el área de servicios[§] se incrementó[j] desde la construcción del aeropuerto de Barajas. La mejora de los medios de transporte dentro de la ciudad ha ayudado mucho a su economía.

En cuanto a sus medios de transporte, el sistema de metro de Madrid ocupa el tercer lugar entre los más largos del mundo. Además, la infraestructura ferroviaria española está a la vanguardia del transporte terrestre europeo. Dispone de trenes de alta velocidad[k] que unen a las principales ciudades del país. En 1990 se inauguró la red de trenes de alta velocidad conocido como «AVE» (Alta Velocidad Española). La línea entre Madrid y Sevilla se estrenó en 1992 para que el público tuviera acceso rápido a la Exposición Universal (Expo '92). Se puede llegar a Sevilla desde Madrid en

---

[h]celebraciones públicas   [i]vistas (*trials*) en las que los jueces se reúnen para administrar justicia
[j]se... aumentó   [k]trenes... *high-speed trains*

[†]La Inquisición fue un sistema formal establecido a finales del siglo XV por los Reyes Católicos para luchar contra la herejía y mantener la ortodoxia católica en sus reinos.
[‡]El primitivismo italiano es un estilo artístico que se distingue por los detalles extremos, colores brillantes y por la poca importancia que los artistas le dan a la perspectiva. El expresionismo es un movimiento artístico vanguardista que expresa sentimientos humanos con el uso de colores fuertes.
[§]El área de servicios se refiere al sector de servicios de la economía que engloba actividades relativas al turismo, al transporte, a la sanidad y a la educación, entre otras.

menos de tres horas y el tren va a una velocidad de 220 kilómetros por hora. En febrero de 2008 se inauguró la línea entre Madrid y Barcelona cuyo trayecto[1] de una ciudad a otra es de dos horas y media. El desarrollo de medios de comunicación terrestre rápidos y eficaces ayuda a la evolución de las ciudades y al florecimiento de estas como destinos turísticos.

Por sus monumentos históricos a la par de sus edificios modernos, plazas, parques, jardines, fiestas, medios modernos de transporte aéreo y terrestre, su vida nocturna y mucho más, esta ciudad obtuvo el honor de ser la Capital Europea de la Cultura en 1992. Hoy día, Madrid sigue siendo un centro cultural muy importante a nivel internacional y se ha convertido en una de las ciudades más visitadas del mundo.

_____

[1]viaje, recorrido

DESPUÉS DE LEER

A. Comprensión

Conteste las siguientes preguntas sobre la lectura.

1. ¿Cuál es el propósito de la Unión Europea al escoger una ciudad para que sea la Capital Europea de la Cultura?
2. Describa el clima, la ubicación e importancia de Madrid.
3. Según la lectura, ¿cuáles son las plazas e iglesias que demuestran al mundo la larga historia de Madrid?
4. ¿Cuáles son los tres museos más famosos de Madrid que se encuentran en el Paseo del Arte y qué tipo de arte exponen?
5. ¿Cómo ayuda la infraestructura ferroviaria de Madrid a su desarrollo como ciudad?
6. ¿Qué es AVE? ¿Cuál es su importancia para Madrid?

B. ¡A charlar!

En grupos de tres, comenten las siguientes preguntas y temas.

1. ¿Qué hace que Madrid sea una de las ciudades más visitadas del mundo? Expliquen.
2. ¿Creen Uds. que Madrid mereciera ser la Capital Europea de la Cultura en 1992?
3. ¿Les gustaría visitar Madrid? ¿Por qué sí o por qué no?
4. ¿Cuál es la importancia de los medios de transporte aéreo y terrestre para el desarrollo comercial de una ciudad? ¿Cómo son los medios de transporte en la ciudad donde Uds. viven? ¿Creen que satisfagan las necesidades de su ciudad o necesitan mejorarse?

C. Investigación y conversación

Paso 1. Para investigar y contestar las siguientes preguntas relacionadas con el tema de la lectura, visite su buscador preferido en Internet y utilice las palabras clave que aparecen después de cada pregunta como punto de partida.

1. Haga una búsqueda sobre uno de los edificios, monumentos, plazas o jardines de Madrid. Puede ser uno mencionado en esta lectura. ¿Dónde está ubicado? ¿Cuál es la historia del sitio? ¿Qué importancia histórica y cultural tiene?

   (*Madrid histórico, Madrid edificios/monumentos históricos, Madrid plazas históricas, Real Jardín Botánico de Madrid*)

2. Busque información sobre el Parque del Retiro de Madrid. ¿Dónde está situado? ¿Cuál es la historia del parque? ¿Qué monumentos hay? ¿Qué tipo de actividades se pueden hacer allí?

   (*Parque del Retiro*)

3. ¿Cuáles son las Fiestas de San Isidro? ¿Qué actividades se llevan a cabo durante la fiesta? ¿Cuál es la comida típica que se come durante estas fiestas? ¿Qué son chulapos y chulapas?

   (*Fiestas de San Isidro*)

4. Haga una investigación sobre la vida nocturna madrileña. ¿Por qué Madrid se conoce por su vida nocturna? ¿Qué tipos de diversión nocturna hay? ¿Cuáles son las zonas más populares de la ciudad para salir de noche? ¿Cuáles son algunos de los bares más populares?

   (*Madrid vida nocturna, Guía del Ocio Madrid, Malasaña, Alonso Martínez, barrio de La Latina*)

Paso 2. En grupos de tres, compartan los resultados de su investigación del **Paso 1.**

Paso 3. Comenten las siguientes preguntas.

1. ¿Qué les impresionó más sobre los edificios, monumentos, plazas o jardines que investigaron?
2. ¿Qué actividad les gustaría hacer en el Parque del Retiro?
3. ¿Qué opinan de las Fiestas de San Isidro?
4. Si sólo tuvieran una noche para salir a divertirse en Madrid, ¿a dónde irían? ¿Qué harían? ¿Por qué?

LECTURA CULTURAL 2: Sevilla: Ciudad de exposiciones en 1992

Sevilla está situada al suroeste de España en la comunidad autónoma[a] de Andalucía a orillas[b] del río Guadalquivir. Cuenta con una población de aproximadamente 700.000 habitantes y se considera la cuarta ciudad más grande de España. Sevilla tiene un legado histórico muy importante debido a las diferentes civilizaciones que se establecieron en su territorio a lo largo de la historia y que han contribuido a su patrimonio cultural, lingüístico, arquitectónico y artístico. Según algunas leyendas, por ejemplo, el fundador de Sevilla fue Hércules. Existen también pruebas[c] arqueológicas que se pueden interpretar como vestigios[d] de los pueblos del norte de África y que apuntan a[e] influencias orientales.

La historia antigua de Sevilla muestra que en el año 206 A.C. esta ciudad fue escenario de la batalla final entre los romanos y los cartagineses* y que en el año 45 A.C. Julio César ya había convertido a Sevilla en parte del imperio romano. Posteriormente, la dominaron los visigodos[†] y luego los árabes. La época musulmana alcanza su mayor esplendor con la construcción de la mezquita[f] mayor a mediados del siglo XII, pero ya en el siglo XIII, las mezquitas se convirtieron en lugares de culto católico.

En 1248, el Rey Fernando III, el Santo, conquistó la ciudad. En el siglo XVI Sevilla se convirtió en el Puerto de Indias desde donde se monopolizó

---

[a]comunidad… uno de diecisiete territorios de España   [b]a… *on the banks*   [c]señales   [d]huellas
[e]apuntan… indican   [f]*mosque*

---

*Los cartagineses eran gente de Cártago, antigua e importante ciudad del norte de África.
[†]Los visigodos eran gente perteneciente a un antiguo pueblo germánico, fundador de reinos en España e Italia.

El Puente de Triana de Sevilla

el comercio con el continente americano. Durante aquella época, se construyeron numerosos edificios como casas, conventos y palacios, entre ellos el Palacio de la Lonja,[g] el Archivo General de Indias y el Hospital de las Cinco Llagas[h] que actualmente alberga el Parlamento de Andalucía.

Durante los siglos XVII y XVIII se construyeron en Sevilla edificios con definida influencia barroca: el Hospital de la Caridad,[i] la Iglesia de San Luis de los Franceses y la Fábrica de Tabacos, entre otros. Del siglo XIX existen ejemplos de arquitectura influenciada por el romanticismo como el Puente de Triana y las Naves[j] del Barranco.[k]

A principios del siglo XX Sevilla se convirtió en la sede de la Exposición Iberoamericana celebrada en 1929. Este evento le dio la oportunidad para desarrollar su infraestructura, lo cual la transformó en una ciudad modernizada. Se construyó el tren de alta velocidad y se modernizaron las estaciones de ferrocarril. Para conmemorar el encuentro con las Américas, se construyeron los edificios de la Plaza de América: la Plaza de España, el Pabellón de la Telefónica y el Prado de San Sebastián.

Otro evento importante en el desarrollo urbano de Sevilla fue la Exposición Universal de 1992. La Expo '92 conmemoraba el V Centenario del descubrimiento de América, pero su propósito principal fue el diálogo y el intercambio cultural. La exposición sirvió para darle impulso[l] al desarrollo económico y social de Sevilla. La ciudad se benefició con una nueva imagen ante el mundo, la imagen de un país democrático y moderno que contaba con una renovada infraestructura de acuerdo con el siglo XXI. Se construyeron nuevas redes de circunvalaciones,[m] rondas, avenidas y puentes, así como las estaciones de trenes de Santa Justa y el tren de alta velocidad entre Madrid y Sevilla. Se restauraron edificios históricos y se crearon nuevas plazas hoteleras de calidad. El desarrollo económico y cultural de Sevilla, iniciado por los esfuerzos del gobierno y del sector privado para acomodar el turismo nacional e internacional, continúa hoy día.

---

[g]Mercado   [h]Daños, Penas   [i]*Charity*   [j]Barcos   [k]Precipicio   [l]fuerza   [m]trayectos alrededor de la ciudad

DESPUÉS DE LEER

A. Comprensión

Conteste las siguientes preguntas sobre la lectura.

1. ¿Cuáles son las civilizaciones que han desempeñado un papel en el desarrollo de Sevilla a lo largo de su historia?
2. ¿De qué forma contribuyeron estas civilizaciones al desarrollo de la ciudad?
3. ¿Cuáles son algunos de los edificios que se construyeron en los siglos XVII y XVIII?
4. Según la lectura, ¿cuáles son algunos ejemplos de arquitectura influenciada por el romanticismo del siglo XIX?
5. ¿Cuál fue el propósito de la construcción de los edificios de la Plaza de América?
6. ¿Cuáles son algunos ejemplos de las nuevas redes que se construyeron para la Exposición Universal de 1992?

B. ¡A charlar!

En grupos de tres, comenten las siguientes preguntas y temas.

1. ¿Cuáles fueron los beneficios de la Exposición Iberoamericana de 1929?

2. ¿Cuáles fueron los beneficios de la Exposición Universal de Sevilla de 1992?

3. Comenten cómo el tener eventos como exposiciones ayuda a una ciudad.

4. ¿Han estado Uds. en Sevilla? Si han estado, ¿qué opinan de la ciudad? Si no han estado, ¿qué les gustaría ver?

C. Investigación y conversación

Paso 1. Para investigar y contestar las siguientes preguntas relacionadas con el tema de la lectura, visite su buscador preferido en Internet y utilice las palabras clave que aparecen después de cada pregunta como punto de partida.

1. Haga una búsqueda sobre una de las estructuras mencionadas en la lectura. ¿Dónde está ubicada? ¿Cuál es la historia del sitio? ¿Qué importancia histórica y cultural tiene?

   (*Mezquita mayor Sevilla, Palacio de la Lonja, Iglesia de San Luis de los Franceses, Puente de Triana*)

2. Busque información sobre la Exposición Iberoamericana de 1929. ¿Cuál fue el propósito? ¿Por qué se escogió a Sevilla como sede? ¿Cuánto tiempo duró? ¿Qué tipo de actividades se hicieron?

   (*Exposición Iberoamericana 1929*)

3. Busque información sobre la Exposición Universal de Sevilla de 1992. ¿Cuál fue el propósito? ¿Por qué se escogió a Sevilla como sede? ¿Cuánto tiempo duró? ¿Qué tipo de actividades se hicieron?

   (*Exposición Universal 1992*)

Paso 2. En grupos de tres, compartan los resultados de su investigación del **Paso 1.**

Paso 3. Comenten las siguientes preguntas.

1. ¿Qué les impresionó más sobre la estructura que investigaron?

2. ¿Han asistido a una exposición mundial alguna vez? Si la respuesta es afirmativa, ¿cómo fue la experiencia? Si la respuesta es negativa, ¿les interesaría acudir a una exposición mundial? ¿Por qué sí o por qué no?

LECTURA CULTURAL 3: Barcelona: Sede de las Olimpiadas de 1992

Barcelona está situada en la comunidad autónoma de Cataluña y da al[a] Mar Mediterráneo. En 1992 fue anfitriona[b] de los XXV Juegos Olímpicos que se llevaron a cabo entre el 25 de julio y el 9 de agosto de 1992. En estos Juegos participaron más de 9.000 atletas provenientes de 169 países. Barcelona ya había tratado de conseguir la sede de los Juegos en los años 1924, 1936 y

---

[a]da... *overlooks*   [b]persona o entidad que recibe en su país o sede a invitados

La ceremonia de apertura de los Juegos Olímpicos de Barcelona de 1992

1972, y por fin lo logró en 1992. Para preparar la ciudad para un evento de la envergadura[c] internacional que tienen los Juegos Olímpicos, se gastaron cerca de 20.000 millones de dólares. Se renovó la infraestructura de Barcelona, se crearon hoteles y se adecuaron las plazas y estadios, y todo fue planificado de tal manera que las obras tuvieran uso permanente. Además, se renovó completamente el Estadio de Montjuic (ahora Estadio Olímpico) y se construyeron numerosos pabellones deportivos, entre ellos el Palau Sant Jordi, el más utilizado hoy día y considerado la joya de los complejos olímpicos. Se construyó también una Villa Olímpica para 15.000 personas donde se alojaron gratuitamente, por primera vez en la historia olímpica, los atletas que participaron en las competencias.[d]

Durante los XX Juegos Olímpicos celebrados en 1972 en Munich, Alemania, ocurrió un atentado[e] terrorista que empañó[f] estos Juegos. Preocupados por la posibilidad de que se repitiera un atentado similar, los organizadores españoles invirtieron[g] 400 millones de dólares en medidas de seguridad. Para el evento se contrataron 30 mil soldados.

La ceremonia de apertura[h] de los Juegos de Barcelona tuvo lugar en el Estadio Olímpico de Montjuic. En la ceremonia se representó a Hércules quien, según la leyenda, dividió los continentes de Europa y África y creó el Mar Mediterráneo y así nació Barcelona. El Mar Mediterráneo «entró» en el estadio con todos sus personajes, fantasías y leyendas. Vía satélite 3.5 mil millones de personas presenciaron el espectáculo. La ceremonia fue protagonizada por vikingos, gitanos y marineros. Las imponentes[i] voces de Monserrat Caballé y de los tenores Plácido Domingo y José Carreras, entre otros muy destacados artistas y personajes, fueron parte del espectáculo.

Durante la ceremonia de clausura,[j] miembros del comité de los Juegos Olímpicos reconocieron la gran labor que hizo Barcelona como sede de los Juegos en los niveles de organización y seguridad. En medio de una lluvia de fuegos artificiales, Cobi, la mascota catalana, desapareció navegando en un barco de papel. Después el estadio se convirtió en una pista de baile.[k]

---

[c]magnitud [d]*competitions* [e]ataque [f]manchó [g]*invested* [h]ceremonia… *opening ceremony*
[i]*impressive* [j]ceremonia… *closing ceremony* [k]pista… *dance floor*

Por primera vez ningún país boicoteó las Olimpiadas. África del Sur, bajo el mandato[l] de Nelson Mandela, formó parte de las Olimpiadas después de 32 años de ausencia. Alemania compitió como un país unificado después de la caída del muro de Berlín en 1989. Afganistán también participó en la ceremonia inaugural, a pesar de no tener atletas que fueran a competir en los Juegos.

Todos los miembros de la Familia Real asistieron a las competencias y animaron y estimularon con su presencia a los atletas españoles quienes consiguieron la mejor puntuación[m] de su historia. España se llevó trece medallas de oro en las competencias de atletismo,[n] tiro con arco, ciclismo, natación, judo, vela,[ñ] fútbol y hockey sobre hierba; siete de plata en gimnasia, tenis, boxeo, atletismo, waterpolo y vela y dos de bronce en atletismo y vela. En total, España ganó veintidós medallas en estas Olimpiadas.

Barcelona se vio transformada a partir de los Juegos Olímpicos. Los cambios que hizo para brindarle[o] al mundo la imagen que requería esta gran actividad internacional cambiaron la ciudad para siempre. Barcelona abrió sus puertas al mundo y hoy espera la visita de todos aquellos extranjeros que quieran compartir con ella su historia, su cultura y su gente.

Los Juegos Olímpicos de Barcelona junto a la Expo' 92 en Sevilla y la designación de Madrid como Capital Europea de la Cultura sirvieron de carta de presentación[p] internacional de la España democrática. En 1992, España transmitió una imagen de un país moderno, avanzado y progresista de acuerdo con los nuevos tiempos.

---

[l]liderazgo   [m]la... *the highest score*   [n]*track and field*   [ñ]*sailing*   [o]ofrecerle   [p]carta... presentación inicial

DESPUÉS DE LEER

A. Comprensión

Conteste las siguientes preguntas sobre la lectura.

1. ¿Cómo se preparó Barcelona para ser sede de los Juegos Olímpicos de 1992?
2. ¿Cuánto dinero invirtió en reformas y en medidas de seguridad?
3. ¿Por qué invirtió tanto dinero en medidas de seguridad?
4. ¿Para qué se construyó la Villa Olímpica?
5. Describa la ceremonia de apertura.
6. ¿Quién es Cobi?
7. ¿Cuántas medallas ganó España en las competencias?

B. ¡A charlar!

En grupos de tres, comenten las siguientes preguntas y temas.

1. ¿Cómo creen Uds. que ayudó a Barcelona la transformación de que fue objeto para las Olimpiadas?
2. Comenten la importancia de un evento como los Juegos Olímpicos en el desarrollo comercial de una ciudad. Piensen en las Olimpiadas de Beijing de 2008.
3. ¿Cómo impactaron los eventos de 1992 la imagen de España a nivel internacional?

C. Investigación y conversación

Paso 1. Para investigar y contestar las siguientes preguntas relacionadas con el tema de la lectura, visite su buscador preferido en Internet y utilice las palabras clave que aparecen después de cada pregunta como punto de partida.

1. Busque información e imágenes de Barcelona anterior a los XXV Juegos Olímpicos. ¿Cómo era? ¿Tenía playa? ¿Había mucho turismo? ¿En qué otros aspectos no mencionados en la lectura cambió la ciudad? (*Barcelona antes de los Juegos Olímpicos*)

2. ¿Cuáles fueron los grandes momentos de las Olimpiadas de Barcelona? (*Juegos Olímpicos 1992*)

3. ¿Por qué se les consideró a los Juegos Olímpicos de 1992 en Barcelona los mejores de la historia por lo menos hasta aquel año? (*historia Juegos Olímpicos 1992*)

Paso 2. En grupos de tres, compartan los resultados de su investigación del **Paso 1.**

Paso 3. Comenten las siguientes preguntas.

1. ¿Les sorprendió lo que aprendieron de cómo era Barcelona antes de 1992?

2. ¿Qué les impresionó más sobre los XXV Juegos Olímpicos de Barcelona?

3. ¿Por qué creen Uds. que los países o ciudades compiten para ser las sedes de eventos como las Olimpiadas, exposiciones, etcétera?

4. ¿Les gustaría que se celebraran unas Olimpiadas en su ciudad? ¿Cómo creen que se beneficiaría su ciudad?

Ortografía

Los usos de las letras c, k y q

En español, el sonido [k] se puede escribir con las letras **c, k** y **q.** Por lo general, las palabras españolas con ese sonido se escriben con la letra **c.**

Se escriben con **c...**

• palabras que contienen la **c** delante de las vocales **a, o** y **u.**	**c**arta, **c**orreo, **c**umbre
• palabras que contienen el sonido [k] delante de otra consonante, típicamente la **l** o la **r,** en la misma sílaba.	**c**lima, **c**reencia, **c**retino
• palabras que contienen el sonido [k] al final de una sílaba.	a**c**tor, a**c**tividad, a**c**ción
• palabras que contienen el sonido [k] al final de una palabra, aunque la mayoría de estas son palabras prestadas de otra lengua.	pieni**c**, coña**c**, biste**c**

Se escriben con **k...**

• pocas palabras españolas, típicamente de origen extranjero.	**k**arate, **K**enia, **k**ilo

Se escriben con **q**…

- la mayoría de las palabras que contienen el sonido [k] delante de la vocal **e** o de la vocal **i**. Cuando estas se escriben con **q**, a la consonante siempre le sigue la vocal **u**, pero la **u** no se pronuncia.

  bús**que**da, pa**que**te, **que**, **que**dar, **que**so, **qui**ero, **qui**nto

- verbos cuyos infinitivos terminan en **-car** cuando se conjugan en la primera persona del pretérito y en todas las formas del presente de subjuntivo para mantener el sonido [k] de la raíz.

  bus**car:** bus**qué** (pretérito)
  bus**que**, bus**que**s, …
  (presente de subjuntivo)
  practi**car:** practi**qué** (pretérito)
  practi**que**, practi**que**s, …
  (presente de subjuntivo)

Práctica

A. Escriba la letra **c, k** o **q** según corresponda.

1. __uiero escuchar música.
2. En lenguaje __olo__uial se usa la palabra cír__ulo como sinónimo de cir__unferencia.
3. La joven de __uwait es muy lista.
4. El pa__uete que envió mi tío de España pesaba un __ilo.
5. Alberto, un estudiante de __uinto grado, fre__uentemente se duerme en clase.
6. El joven se __uedó con su __uñado en una __abaña en Málaga.
7. El __urso re__uiere mucho trabajo.
8. Juan ad__uirió una __asa nueva cer__a de la playa.
9. El __ueso de crema se usa en muchos postres ex__uisitos.
10. El __imono es un vestido japonés.
11. Los delin__uentes que asaltaron el __olmado están en la __árcel.
12. En el a__uario de San Diego hay ballenas.
13. Los nuevos estudiantes vienen de E__uador, cuya capital es __uito.
14. ¿__uántos cursos de español has tomado?
15. Elizabeth está estudiando __uímica en la Universidad Complutense de Madrid.
16. Bus__ué a mi hermanito en el par__ue.

B. Traduzca las siguientes oraciones al español.

1. Kuwait is an Arab state located in the Persian Gulf.
2. Pedro does not like chemistry because he thinks it is a difficult subject.
3. Maria wants to go to the market to buy three kilos of potatoes and some cheese.
4. In order to get a passport, you need to fill out a questionnaire.
5. How long does it take to get from Madrid to Sevilla on the AVE?
6. My mother received a package from Spain.
7. This is the fifth time that I've gotten sick this year.
8. My neighbor frequently goes to Europe.
9. The corporation acquired a new company after months of negotiations.
10. Lilia gave an aquarium to her brother-in-law for his birthday.

Gramática

El presente de subjuntivo

Conjugación de los verbos en el presente de modo subjuntivo

- Los verbos regulares

  Para formar las conjugaciones de los verbos en el presente de subjuntivo, a la raíz de los verbos regulares que terminan en **-ar** se le agregan las siguientes terminaciones: **-e, -es, -e, -emos, -éis, -en.** A la raíz de los verbos regulares que terminan en **-er** y **-ir** se le agregan: **-a, -as, -a, -amos, -áis, -an.**

HABLAR	COMER	VIVIR
hable	coma	viva
hables	comas	vivas
hable	coma	viva
hablemos	comamos	vivamos
habléis	comáis	viváis
hablen	coman	vivan

- Verbos de cambio radical

  Los verbos de cambio radical (**e → ie, o → ue, e → i**) en el presente de indicativo tienen el mismo cambio en el presente de subjuntivo. Estos tienen el cambio en la raíz del verbo, pero requieren las terminaciones de los verbos regulares. Los verbos de cambio radical que terminan en **-ir** también sufren el cambio radical en las formas de la primera y segunda persona plural (**nosotros/as** y **vosotros/as**).

PENSAR (e → ie)	VOLVER (o → ue)	PEDIR (e → i)
piense	vuelva	pida
pienses	vuelvas	pidas
piense	vuelva	pida
pensemos	volvamos	pidamos
penséis	volváis	pidáis
piensen	vuelvan	pidan

- Verbos con cambio ortográfico

  Los verbos terminados en **-car, -gar** y **-zar** sufren un cambio ortográfico en todas las formas del presente de subjuntivo para mantener el sonido de la raíz.

PRACTICAR	PAGAR	EMPEZAR
practique	pague	empiece
practiques	pagues	empieces
practique	pague	empiece
practiquemos	paguemos	empecemos
practiquéis	paguéis	empecéis
practiquen	paguen	empiecen

-car: abar**car,** acer**car,** apar**car,** apli**car,** arran**car,** ata**car,** bus**car,** cho**car,** comuni**car,** empa**car,** equivo**carse,** indi**car,** ron**car,** se**car,** to**car**

-gar: agre**gar,** apa**gar,** casti**gar,** encar**garse,** entre**gar,** ju**gar,** lar**garse,** lle**gar,** ne**gar,** pe**gar,** re**gar,** ven**garse**

-zar: almor**zar,** anali**zar,** avan**zar,** bauti**zar,** cal**zar,** ca**zar,** cru**zar,** destro**zar,** disfra**zarse,** especiali**zarse,** lan**zar,** memori**zar,** recha**zar,** tra**zar**

Los verbos terminados en **-ger, -gir** y **-guar** también sufren un cambio ortográfico en todas las formas del presente de subjuntivo para mantener el sonido de la raíz.

recoger → recoja, recojas, ... (También: coger, encoger, escoger, proteger)

dirigir → dirija, dirijas, ... (También: afligir, elegir, exigir, fingir, regir, surgir, urgir)

averiguar → averigüe, averigües, ... (También: apaciguar, atestiguar, menguar)

- Los verbos irregulares

Los verbos que en el presente de indicativo tienen una irregularidad en la forma de la primera persona singular (**yo**) tienen la misma irregularidad en todas las formas del presente de subjuntivo.

conocer (conozcø)	→	**conozca, conozcas, ...**
decir (digø)	→	**diga, digas, ...**
hacer (hagø)	→	**haga, hagas, ...**
oír (oigø)	→	**oiga, oigas, ...**
poner (pongø)	→	**ponga, pongas, ...**
salir (salgø)	→	**salga, salgas, ...**
tener (tengø)	→	**tenga, tengas, ...**
traer (traigø)	→	**traiga, traigas, ...**
venir (vengø)	→	**venga, vengas, ...**
ver (veø)	→	**vea, veas, ...**

- Más verbos irregulares

DAR	HABER	IR
dé	haya	vaya
des	hayas	vayas
dé	haya	vaya
demos	hayamos	vayamos
deis	hayáis	vayáis
den	hayan	vayan

estar	→	**esté, ...**
saber	→	**sepa, ...**
ser	→	**sea, ...**
ver	→	**vea, ...**

Oraciones simples y compuestas

Como ya se ha visto en el **Capítulo 1,** en el idioma español, las **oraciones simples** constan de un sujeto y un predicado con un verbo conjugado.

La ciudad de Barcelona tiene muchos museos.

En este caso, **La ciudad de Barcelona** es el sujeto y **tiene** es el verbo conjugado.

Las **oraciones compuestas** constan de una cláusula principal y una cláusula subordinada.

- La cláusula principal tiene un sujeto y un verbo conjugado.
- La cláusula subordinada, por definición, siempre está subordinada a la cláusula principal. Por lo general, lleva un sujeto diferente al de la cláusula principal y también tiene un verbo conjugado.
- Muchas veces la conjunción **que** une la cláusula principal a la cláusula subordinada.

CLÁUSULA PRINCIPAL	+ **que** +	CLÁUSULA SUBORDINADA
sujeto + verbo (conjugado)	+ **que** +	sujeto + verbo (conjugado)
(Yo)　　　Quiero	visitar la ciudad que	tiene muchos teatros.
(Yo)　　　Quiero	visitar una ciudad que	tenga muchos teatros.

Práctica

A. Indique cuáles de las siguientes oraciones son simples y cuáles son compuestas.

1. Dolores quiere que el viaje de Año Nuevo sea a Sevilla.
2. Los alumnos del noveno año decidieron hacer su viaje de fin de año al País Vasco.
3. Es posible que el viaje de Barcelona a Madrid sea este viernes.
4. El gobierno español invirtió mucho dinero en las Olimpiadas de 1992.
5. Todos prefieren que cambiemos la cena de bienvenida a un restaurante español.

B. Indique cuál es la cláusula principal y cuál es la cláusula subordinada en las siguientes oraciones. ¡OJO! No todas las oraciones tienen una cláusula principal y una subordinada.

1. ¿Estás segura de que la próxima salida del tren a Barcelona es dentro de media hora?
2. Yo necesito cambiar dinero en la casa de cambio para que podamos comprar los boletos para todos.
3. Es importante que compremos los boletos antes de ir a comer.
4. El año pasado cuando fuimos a Sevilla perdimos el tren una vez.
5. A mí siempre me sorprende que los españoles tengan tan buena comida.
6. ¿Uds. prefieren que compremos comida para llevar?
7. Nuestra profesora de español siempre nos dice que probemos la comida local.
8. Me alegra mucho que mi novio nos haya podido acompañar en este viaje.

El modo indicativo y el modo subjuntivo

Dos modos en que se conjugan los verbos son el indicativo y el subjuntivo. En general, el modo indicativo se usa para expresar hechos reales y para hacer preguntas. También se usa para expresar objetivamente acciones o estados de ser que el hablante percibe como ciertos y reales en los tiempos verbales del presente, pasado o futuro.

En cambio, el modo subjuntivo se caracteriza en mayor grado por la subjetividad en los tiempos verbales del presente, pasado o futuro. Expresa la actitud de una persona hacia alguien o algo. No se basa en la realidad o en los hechos reales por sí mismos, sino en lo irreal como deseos, reacciones emotivas ante una situación, duda y negación.

Se emplea el subjuntivo con frecuencia en las cláusulas subordinadas de oraciones compuestas que siguen la palabra **que**. Es de notar que no todas las oraciones compuestas requieren el subjuntivo; si hay dos sujetos distintos y el verbo en la cláusula principal expresa certeza, se usa el indicativo en la cláusula subordinada. Además, si no hay cambio de sujeto el verbo en la cláusula subordinada ha de estar en el infinitivo.

Quiero ir al parque.

El modo indicativo se usa con expresiones de…

- certeza (la expresión de certeza frente a duda o incertidumbre por parte del hablante).

  Creo que Sevilla **es** una ciudad hermosa.

Verbos y frases de certeza comunes en la cláusula principal que indican el uso del indicativo en la cláusula subordinada:

- creer, es cierto que, es obvio que, es verdad que, estar seguro/a de que, no dudar, pensar

El modo subjuntivo se usa con expresiones de…

- deseo/influencia (lo que el hablante quiere que pase o que otros hagan).

  Los señores Ramos **quieren** que su hija **estudie** en la Universidad de Sevilla.

Verbos y frases de deseo/influencia comunes en la cláusula principal que indican el uso del subjuntivo en la cláusula subordinada:

- aconsejar, decir, desear, esperar, exigir, insistir en, mandar, necesitar, ordenar, pedir, permitir, preferir, proponer, querer, rogar, sugerir
- es necesario que, es preferible que, es recomendable que

- emoción (una reacción emotiva ante una situación o evento).

  Siento que no puedas ir al Prado.

Verbos y frases de emoción comunes en la cláusula principal que indican el uso del subjuntivo en la cláusula subordinada:

- alegrarse de, gustarle, molestarle, sentir, temer
- es bueno que, es inútil que, lamento que, es malo que, es triste que

- duda/incertidumbre (el hablante percibe algún grado de duda o incertidumbre con respecto a algo).

  No creo que **vayan** muchos turistas a Barcelona en octubre.

Verbos de duda/incertidumbre comunes en la cláusula principal que indican el uso del subjuntivo en la cláusula subordinada:

- dudar, no creer que
- es posible que, es probable que

- Negación (el hablante no cree que algo o alguien exista, así que niega su existencia).

  No hay nadie aquí que **hable** catalán.

Verbos de negación comunes en la cláusula principal que indican el uso del subjuntivo en la cláusula subordinada:

- no hay, negar

Práctica

A. Complete lógicamente las siguientes oraciones con el presente de subjuntivo.

1. Mis padres quieren que yo...
2. El profesor quiere que tú...
3. A nuestro profesor le molesta que nosotros...
4. Es importante que ustedes...
5. Me da mucho gusto que mis padres...
6. La administración de esta escuela exige que los alumnos...
7. Siempre me sorprende que nuestra profesora...
8. No creo que el próximo examen...
9. Está prohibido que él...
10. Espero que el próximo año todos nosotros...

B. Complete lógicamente las siguientes oraciones. Use el presente de subjuntivo donde sea necesario.

1. Sabemos que tú siempre...
2. Mi profesor dice que nosotros...
3. No dudo que mis padres...
4. Yo prefiero que tú...
5. En la clase no se permite que nosotros...

La subordinación

Hay tres tipos de cláusulas subordinadas: las cláusulas nominales, las adjetivales y las adverbiales.

CLÁUSULAS NOMINALES

Una **cláusula nominal** tiene función de sustantivo. Primero, veamos una oración simple.

Quiero postre.

En esta oración, **postre** es un sustantivo y el complemento directo del verbo **quiero**.

En una oración compuesta con una cláusula nominal, la cláusula nominal es la cláusula subordinada y tiene función de sustantivo al igual que el sustantivo **postre** en el ejemplo anterior.

Los señores Ramos quieren que su hija estudie en la Universidad de Sevilla.

En esta oración, **Los señores Ramos quieren** es la cláusula principal. El sujeto es **Los señores Ramos** y el verbo es **quieren**. Es de notar que el verbo **querer** funciona como un verbo de deseo/influencia, lo que indica que hay que usar el subjuntivo (**estudie**) en la cláusula subordinada. La cláusula subordinada es **que su hija estudie en la Universidad de Sevilla.** Hay un segundo sujeto, **su hija,** y un segundo verbo, **estudie** que está en el subjuntivo porque expresa una situación irreal, en este caso, el deseo de los señores Ramos.

CLÁUSULAS ADJETIVALES

Una **cláusula adjetival** funciona como adjetivo. Veamos una oración simple.

ADJETIVO

El postre está ⌐delicioso⌐.

En esta oración, **delicioso** es un adjetivo que modifica el sustantivo **postre.**

En una oración compuesta con una cláusula adjetival, la cláusula adjetival es la cláusula subordinada que describe al sustantivo de la oración principal y funciona como adjetivo al igual que **delicioso** en el ejemplo ya mencionado.

La cláusula adjetival se conjuga en el presente de subjuntivo si el sustantivo de la oración principal es indefinido, no especificado y si no se sabe si existe.

ADJETIVO

Quiero visitar una ciudad ⌐que tenga muchos teatros⌐.

En este caso, la cláusula **que tenga muchos teatros** es la cláusula adjetival que describe al sustantivo **ciudad;** se conjuga el verbo en el presente de subjuntivo **(tenga)** porque la ciudad del ejemplo es algo indefinido, no es especificado y no se sabe si existe.

Por otro lado, si el sujeto de la cláusula principal es definido, especificado y se sabe que existe, en la cláusula adjetival no se utiliza el modo subjuntivo sino el modo indicativo.

ADJETIVO

Quiero visitar la ciudad ⌐que tiene muchos teatros⌐.

En este caso, la cláusula **que tiene muchos teatros** es la cláusula adjetival que describe el sustantivo **ciudad;** se conjuga el verbo en el presente de indicativo **(tiene)** porque la ciudad del ejemplo es algo definido y se sabe que existe.

CLÁUSULAS ADVERBIALES

Una **cláusula adverbial** cumple la función de adverbio. Veamos una oración simple.

ADVERBIO

Marta come ⌐rápidamente⌐.

En esta oración, **rápidamente** es un adverbio que modifica el verbo conjugado, **come.** El adverbio contesta la pregunta: ¿Cómo come Marta?

En una oración compuesta con una cláusula adverbial, la cláusula adverbial es la cláusula subordinada que modifica el verbo de la oración principal y cumple la función de adverbio al igual que **rápidamente** en el ejemplo anterior. Siempre se introduce la cláusula adverbial con conjunciones adverbiales.

La cláusula adverbial se conjuga en el presente de subjuntivo si expresa una acción anticipada/futura o una acción desconocida.

ADVERBIO

Voy a entregar la tarea ⌐aunque no reciba puntos⌐.

(El hablante no sabe si va a recibir puntos para la tarea; por eso, es una acción desconocida.)

ADVERBIO

Espera con sus amigas ⌐hasta que llegue el taxi⌐.

(El hablante no sabe cuándo va a llegar el taxi; por eso, la cláusula subordinada es una acción anticipada/futura.)

La cláusula adverbial se conjuga en el presente de indicativo si expresa una acción conocida o una acción habitual.

ADVERBIO

Siempre entrego la tarea |aunque no recibo puntos|.

(El hablante sabe que no va a recibir puntos; es decir, es una acción conocida.)

ADVERBIO

Siempre espera con sus amigas |hasta que llega el taxi|.

(Se refiere a alguien que siempre espera la llegada del taxi con sus amigas; es una acción habitual.)

Las siguientes conjunciones de contingencia, propósito y tiempo *siempre* requieren el uso del subjuntivo en la cláusula adverbial.

a menos que	en caso de que
antes de que	para que
con tal de que	sin que

Las siguientes conjunciones de tiempo y manera requieren el uso del subjuntivo si el verbo de la cláusula adverbial indica una acción anticipada/ futura o desconocida.

aunque	en cuanto
cuando	hasta que
de manera que	mientras
de modo que	tan pronto como
después de que	

Práctica

A. Escriba oraciones completas con las palabras que se dan y añada otras palabras que sean necesarias.

1. necesitar / carro / que / ser / económico / y / funcionar / bien
2. buscar / trabajo / que / pagar / bien / y / estar / cerca de mi casa
3. querer vivir / ciudad / donde / no haber / violencia / ni / tampoco crimen
4. querer vivir / vecindario / que / no ser / muy caro / y / tener / buenos restaurantes
5. conocer / persona / que / hablar varios idiomas / y / tener un buen trabajo

B. Dé la forma apropiada de los verbos entre paréntesis según el contexto.

Nosotros vamos a salir para Madrid tan pronto como (1. poder). Llegaremos antes de la medianoche a menos que (2. atrasarse) el vuelo. Creo que mis primas de Granada van a venir a visitarnos a Madrid aunque (3. llover). Siempre me alegro cuando (4. tener) visitas en casa. Debemos limpiar bien la casa antes de que mis primas (5. llegar). También voy a ordenar el cuarto de huéspedes después de que mi hermana (6. arreglar) la casa. Siempre me gusta arreglar la casa mientras (7. escuchar) música. Me voy a ir al supermercado después de que tú y yo (8. terminar) de sacudir los muebles. Es importante que la casa quede muy linda para que mis primas (9. estar) muy cómodas. Me dicen que no se van a ir de Madrid sin que (10. visitar) varios museos.

C. Complete lógicamente las siguientes oraciones. Use el presente de subjuntivo donde sea necesario.

1. Vamos a visitar el norte de España con tal de que…
2. Te voy a acompañar a la agencia de viajes para que…
3. No van a entregarte los boletos hasta que…
4. Tenemos que reservar el hotel después de que…
5. Me dieron tres semanas de vacaciones con tal de que…
6. Mi jefa nunca nos da más de tres semanas de vacaciones mientras…
7. Mis padres me van a dar dinero para el viaje en cuanto…
8. Acepté acompañarte en este viaje luego que…
9. No vamos a cancelar el viaje aunque…
10. Cuando estemos en España también pensamos ir a Marruecos a menos que…

Nuestro idioma

Palabras en español de origen árabe

Muchas palabras que utilizamos en español provienen del árabe. Los árabes vivieron en España durante ocho siglos y como resultado de esa convivencia su influencia quedó marcada en muchos aspectos de la cultura española, como se puede apreciar en la arquitectura, en el arte y en la lengua. La siguiente es una lista de algunas palabras en español de origen árabe.

Un profesor de árabe

la aceituna	el alcalde	la máscara
la aduana	la alhaja	la noria
el ajedrez	el azulejo	ojalá
el alacrán	la espinaca	la pantufla
el albañil	la guitarra	el rehén
la alberca	el jaque mate	el tamarindo
la alcachofa	la jaqueca	la toronja
el alcaide	el jinete	la zanahoria

Actividades

A. Conteste las siguientes preguntas.

1. ¿Sabe Ud. lo que significan estas palabras de origen árabe? Si hay algunas que no conoce, búsquelas en el diccionario y apréndalas.
2. ¿Emplea Ud. algunas de las palabras de esta lista? ¿Cuáles usa?
3. ¿Conoce Ud. otras palabras provenientes del árabe?

B. En parejas, identifiquen categorías o patrones con respecto a estas palabras. ¿Qué conclusiones se pueden sacar al analizar esta lista?

El ensayo periodístico

En los periódicos aparecen dos clases de textos: los informativos y los de opinión. Como parte del género informativo están la noticia, la entrevista y el reportaje. Dentro del género de opinión existen el ensayo periodístico, la crítica, el artículo, el comentario, la columna, la caricatura y el editorial.

En el ensayo periodístico el escritor (la escritora) expone (*explains*; *expounds*) de forma esquemática sus ideas —ya sean estas filosóficas, científicas, religiosas o culturales— y las presenta con la intención de enseñarle algo al lector, pero desde una perspectiva personal y subjetiva. El ensayo periodístico es muy diferente a la noticia, ya que esta cuenta lo que ha ocurrido, mientras que el ensayo periodístico comunica la idea que tiene el escritor (la escritora) sobre un tema específico. El ensayo periodístico tiene tema libre, es subjetivo, es breve y va dirigido a un público heterogéneo.

El tono del ensayo puede ser humorístico, serio, irónico, crítico, profundo, etcétera, y el título que se escoja tiene que reflejar el contenido del texto. La estructura del ensayo periodístico es parecida a la de otros géneros de escritura que hemos practicado anteriormente ya que tiene una introducción, un desarrollo y una conclusión.

- Introducción

  Se presentan el tema y la tesis (la opinión del escritor [de la escritora] sobre un tema determinado)

- Desarrollo

  Se investiga el tema y se exponen datos que apoyan la tesis. Se utilizan la descripción, la narración y cualquier otra técnica que ayude al escritor (a la escritora) a desarrollar el tema. Las ideas se exponen cuidadosamente para que conduzcan lógicamente a la conclusión.

- Conclusión

  El escritor (La escritora) prueba su tesis basándose en los datos presentados en el desarrollo.

Cómo realizar un ensayo periodístico

Paso 1: Identificar el tema

- Escoja el tema que le interese.
- Considere su opinión con relación a dicho tema.
- Busque información sobre el mismo; tome apuntes sobre citas, anécdotas, recuerdos suyos y de otras personas para enriquecer su ensayo.

Paso 2: Organizar la información que ha encontrado

- Estudie la información que ha recopilado y escoja lo que quiere presentar en el ensayo.
- Desarrolle su tesis.

Paso 3: Identificar al lector para el cual escribe

- Investigue quién es el público que leerá el ensayo.
- Determine el tono y el estilo del ensayo que usará basándose en el público que lo leerá y evalúe qué hará para interesar a dicho público en la información que le va a presentar.

Paso 4: Escribir un esquema

- Revise sus apuntes, organice sus ideas y escriba un esquema.

Paso 5: Escribir el primer borrador

- Redacte y desarrolle el primer borrador del ensayo periodístico según el orden del esquema.
- Revise los párrafos y las oraciones para ver si estos conducen al lector a entender lo que les quiere decir.
- Escriba la conclusión del ensayo y asegúrese de que esta surja de las ideas que expuso en el desarrollo.

Paso 6: Evaluar el primer borrador

- Identifique claramente la introducción, el desarrollo y la conclusión.
- Lea de nuevo el primer borrador.
- Tome apuntes sobre lo que crea necesario corregir.
- Comparta el ensayo con un compañero (una compañera) para que lo lea y le haga sugerencias para mejorarlo.
- Evalúe las sugerencias de su lector(a) y escoja las que quiere incorporar.

Paso 7: Reescribir

- Revise cuidadosamente la gramática, la ortografía y la construcción de las oraciones y los párrafos.
- Revise detenidamente el ensayo hasta que el texto final sea satisfactorio.
- Escriba la versión final.

Fragmento de un ensayo periodístico*

Franco Inventó la Memoria Histórica

por Natalia Junquera

La Ley de Memoria Histórica la inventó un dictador, Francisco Franco, cuando sólo era un general golpista.[a] No la llamó así, pero no hay, en el texto arrancado con esfuerzo a las fuerzas democráticas en 2007, nada que el Caudillo[b] no hubiera hecho 70 años antes. Fue Franco el primero en pedir un censo[c] de desaparecidos de la guerra; el primero en encargar a un grupo de expertos un protocolo de exhumación, y el único en preservar por ley las fosas comunes[d] para que no se construyera sobre ellas.

Así se lee en la fuente más fiable posible, al menos, la más oficial. Múltiples leyes, decretos[e] y órdenes publicadas en el *Boletín Oficial del Estado* dan cuenta, desde casi el principio de la contienda,[f] en 1936, de la preocupación de Franco no ya por ganar la guerra, sino por honrar a *sus* víctimas. Así lo han constatado[g] cuatro investigadores de la Asociación para la Recuperación de la Memoria Histórica (ARMH) tras dedicar más de 400 horas a bucear en una fuente tan generosa como inabarcable.[h]

---

[a]involucrado en un golpe de estado [b]el... Franco [c]*census* [d]fosas... *common graves* [e]*decrees* [f]disputa [g]verificado [h]vasta

---

*El ensayo entero se publicó en el periódico español *El País* el 3 de enero de 2009.

Franco vigiló que todas sus víctimas fueran inscritas[i] en un censo de desaparecidos o fallecidos acompañando las palabras «muerto gloriosamente por Dios y por España». Y quiso atender «tan justas aspiraciones de los familiares de aquellos que gloriosamente cayeron víctimas de la barbarie roja[j]»; esto es, recuperar los cuerpos de las fosas comunes donde yacían.

Para llevar a cabo la «piadosa[k] finalidad» de devolver a las familias los cadáveres de sus seres queridos, una ley de mayo de 1939 facultó[l] a los Ayuntamientos para no exigir los impuestos que «gravan[m] las inhumaciones,[n] exhumaciones y traslados de cadáveres víctimas de la barbarie roja», obedeciendo a «la verdadera necesidad de rendir el postrero homenaje de respeto a[ñ] los restos queridos de personas asesinadas en circunstancias trágicas o muertas en el frente[o] y cuyo enterramiento[p] se ha verificado muchas veces en lugares inadecuados».

Además, en abril de 1940, el Ministerio de la Gobernación ordenó a todos los Ayuntamientos que adoptaran «medidas que garanticen el respeto a los lugares donde yacen enterradas las víctimas de la revolución marxista». Y para los casos en que nada de lo anterior fuera suficiente, Franco estableció medidas drásticas: «Quiso preservar (y lo logró) los lugares donde yacían sus muertos para que pudieran ser devueltos a sus familias. Y concedió,[q] desde 1936, generosas pensiones vitalicias[r] a sus viudas».

Para Emilio Silva, presidente de la ARMH, esta investigación derriba la tesis de que Franco diera un «golpe espontáneo» porque «comienza a legislar desde el primer momento» y demuestra lo «absurdo» del debate sobre la ley de memoria: «quienes decían que habría que reparar a los dos bandos deberían haber sabido que uno de ellos se autorreparó durante años».

---

[i]inscribed [j]barbarie… *communist ignorance* [k]misericordiosa [l]autorizó [m]impuestos… *taxes that are charged for* [n]*burials* [ñ]rendir… *paying final respects to* [o]en… *on the front line* [p]*burial* [q]dio [r]de por vida

Práctica

Identifique la posición con relación al tema de la escritora del ensayo, «Franco inventó la memoria histórica». ¿Quiénes piensa Ud. forman el público que lee el periódico *El País*? ¿Cree Ud. que la escritora de este ensayo haya tomado en consideración a ese público? Explique.

¡Vamos a escribir!

Escriba un ensayo periodístico sobre una de las tres ciudades que se estudiaron en este capítulo con la intención de publicarlo en un periódico hispano de su comunidad. Intente convencer a los lectores hispanos de que visiten esa ciudad y en especial algún lugar —sea museo, parque, monumento, etcétera— y que vayan para participar en algún evento a celebrarse próximamente en la ciudad que escogió.

de origen español

Valentín Fuster

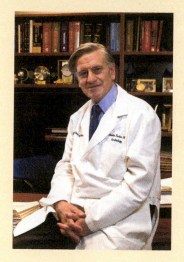

Nació en Barcelona y estudió medicina en la Universidad de Barcelona donde se graduó siendo el mejor de su clase. Llegó a ser el jefe de cardiología de Mount Sinai School of Medicine, profesor de medicina en Harvard Medical School, jefe de Cardiología en el Massachusetts General Hospital y director del Zena y Michael A. Wiener Cardiovascular Institute de Mount Sinai. Ha recibido premios como la Beca al Investigador Distinguido de la Sociedad Interamericana de Cardiología en 2005 y el premio al Científico Distinguido otorgado por The American Heart Association. Ha publicado extensamente en revistas y libros relacionados con temas sobre cardiología. En 2006 el Dr. Fuster logró gran notoriedad[a] al coordinar exitosamente el trasplante del corazón y los pulmones en uno de sus pacientes. Como resultado, recibió la distinción de ser reconocido por su trabajo en uno de los once milagros médicos del año por la revista *New York Magazine*.

———————

[a] fama

Enrique Iglesias

Nació en Madrid y se mudó con su padre a los Estados Unidos en 1982 cuando tenía siete años de edad. En 1995 lanzó[a] su primer álbum en español titulado *Enrique Iglesias* y en 1997 grabó su segundo álbum en español *Vivir,* que incluía la canción «*Only you*» en inglés. En 1998 Enrique Iglesias presentó su tercer disco, *Cosas del amor.* Un año después, lanzó su primer álbum en inglés, *Enrique,* y la canción «*Bailamos*» se convirtió en su primer gran éxito en el mundo angloparlante. Esta canción también llegó a encabezar[b] la lista del Billboard Hot 100 de la radio en los Estados Unidos. En 2001 Iglesias grabó su disco *Escape* que lo convirtió en una superestrella de la música mundial. Posteriormente lanzó los discos *Quizás* en 2002 y *7* en 2003. En el año 2007 Iglesias grabó su disco *Insomniac* y en 2008 lanzó el disco *1 95/08* en español y

———————

[a] estrenó [b] ser número uno de

Greatest Hits que también incluye algunos temas inéditos. Enrique Iglesias también ha sido productor y compositor y ha participado en programas de televisión, en el cine y en campañas publicitarias. Entre los muchos premios que ha ganado están: el Grammy (1997) al Mejor Artista Latino, el Billboard Award (1998) al Mejor Artista de Pop Latino, American Music Award (1999) al Mejor Artista Latino y el MTV India Award (2004) al Mejor Artista Masculino Internacional.

Penélope Cruz

Nació en Madrid y es la única actriz española que ha logrado establecerse en Hollywood. Estudió ballet clásico en el Conservatorio Nacional de Madrid y danza en la Escuela Cristina Rota de Nueva York. Cruz hizo su debut oficial como actriz en la película *Jamón, jamón* (España) en 1992. Ha alcanzado un éxito total en todo el mundo con su participación en diversas películas realizadas en español, inglés, italiano y francés. Entre otras películas, ha actuado en *Belle Epoque* (España, 1992), *Todo es mentira* (España, 1994), *Carne trémula* (España, 1997), *Abre los ojos* (España, 1997), *Woman on Top* (EE.UU., 2000), *Vanilla Sky* (EE.UU., 2001) *Bandidas* (Francia, México, EE.UU., 2006) y *Vicky Cristina Barcelona* (EE.UU., 2008). También ha recibido varios reconocimientos y premios, entre ellos la nominación al Premio Óscar y al Globo de Oro a la Mejor Actriz por su actuación en la película *Volver* (España, 2006) de Pedro Almodóvar, así como Premios Goya a la Mejor Protagonista Femenina por su actuación en las películas españolas *La niña de tus ojos* (España, 1998) y *Volver,* respectivamente. En 2009, se le otorgó el Premio Óscar en la categoría de Mejor Actriz de Reparto por su actuación en *Vicky Cristina Barcelona.*

Antonio Banderas

Nació en Málaga, España, y actualmente vive en Los Ángeles con su esposa, la actriz estadounidense Melanie Griffith y su hija. Antonio Banderas comenzó su carrera como actor a los 19 años en pequeños teatros de Madrid. Su carrera como actor de cine

(Continúa.)

comenzó con las películas de Pedro Almodóvar durante la década de los años 80. Entre las muchas películas protagonizadas por Banderas están: *Laberinto de pasiones* (España, 1982), *Matador* (España, 1986), *La ley del deseo* (España, 1987), *Mujeres al borde de un ataque de nervios* (España, 1988), *Philadelphia* (EE.UU., 1993), *La casa de los espíritus* (EE.UU., 1993), *Desperado* (EE.UU., 1995), *Evita* (EE.UU., 1996), *The Mask of Zorro* (EE.UU., 1998), *Spy Kids* (EE.UU., 2001) y *Shrek 3* (EE.UU., 2007). Además de actor, Banderas ha sido director de cine y ha dedicado su tiempo a fomentar[a] el cine de directores andaluces. También es empresario de una línea de perfumes bajo el sello de Antonio Banderas Fragrances. Ha recibido varios reconocimientos internacionales como la Medalla de Oro al Mérito en las Bellas Artes por los Reyes de España y ha sido nominado como candidato a los Premios Globo de Oro, Tony y Emmy.

––––––––
[a]promover

DESPUÉS DE LEER

A. **¡A charlar!** En parejas, comenten las siguientes preguntas.

1. ¿Cuáles son algunas de las características que tienen en común estos personajes destacados de origen español?
2. ¿Cuáles son algunas de las diferencias entre ellos?
3. ¿Cuál es la carrera o profesión de cada uno de estos personajes destacados?
4. ¿De qué lugares de España son estos personajes?
5. ¿Saben de otros personajes destacados de origen español? ¿Quiénes son?

B. **¡A escribir!** Escriba un breve ensayo periodístico sobre uno de los siguientes personajes: Valentín Fuster, Enrique Iglesias, Penélope Cruz o Antonio Banderas.

Negocios

Lectura: El impacto económico de los Juegos Olímpicos

Las Olimpiadas se iniciaron en Grecia probablemente en el año 776 antes del nacimiento de Cristo. Se celebraban cada cuatro años en la ciudad de Olimpia y durante el tiempo que duraban los Juegos, se suspendían[a] todas las guerras. Los participantes tenían que demostrar su proeza física por

––––––––
[a]se… paraban

La Villa Olímpica de Barcelona

medio de los deportes y a los que ganaban el primer puesto se les otorgaba la corona de olivo sagrado. Al caer Grecia bajo el dominio romano en el siglo II antes de Cristo, los Juegos comenzaron a decaer. Se perdieron las características originales de competencia deportiva[b] y los Juegos se sustituyeron por las luchas entre gladiadores. En el siglo IV de la época cristiana los Juegos dejaron de existir, ya que el culto al cuerpo humano se consideraba inmoral. Las Olimpiadas de nuestra era comenzaron de nuevo en Grecia en 1896.

Poco a poco los Juegos Olímpicos modernos han empezado a sufrir cambios que reflejan la época en que se llevan a cabo. Hoy día, por ejemplo, existe un espíritu de competencia que va más allá de lo deportivo. Los atletas por medio de la televisión e Internet compiten delante de un público global. Cuando los atletas triunfan, sus países comparten el reconocimiento. Este empeño[c] competitivo se nota más entre las naciones que se disputan los puestos de liderazgo político-económico mundial.

En la actualidad se puede observar que los países y ciudades que auspician[d] las Olimpiadas, las consideran una inversión[e] y una oportunidad para mejorar su imagen y su economía. Aprovechan la ocasión para convertir la ciudad en una marca reconocible que a la larga[f] les beneficie. El aumento de los visitantes al país mejora el nivel de vida[g] local al crearse nuevos puestos de trabajo y al convertirse, en muchos casos, el empleo temporal que surge con las Olimpiadas en empleo permanente. De este modo se espera que el efecto multiplicador de los ingresos al país sea de provecho a la población en general. Se puede ver también las distintas maneras en que se financian las Olimpiadas. Los Estados Unidos, por ejemplo, dependen del patrocinio de las empresas comerciales para financiar los Juegos mientras que los gobiernos de otros países los financian parcial o totalmente. En algunos países y en mayor grado en los Estados Unidos, a los atletas exitosos se les ofrecen oportunidades para llevar a cabo campañas publicitarias de varios productos, lo cual puede convertirlos en millonarios.

Como parte de las celebraciones del quinto centenario de la conquista de América, España logró convertirse en la sede de los Juegos Olímpicos. Al principio, la opinión local sobre los beneficios económicos de los Juegos se dividió en dos bandos.[h] Los optimistas tenían muchas esperanzas con respecto al impacto económico positivo que tendría en la ciudad y en Cataluña en general. Por otra parte, los menos optimistas temían que así como había ocurrido en los Juegos que se celebraron en Munich (1972) y en Montreal (1976), los gastos fueran mayores que los beneficios económicos a corto y a largo plazo.[i]

Al final, se escogió Barcelona para albergar los Juegos. Después del espectáculo extraordinario de las Olimpiadas de Los Ángeles (1984), que resultaron ser una inversión provechosa,[j] no quedaba duda de que al estar bien planificadas, las Olimpiadas ofrecerían una auténtica oportunidad económica. Sin embargo, hacía falta tener en cuenta que los Juegos de Los Ángeles serían un modelo difícil de imitar o superar. Desde entonces los Juegos han sufrido de «gigantismo», es decir, cada ciudad desea descollar[k] por encima de los últimos Juegos con un despliegue[l] de imaginación, organización y estrategia planificadora. Las grandes ciudades se postulan[m] para ganar el derecho y honor de albergar los Juegos Olímpicos. Al hacer campañas —muchas veces a nivel global— para poner al corriente[n] a los miembros del comité olímpico sobre las ventajas y atractivos de sus metrópolis, incurren en grandes gastos.

---

[b]competencia... *competitive sports*   [c]deseo vehemente de hacer o conseguir algo   [d]patrocinan
[e]*investment*   [f]*a... in the long run*   [g]nivel... *standard of living*   [h]partidos   [i]*a... in the short and long term*   [j]beneficiosa   [k]*to stand out*   [l]*display; show*   [m]se... *apply*   [n]poner... *bring up to date*

Barcelona comenzó los preparativos de los Juegos en 1987 con un concurso para elegir el logotipo y lema de los Juegos. Barcelona es una ciudad conocida por su impresionante arte y arquitectura. En museos de Barcelona, se puede ver la obra de artistas de renombre internacional como Picasso, Miró y Dalí. Además, los edificios y casas construidos por Gaudí se encuentran por toda la ciudad. Había que utilizar la riqueza artística de Barcelona y al mismo tiempo crear una imagen simple y de fácil acceso global. Ganó el concurso el logotipo olímpico diseñado por José María Trías Folch el cual se considera uno de los logotipos más vanguardistas en la historia de los Juegos. La mascota[ñ] del logotipo resultó ser una imagen muy popular y el emblema se acogió con beneplácito[o] en todo el mundo.

Barcelona inició las mejoras a la infraestructura de la región. Uno de sus objetivos principales fue incorporar las zonas industriales abandonadas o destartaladas[p] a la vida urbana de la ciudad lo cual resultó en un valor añadido permanente. Se construyeron los albergues para los atletas —la Villa Olímpica, estadios, hoteles de varias gamas, restaurantes y establecimientos administrativos y comerciales de todo tipo. Hubo reclutamiento[q] de nuevos empleados, entrenamientos y desarrollo de cuerpos de primeros auxilios de seguridad para el público y los atletas. De igual forma se mejoraron los sistemas de transporte terrestre y aéreo.

El precio de las Olimpiadas llegó a ser el triple de lo que costaron las de Seúl (1988) y, aunque los ingresos crecieron, no fue en proporción a los gastos. Lo mismo ocurrió con los Juegos de Sydney, Australia (2000). En Barcelona no solamente bajó el Producto Interno Bruto (PIB)[r] sino que sufrió un crecimiento negativo, lo que quiere decir que España perdió tanto dinero que esta pérdida afectó el tesoro público. En Atenas, Grecia (2004), el déficit fue de más de 7 mil millones de euros, una cantidad descomunal[s] que presagia[t] tiempos difíciles para los Juegos Olímpicos del futuro a tal extremo que la revista inglesa de prestigio *The Economist* de Londres se declaró en contra de que esta ciudad fuera sede de las Olimpiadas de 2012.

Con la contracción de las economías del mundo a partir de 2008, la crisis crediticia, el desempleo, el pesimismo global sobre el crecimiento de los mercados mundiales y la pérdida del poder adquisitivo[u] de los consumidores, se teme que los Juegos Olímpicos sean un lujo que muchos países no puedan sufragar.[v] No se sabe si en un futuro cercano volvamos a un equilibrio comercial en el que los ingresos generados por los visitantes compensen la inversión inicial de los países.

En resumen, los Juegos Olímpicos desde sus principios han tenido como meta fomentar la amistad entre los pueblos. Con el paso del tiempo se han convertido en un instrumento económico y político que bien administrado cumple con varias metas: unir a los pueblos en amistad, beneficiar económicamente a algunas naciones y mejorar la imagen de estas. Lamentablemente, en algunas instancias dichos Juegos se han manipulado por razones políticas. Sin embargo, la mayor parte de ellos han transcurrido[w] en un ambiente de paz y alegría y han dejado buenos recuerdos entre los participantes y el público.

[ñ]persona, animal o cosa que representa una entidad, un equipo, etcétera   [o]aprobación   [p]estropeadas   [q]*recruitment*   [r]Producto... el monto total de los recibos de un país o región antes de sustraerle los gastos y obligaciones   [s]enorme   [t]*foreshadows*   [u]poder... *buying power*   [v]pagar   [w]tenido lugar

DESPUÉS DE LEER

A. Comprensión

Conteste las siguientes preguntas sobre la lectura.

1. ¿Por qué se interrumpieron las Olimpiadas a partir de la era cristiana?

2. ¿Cuál ha sido siempre la meta de los Juegos Olímpicos? ¿Cuáles son las metas de los Juegos en la actualidad?

3. En cuanto a los Juegos Olímpicos de Barcelona, ¿qué creían los dos bandos con respecto a los beneficios económicos de ser Barcelona la sede de los Juegos?

4. ¿Qué es el «gigantismo» con respecto a los Juegos?

5. ¿Cuáles son los gastos en que incurre una ciudad para poder ser sede de unas Olimpiadas?

6. ¿Cómo se preparó la ciudad de Barcelona para los Juegos Olímpicos de 1992?

7. Según la lectura, ¿qué ciudades donde transcurrieron los Juegos se beneficiaron económicamente de ser sede de los Juegos y qué ciudades no se beneficiaron? ¿Por qué en ciertas ciudades ha habido ganancias y en otras no?

8. ¿Por qué la revista inglesa *The Economist* se declaró en contra de que Londres fuera la anfitriona de los Juegos Olímpicos de 2012?

B. ¡A charlar!

En grupos de tres, comenten las siguientes preguntas y temas.

1. ¿Cuál es el valor de las Olimpiadas para una ciudad?

2. ¿Cuál puede ser el valor de las Olimpiadas para una nación?

3. ¿Por qué es importante que los beneficios económicos de una actividad comercial, como las Olimpiadas, sean mayores que la inversión original?

4. ¿Creen Uds. que para una ciudad valga la pena ser sede de las Olimpiadas? ¿Por qué sí o por qué no?

5. ¿Han presenciado o han visto por la televisión algunos Juegos Olímpicos? ¿Qué eventos y competencias prefieren ver y por qué? Describan su experiencia al ver el desfile y los espectáculos de las ceremonias de apertura y clausura de los Juegos Olímpicos a que han asistido o visto.

6. ¿A qué país o países apoyan Uds. durante los Juegos? ¿Por qué?

C. Investigación y conversación

Paso 1. Para investigar y contestar las siguientes preguntas relacionadas con el tema de la lectura, visite su buscador preferido en Internet y utilice las palabras clave que aparecen después de cada pregunta como punto de partida.

1. ¿Cuáles son las características físicas del emblema y de la mascota del logotipo de las Olimpiadas de Barcelona?

   (*logotipo Olimpiadas Barcelona 1992, mascota Olimpiadas Barcelona 1992*)

2. ¿Qué eventos políticos ocurrieron en las Olimpiadas de la Ciudad de México?

   (*eventos políticos Olimpiadas México*)

(Continúa.)

3. ¿Qué tragedia ocurrió durante las Olimpiadas de Munich?
   (*eventos políticos Olimpiadas Munich, la película* Munich)

4. ¿Qué ciudad de habla hispana compitió para ser la sede de las Olimpiadas de 2012? ¿Qué ciudad de habla hispana compitió para ser la sede de los Juegos de 2016?
   (*candidatas Olimpiadas 2012/2016*)

5. ¿Qué preparativos está haciendo Londres para los Juegos de 2012?
   (*Londres preparativos Olimpiadas 2012*)

 Paso 2. En grupos de tres, compartan los resultados de su investigación del **Paso 1.**

 Paso 3. Comenten las siguientes preguntas.

1. En cuanto al logotipo de las Olimpiadas de Barcelona, ¿por qué creen Uds. que se escogieron estos dos símbolos? ¿Les gustan estos dos símbolos? Comenten.

2. ¿Creen Uds. que eventos como los que ocurrieron durante los Juegos Olímpicos de México y de Munich pasarían hoy día? ¿Por qué si o por qué no?

3. ¿Han visto Uds. la película *Munich*? ¿Qué les pareció?

4. ¿Qué opinan de la viabilidad de las ciudades hispanas que compitieron por ser la sede de las Olimpiadas de 2012 y 2016, respectivamente?

5. ¿Qué opinan Uds. de Londres como sede de los Juegos Olímpicos de 2012? ¿Les gustaría acudir a unas Olimpiadas? ¿Por qué si o por qué no?

Proyecto final

 En parejas, escojan uno de los siguientes proyectos y preséntenlo a la clase.

1. Folleto publicitario

Uds. trabajan para la oficina de turismo de alguna ciudad española. Preparen un folleto publicitario para anunciar los atractivos y eventos culturales de esa ciudad que puedan atraer a los turistas. Busquen información acerca de los museos, teatros, parques, jardines, monumentos históricos, y otras atracciones que se encuentran en dicha ciudad e inclúyanlos en el folleto. Además incluyan información sobre eventos culturales que se celebran. Preséntenlo a la clase.

2. Presentación ante el comité olímpico

Preparen una presentación ante el comité olímpico local para convencer a sus miembros de que su ciudad es la mejor candidata para ser la sede de los Juegos Olímpicos. En la presentación expliquen por qué es la mejor ciudad y qué tiene que ofrecer al mundo. Incluyan planes de las mejoras que se harían en la infraestructura y expliquen cómo esto beneficiaría a la ciudad y a la región. Además, mencionen la disponibilidad de zonas para campos deportivos, instalaciones para los turistas y otras necesidades de espacio que se les ocurran. Hagan la presentación frente a la clase.

3. Vídeo promocional para un evento especial

Preparen un vídeo promocional para un evento especial que se celebrará en la ciudad donde viven. El evento puede ser una exposición, un encuentro deportivo, una convención, un concurso, una ceremonia de premios de televisión o de música o cualquier otro evento de gran calibre. Presenten el vídeo a la clase.

Encuesta

¿Cuánto aprendió Ud. sobre las ciudades españolas de Madrid, Sevilla y Barcelona y la importancia que tuvieron para España en 1992, el tema del **Capítulo 7?** ¡Seguro que ha aprendido mucho! Ahora que ha llegado al final del capítulo, vuelva a la página 160 al principio del capítulo y complete la encuesta de nuevo. ¿La segunda vez que la tomó le fue mejor que la primera vez?

Capítulo 8

Los hispanos en los Estados Unidos

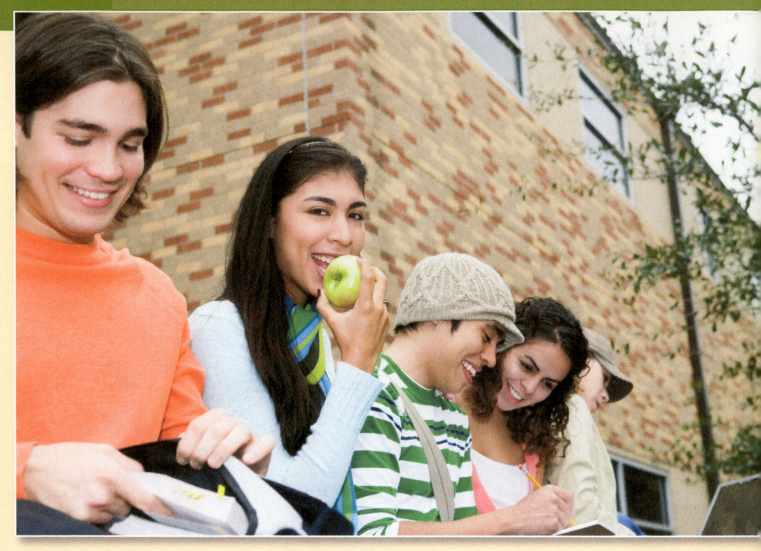

Unos estudiantes hispanos universitarios

Objetivos

- adquirir información sobre los hispanos en los Estados Unidos

- corregir los errores de uso común

- aprender a aplicar las reglas del imperfecto de subjuntivo

- aprender a escribir un editorial

- aprender sobre la fuerza económica de los hispanos en los Estados Unidos

- aplicar, por medio de un proyecto final, los conocimientos y destrezas desarrollados

- conocer más a fondo a los hispanos en los Estados Unidos

Para empezar

Encuesta ¿Cuánto sabe Ud. de los hispanos en los Estados Unidos? Indique si la afirmación es cierta (C) o falsa (F).

1. C F   La inmigración de los hispanos es un fenómeno reciente.

2. C F   Los inmigrantes latinoamericanos vienen a los Estados Unidos sólo por razones económicas.

3. C F   La oleada (*wave*) de inmigrantes cubanos a los Estados Unidos comenzó en 1959.

4. C F   Los inmigrantes latinoamericanos en los Estados Unidos, aunque proceden de diferentes países, son considerados un grupo homogéneo.

5. C F   La cultura latinoamericana en los Estados Unidos se manifiesta principalmente en la música, la comida, la lengua, las fiestas y celebraciones, el arte y la literatura.

6. C F   La dieta de los estadounidenses se ha enriquecido con los sabores de la dieta hispana.

7. C F   En los Estados Unidos la música del Caribe es más popular que la música norteña.

8. C F   El *espanglish* es una mezcla de inglés y español.

9. C F   En las regiones de los Estados Unidos donde viven muchos hispanos es común que los anuncios y programas de televisión y otros medios de comunicación incluyan palabras y frases en español.

10. C F   Los hispanos en los Estados Unidos son una parte importante de una nación que cada día se va haciendo más multicultural, multiétnica y multilingüe.

- Si Ud. tuvo ocho o más respuestas correctas, eso indica que sabe mucho sobre los hispanos en los Estados Unidos.
- Si tuvo de cinco a siete respuestas correctas, eso indica que su conocimiento sobre el tema es moderado.
- Si tuvo menos de cinco respuestas correctas, eso indica que Ud. va a aprender mucho sobre los hispanos en los Estados Unidos.

1.F 2.F 3.C 4.C 5.C 6.C 7.F 8.C 9.C 10.C

Lecturas culturales

ANTES DE LEER

En parejas, comenten las siguientes preguntas.

1. ¿Son Uds. de ascendencia hispana? ¿De qué lugar del mundo son sus antepasados?
2. ¿Con quiénes hablan Uds. español ahora? ¿Con quiénes lo hablaban de pequeño/a?
3. ¿Cuáles son algunas de las tradiciones culturales de sus antepasados que Uds. conservan o recuerdan con más cariño?
4. Entre los personajes hispanos o gente de origen hispano, ¿a quiénes admiran Uds. o consideran como héroes? ¿Por qué?
5. Hay muchas razones para aprender español. ¿Cuáles son algunas de sus razones para estudiarlo?
6. ¿Cuáles son algunas de las ventajas de ser bilingüe en este país? Expliquen.

Introducción

La inmigración a los Estados Unidos de los países latinoamericanos no es un fenómeno reciente. En el siglo XX, muchos de los latinoamericanos llegaron a los Estados Unidos por razones políticas. Miles de mexicanos llegaron a los Estados Unidos a causa de la Revolución mexicana de 1910. Muchos cubanos dejaron su país después de la Revolución cubana de 1959 que dio comienzo al régimen comunista-socialista de Fidel Castro. Asimismo, llegaron muchos salvadoreños que huyeron de las atrocidades de la dictadura militar que controló a El Salvador desde 1931 hasta 1979 y después, los que escapaban de la guerra civil que azotó[a] a este país durante una década. Otros latinoamericanos también se vieron obligados a huir de su país a causa de dictaduras opresivas —como es el caso de muchos dominicanos— o por guerras entre carteles de drogas —como ocurre entre los colombianos. Muchos inmigrantes latinoamericanos llegan a grandes ciudades de los Estados Unidos como Nueva York, Miami, Los Ángeles, El Paso y Phoenix, entre otras, para mejorar su condición social y económica.

Los inmigrantes latinoamericanos han ido formando una comunidad que tiene en común el idioma español y un pasado definido por la conquista española. Uno de los términos para referirse a los integrantes de esta comunidad latinoamericana en los Estados Unidos es «hispanos» o *Hispanics* que nos recuerda esa ascendencia común originaria de Hispania* que comparten.

---

[a] castigó

---

* «Hispania» fue el nombre romano de lo que hoy es la península Ibérica, donde se sitúan España, Portugal, Andorra y la colonia de Gibraltar.

LECTURA CULTURAL 1: Historia general de los hispanos en los Estados Unidos

España tuvo un imperio inmenso entre los siglos XVI y XIX: Poseía territorios en las Américas, África y Asia. A principios del siglo XIX, en Norteamérica, España dominaba los territorios de Utah, California, parte de Colorado, Nuevo México, Texas, Louisiana, Arizona y Florida. En aquella época, el imperio español estaba debilitado a causa de las guerras napoleónicas, ocasión que aprovecharon las colonias españolas en Latinoamérica para liberarse del dominio[a] español. Además, las ideas de la Ilustración y los modelos de la Revolución francesa y de la Guerra de Independencia de los Estados Unidos influyeron en el movimiento emancipador que surgió entre los criollos de Latinoamérica. Las guerras por la independencia en Latinoamérica empezaron en 1808 y terminaron en 1826. En aquel entonces sólo las islas caribeñas de Cuba y Puerto Rico no obtuvieron su independencia. En 1810 comenzó la Guerra de Independencia de México contra España y, después de once años de guerra, obtuvo su independencia.

A mediados del siglo XIX, los estadounidenses anglosajones se dirigieron al oeste del continente en búsqueda de oro y nuevos territorios. Llegaron así al territorio de Texas que pertenecía a México. Entre los años 1846 y 1848 tuvo lugar la Guerra méxicoamericana entre los estadounidenses y los mexicanos. México perdió la guerra y en 1848 se firmó el tratado de Guadalupe Hidalgo mediante el cual este país le cedió a[b] los Estados Unidos los territorios de Arizona, Nuevo México y partes de Utah, Nevada y Colorado. Además, México cedió todos sus derechos a Texas. Los Estados Unidos pagaron a México 15 millones de dólares.

Unos braceros en un campo de fresas

La Guerra hispanoamericana de 1898 entre España y los Estados Unidos puso fin al imperio español y definió a los Estados Unidos como la nueva potencia del mundo. En el Tratado de París del 10 de diciembre de 1898, España cedió a los Estados Unidos, por veinte millones de dólares, los territorios de Puerto Rico, Guam y las Filipinas. Desde ese momento, Puerto Rico pasó a ser colonia de los Estados Unidos. A pesar de que España le dio la independencia a Cuba, los Estados Unidos pudieron regular[c] la Isla hasta 1934 a través de la Enmienda Platt. Posteriormente, el naciente imperio estadounidense ocupó militarmente a Haití en 1914, a la República Dominicana en 1916, así como a diferentes países centroamericanos durante el resto del siglo XX.

A principios del siglo XX emigraron a los Estados Unidos muchos mexicanos pobres que huían de la calamidad nacional que causó la Revolución mexicana (1910–1920). También, después de la Primera Guerra Mundial (1914–1918), inmigrantes de países europeos se trasladaron a los Estados Unidos en búsqueda de una vida mejor lejos de los horrores de una guerra que paralizó a Europa y que le costó una larga y dolorosa recuperación.

Después de la Segunda Guerra Mundial (1939–1945), la pobreza extrema arropaba[d] a los campesinos mexicanos. La Revolución les había dado tierras, pero no los medios para trabajarlas. El hambre agobiaba a la clase pobre del país. En los Estados Unidos, los hombres estadounidenses estaban combatiendo en la Segunda Guerra Mundial, situación que creó demanda de mano de obra[e] en suelo norteamericano. En 1942, los presidentes Franklin D. Roosevelt de los Estados Unidos y Manuel Ávila Camacho de México establecieron el programa de braceros,[f] el cual les ofrecía visas de trabajo a los trabajadores mexicanos. Estos sembraban y cosechaban algodón, betabel[g] y otros cultivos.[h] Además de las labores agrícolas, el obrero mexicano trabajaba en la minería y en el ferrocarril. La inmigración de trabajadores indocumentados y la introducción de maquinaria que hacía más rápida la cosecha causaron que el gobierno estadounidense terminara el programa de braceros en 1964.

---

[a] poder que se ejerce sobre otras personas [b] cedió… *yielded to* [c] determinar las reglas a que debe ajustarse alguien [d] cubría [e] mano… *manual labor* [f] jornaleros [g] remolacha [h] *crops*

En el siglo XXI, la mayoría de los inmigrantes que vienen a los Estados Unidos son de países latinoamericanos. Todos estos países tienen una historia dominada por las luchas contra gobiernos militares, dictaduras y oligarquías.

Los inmigrantes huyen de los problemas políticos y económicos que tienen en su país y llegan a los Estados Unidos. Al mismo tiempo, buscan participar de la riqueza y prosperidad de su vecino del Norte.

La lucha entre países por adquirir territorio, oro y poder es algo que aparece en la historia de la humanidad desde el comienzo de los tiempos. Asimismo, las oleadas[i] de individuos pobres y oprimidos hacia las metrópolis modernas y ricas en busca de una vida mejor para ellos y sus familias, también es una de las constantes en la historia del ser humano.

---

[i]movimientos rápidos de mucha gente

DESPUÉS DE LEER

A. Comprensión

Conteste las siguientes preguntas sobre la lectura.

1. Cuando España era un imperio, ¿qué territorios de Norteamérica le pertenecían?
2. ¿Qué territorios perdió España a raíz de la Guerra de Independencia de México?
3. ¿Qué territorios adquieren los Estados Unidos como parte del Tratado de Guadalupe Hidalgo?
4. ¿Cómo obtuvieron los Estados Unidos los territorios de Arizona, Nuevo México y partes de Utah, Nevada y Colorado?
5. ¿Qué países estaban involucrados en la Guerra Hispanoamericana?
6. ¿Por qué emigraron los mexicanos a los Estados Unidos a principios del siglo XX?
7. En la actualidad, ¿cuál es el grupo de inmigrantes más grande en los Estados Unidos? ¿Por qué?

B. ¡A charlar!

En grupos de tres, comenten las siguientes preguntas y temas.

1. ¿En qué consistía el programa de braceros? ¿Qué opinan Uds. del programa?
2. ¿Por qué emigra la gente? ¿Qué hace que un grupo de personas abandone su país para irse a vivir a otro, probablemente de cultura y lengua diferentes?
3. En la lectura se habla de los motivos que impulsan a un imperio a rebasar sus fronteras en busca de más poder. ¿Creen que eso también pase hoy día? Expliquen por qué sí o no.
4. Cuando los Estados Unidos tomaron posesión de Texas, muchos de los mexicanos que vivían allí decidieron quedarse. Describan el proceso de adaptación por el que posiblemente pasaron.

C. Investigación y conversación

Paso 1. Para investigar y contestar las siguientes preguntas relacionadas con el tema de la lectura, visite su buscador preferido en Internet y utilice las palabras clave que aparecen después de cada pregunta como punto de partida.

1. Busque información sobre la historia de la inmigración de por lo menos tres grupos distintos de inmigrantes hispanos que vinieron a los Estados Unidos durante los siglos XX y XXI. ¿Por qué salieron de sus países de origen? ¿Cuáles fueron las condiciones políticas, económicas y sociales que les obligaron a salir de su país?

   (*inmigración mexicana/cubana/salvadoreña/dominicana + EE.UU.*)

2. ¿Qué agencias de gobierno están a cargo de los inmigrantes? ¿Qué papel desempeñan? ¿Cuáles son las leyes de inmigración de este país? ¿Qué servicios les ofrecen a los inmigrantes? Explique.

   (*agencias/leyes de inmigración + EE.UU., servicio de ciudadanía EE.UU., visas/visados + EE.UU.*)

Paso 2. En grupos de tres, compartan los resultados de su investigación del **Paso 1.**

Paso 3. Comenten las siguientes preguntas.

1. ¿Qué les impresionó mas sobre cada grupo de inmigrantes hispanos que investigaron?
2. ¿Qué opinan de las leyes de inmigración de este país? ¿Son justas?
3. ¿Qué opinan de los servicios que hay a disposición de los inmigrantes?
4. ¿Han tenido que pasar Uds. o alguien de su familia por el proceso de inmigración? Discutan las emociones que se sienten al pasar por dicho proceso.

LECTURA CULTURAL 2: La identidad hispana en los Estados Unidos

Al llegar a los Estados Unidos, el inmigrante hispano se da cuenta de que tiene que sobrevivir en un ambiente nuevo donde las diferencias de clase, raza, etnia, lengua y cultura, entre otras, representan serios obstáculos para ajustarse al nuevo ambiente. Aunque el proceso de adaptación es arduo,[a] las oportunidades que se le presentan superan, en la mayoría de los casos, las condiciones de la vida de su país de origen.

El que llega por primera vez o el de primera, segunda o tercera generación en el país descubre que aquí existe la posibilidad de realizar mejor su potencial humano. Algunos se reafirman como un ser bicultural y bilingüe con mucho que aportar a los Estados Unidos donde viven y piensan quedarse. Otros, con el paso del tiempo, se asimilan completamente. Y hay otros que mantienen su lengua y cultura y hasta rehúsan participar completamente en la experiencia «americana».

En los Estados Unidos, se tiende a considerar a gente de ascendencia hispana como un grupo homogéneo a causa de su herencia hispana y el hecho de que habla español, entre otros factores. Aunque los grupos hispanos sean parecidos en sus actitudes ante la vida, costumbres y valores, existen entre ellos diferencias profundas.

---

[a]muy difícil

Sonia Sotomayor, la primera jueza hispana en el Tribunal Supremo, con su familia

En realidad los hispanos pertenecen a grupos culturales distintos y tienen su propia identidad cultural basada en sus países de origen respectivos. Su producción cultural en este país se basa en la cultura de sus antepasados que es una mezcla de la herencia europea, indígena y/o africana. La música de uno no es la misma que la de otro. Lo mismo ocurre con las tradiciones, celebraciones, comidas y con las variantes del idioma español que hablan. Esta producción cultural distinta se hace patente[b] en restaurantes, barrios, instituciones y en muchos otros contextos, sobre todo en las grandes ciudades de los Estados Unidos. Sin embargo, los hispanos permiten la clasificación homogénea con que otros los etiquetan por la necesidad de estar unidos en los frentes políticos y económicos.

Este grupo considerado homogéneo es en realidad heterogéneo. A pesar de estas diferencias, se unen ante las luchas políticas y económicas que tienen que enfrentarse en este país. Esta comunidad hispana poco a poco se va integrando a la estadounidense, pero sin perder sus propias características culturales y así rehacen los centros urbanos y la cultura en general de los Estados Unidos.

_____

[b] evidente

DESPUÉS DE LEER

A. Comprensión

Conteste las siguientes preguntas sobre la lectura.

1. ¿A qué se enfrenta el inmigrante hispano cuando llega a los Estados Unidos?
2. ¿Por qué en los Estados Unidos se tiende a considerar a los hispanos como un grupo heterogéneo?
3. ¿Qué une a los hispanos en los Estados Unidos? ¿Qué los diferencia?
4. ¿En qué se refleja la producción cultural de los hispanos en las ciudades de los Estados Unidos?

B. ¡A charlar!

En grupos de tres, comenten las siguientes preguntas y temas.

1. ¿Se ven a Uds. mismos como individuos híbridos y biculturales? Expliquen.
2. ¿Consideran que los hispanos en los Estados Unidos forman un grupo homogéneo? ¿O creen que forman grupos heterogéneos? Expliquen.
3. ¿Cómo contribuyen los hispanos al desarrollo de los centros urbanos y de la cultura en general de los Estados Unidos?

C. Investigación y conversación

Paso 1. Para investigar y contestar las siguientes preguntas relacionadas con el tema de la lectura, visite su buscador preferido en Internet y utilice las palabras clave que aparecen después de cada pregunta como punto de partida.

1. Busque información sobre las diferentes aportaciones de los latino-americanos en tres ciudades importantes de los Estados Unidos durante los siglos XX y XXI. Estas aportaciones pueden ser en el arte, la literatura, la música, etcétera. ¿Cuáles son estas aportaciones? ¿Cambian de alguna forma la ciudad en donde se encuentran? ¿Qué aportan a la ciudad y a los residentes del área?

   (*Los Ángeles/Nueva York/Miami + cultura hispana*)

2. ¿Cuáles son las aportaciones a los Estados Unidos de los diferentes grupos latinoamericanos, como por ejemplo, las de los cubanos, mexicanos, guatemaltecos, etcétera? ¿Cuáles son las diferencias y similitudes entre estas aportaciones?

   (*arte hispanos EE.UU., ciencias hispanos EE.UU., comida hispanos EE.UU., fiestas hispanos EE.UU.*)

Paso 2. En grupos de tres, compartan los resultados de su investigación del **Paso 1.**

Paso 3. Comenten las siguientes preguntas.

1. En cuanto a las aportaciones de los latinoamericanos a ciudades estadounidenses, ¿cambian la ciudad en donde se encuentran? ¿Qué aportan a la ciudad y a los residentes del área?

2. ¿Existen muchas diferencias entre las aportaciones provenientes de un grupo latinoamericano y otro? ¿Por qué creen que existen esas diferencias?

3. ¿Creen que estas aportaciones son importantes para el desarrollo de las ciudades estadounidenses? Expliquen.

LECTURA CULTURAL 3: Aportaciones de los hispanos a la cultura estadounidense

La cultura de una nación se refleja en todo aquello que pone de manifiesto sus tradiciones, costumbres y valores. Los pueblos revelan su cultura por medio de su literatura, artes plásticas, expresión culinaria, celebraciones, ritos, etcétera. De la misma manera, la cultura hispana en los Estados Unidos se manifiesta principalmente en la música, la comida, la lengua, las fiestas y celebraciones, el arte y la literatura. La expresión de todos estos aspectos culturales en el ambiente estadounidense es lo que está cambiando la faz[a] de esta nación.

En los Estados Unidos, ahora se comen tacos tanto como hamburguesas. Se celebran el 5 de Mayo y el Día de los Muertos. Hay tiendas especializadas en productos latinoamericanos donde se consigue todo lo necesario para las fiestas y celebraciones hispanas. Algunos de estos productos ya se han incorporado a las celebraciones estadounidenses como sucede con la piñata en los cumpleaños. Los comercios estadounidenses ofrecen productos típicos de la dieta de la población hispana, aunque no es de extrañar que ya muchas personas que no son hispanas los consuman

---

[a] cara

Algunas muestras de la comida mexicana

también. La dieta estadounidense se ha enriquecido con los sabores de la dieta hispana. El chile y el cilantro ya son productos básicos en las alacenas[b] de este país y se encuentran en todos los supermercados.

La música latinoamericana es también parte del repertorio estadounidense. Los ritmos caribeños, la música norteña, la cumbia y otros ritmos latinos, se escuchan en emisoras hispanas en los Estados Unidos y los CDs se pueden comprar en las grandes cadenas de tiendas y en el Internet.

Una de las influencias culturales más significativas es la de la lengua. El español se está infiltrando en el inglés y viceversa. Es en este área que más se percibe el proceso de transculturación de los inmigrantes de segunda y tercera generación. Muchos hispanos bilingües, a causa del contacto lingüístico entre el inglés y el español, poseen una tercera versión de la lengua que consiste en una mezcla de inglés y español conocida como *espanglish*. Este intercambio o fusión de palabras de dos idiomas crea una especie de dialecto que está fuera de las normas aceptadas por los puristas de la lengua. Decir «jangueo» por *hang out* o «raite» por *ride* o «lonche» por *lunch* son algunas de muchas palabras adaptadas por el hispano residente en los Estados Unidos. También en inglés se dicen ciertas palabras y frases en español por el contacto entre los dos idiomas. Ya los anuncios y programas de televisión y otros medios de comunicación insertan palabras y frases en español como parte de su mensaje, por ejemplo, «No problemo» (aunque no es totalmente correcto), «vámonos», «fiesta» y muchas otras.

Lo que indica todo esto es que la lengua es algo vivo que evoluciona con el tiempo y las circunstancias. En concreto, la lengua del latinoamericano evoluciona y se adapta dentro del contexto de los Estados Unidos.

La cultura hispana está cambiando la cultura estadounidense propiamente dicha. Los hispanos en los Estados Unidos son una parte importante de una nación que cada día se va haciendo más multicultural, multiétnica y multilingüe.

---

[b] *cupboards*

DESPUÉS DE LEER

A. Comprensión

Conteste las siguientes preguntas sobre la lectura.

1. ¿Cuáles son las principales manifestaciones de la cultura latinoamericana en los Estados Unidos?
2. ¿Cómo se ha enriquecido la dieta estadounidense con la influencia culinaria latinoamericana?
3. ¿Qué es el *espanglish*?
4. ¿Cómo se describen los cambios que han ocurrido en la cultura estadounidense a causa de la influencia cultural hispana?

B. ¡A charlar!

En grupos de tres, comenten las siguientes preguntas y temas.

1. ¿Cómo han influido en su propia dieta los distintos tipos de comida latinoamericana?
2. ¿Hablan Uds. *espanglish*? ¿Lo hablan muchas personas que Uds. conocen? Den ejemplos.

3. ¿Qué fiestas y celebraciones estadounidenses se han visto influencia-
das por las costumbres que aportan los inmigrantes hispanos?

C. Investigación y conversación

Paso 1. Para investigar y contestar las siguientes preguntas relacionadas con el
tema de la lectura, visite su buscador preferido en Internet y utilice las palabras
clave que aparecen después de cada pregunta como punto de partida.

1. ¿Cuáles son algunas frases o palabras en español o *espanglish* que se
   usan en anuncios, principalmente en inglés, de televisión, cine o
   revistas? ¿A qué publico van dirigidos estos anuncios?

   (*anuncios* espanglish, espanglish *publicidad*)

2. Busque información sobre las dos posturas respecto al «espanglish»?
   ¿Cómo se sienten los puristas de la lengua? ¿Cómo se sienten los
   que lo apoyan?

   (*actitudes* spanglish, *en contra de* espanglish, *a favor de* espanglish, *Ilan
   Stavans* espanglish)

Paso 2. En grupos de tres, compartan los resultados de su investigación del
Paso 1.

Paso 3. Comenten las siguientes preguntas.

1. ¿Por qué creen Uds. que se usen frases y palabras en español o
   espanglish en los anuncios? ¿Qué efecto tienen en el público?

2. ¿Qué opinan del *espanglish*? ¿Creen que las lenguas híbridas
   destruyan las lenguas originales de las que se derivan? Expliquen.

Ortografía

Errores de uso común

En el español, como en cualquier otro idioma, los errores comunes se repi-
ten y siguen un patrón regular. Estos errores se cometen tanto en la lengua
hablada como en la lengua escrita. La siguiente lista, organizada según la
función gramatical, contiene algunos de los errores de uso común.

VERBOS

- La conjugación del pretérito de la segunda persona singular

FORMA CORRECTA	FORMA INCORRECTA
condujiste	~~conducistes~~
ganaste	~~ganastes~~
hablaste	~~hablastes~~
hiciste	~~hicistes~~

- Las conjugaciones de verbos con raíces irregulares que terminan con
  -j- en el imperfecto de subjuntivo en todas las personas

FORMA CORRECTA	FORMA INCORRECTA
tradujera, tradujeras, tradujera, tradujéramos, tradujerais, tradujeran	~~tradujera, traducieras, traduciera, traduciéramos, traducierais, traducieran~~
trajera, trajeras, trajera, trajéramos, trajerais, trajeran	~~trayera, trayeras, trayera, trayéramos, trayerais, trayeran~~

- Otros verbos en general

FORMA CORRECTA	FORMA INCORRECTA
estábamos	~~estábanos~~
haber	~~a ver~~
hace (en el contexto de la hora)	~~hacen~~
haya	~~haiga, haigan~~
íbamos	~~íbanos~~
quepo	~~cabo~~

ADVERBIOS

FORMA CORRECTA	FORMA INCORRECTA
desde	~~dende~~

PRONOMBRES

FORMA CORRECTA	FORMA INCORRECTA
nadie	~~naiden~~

Además, hay algunas palabras en español, conforme a su función gramatical, que llevan acento en ciertos casos y lo pierden en otros. A la hora de escribir esto tiende a causar problemas.

PALABRA	FUNCIÓN GRAMATICAL	EJEMPLO
por qué	adverbio en frases interrogativas	¿**Por qué** te vas?
por qué	adverbio	No sabemos **por qué** renunció.
porque	conjunción	Comí **porque** tenía hambre.
(el) porqué	sustantivo	Explícame **el porqué** de tu pena.
qué	adjetivo en frases interrogativas	¿**Qué** necesitas?
qué	adjetivo en frases exclamativas	¡**Qué** buen trabajo hiciste!
qué	adjetivo	Quiero saber **qué** hiciste.
que	conjunción	Es necesario **que** llegues hoy.
que	pronombre relativo	El chico **que** vino ayer es de Miami.

Práctica

A. Escoja la forma correcta.

1. Se fue del país ____ necesitaba trabajar.
   a. porque   b. por que   c. porqué

2. Quería que ____ el documento de inmigración.
   a. tradujeras   b. tradujieras   c. traducieras

3. ____ muy tranquilos hasta que llegaste.
   a. Estábanos   b. Estabamos   c. Estábamos

4. Quiere que ____ suficiente para todos.
   a. haiga   b. haya   c. aiy

5. Hace una hora ____ te espero.
   a. porque   b. qué   c. que

6. No hay ____ aquí que hable inglés.
   a. nadie   b. nadien   c. naiden

7. ¿Qué ____ en Las Vegas?
   a. ganastes   b. ganaste   c. ganes

8. ____ tres horas que se fue.
   a. Hace   b. Hacen   c. Hice

9. Vamos ____ qué hay de nuevo.
   a. aver   b. a ver   c. haber

10. ¿ ____ tú el carro a Miami o fue Marcia?
    a. Conduciste   b. Condujiste   c. Conducistes

B. Lea el siguiente pasaje. Haga las correcciones necesarias y escríbalo de nuevo en una hoja de papel aparte.

Hacen diez años que la familia Rojas, todos ellos campesinos, se fue a los Estados Unidos. Naiden que los conociera sabía el porque de su decisión. Fue tan repentina su partida. Dejaron todo: su familia, sus vecinos, las vacas y las cabras. Estábanos tan sorprendidos. Era una familia muy humilde y sencilla, pero muy generosa y amable. ¡Que tristes estaban cuando salieron! En su nuevo país lograron realizar todos sus sueños en muy poco tiempo. Pero, ¿cual sería el por que de su partida? Haigan los problemas que haigan en el país, de aquí yo no me voy.

Gramática

El imperfecto de subjuntivo

Conjugación de los verbos del imperfecto de subjuntivo

Para formar las conjugaciones de los verbos en el imperfecto de subjuntivo, a la base de la tercera persona plural del pretérito de indicativo menos la terminación **-on** se le agregan las siguientes terminaciones: **-a, -as, -a, '-amos,** * **-ais, -an.**† Por lo tanto, el imperfecto de subjuntivo mantiene las mismas irregularidades que se encuentran en la tercera persona plural del pretérito de indicativo.

- Verbos regulares

INFINITIVO	PRETÉRITO		IMPERFECTO DE SUBJUNTIVO
hablar	hablar~~on~~	→	**hablara, hablaras, ...**
comer	comier~~on~~	→	**comiera, comieras, ...**
vivir	vivier~~on~~	→	**viviera, vivieras, ...**

---

*Para mantener la sílaba tónica en la última sílaba de la base, hay que agregar un acento escrito en la forma de la primera persona plural: **dudar** → dudáramos, **correr** → corriéramos, **recibir** → recibiéramos, **reventar (ie)** → reventáramos, **torcer (ue)** → torciéramos, **servir (i, i,)** → sirviéramos, **construir (y)** → construyéramos, **ir** (*irreg.*) → fuéramos, etcétera.
†En la mayoría de las variedades del español, se emplean las formas del imperfecto de subjuntivo que terminan en **-ra** + las terminaciones personales.

hablara, hablaras, hablara, habláramos, hablarais, hablaran
hubiera, hubieras, hubiera, hubiéramos, hubierais, hubieran

En ciertos casos, sobre todo en España y en ciertas partes de Latinoamérica, se usan las formas del imperfecto de subjuntivo que terminan en **-se** + las terminaciones personales en vez de **-ra** + las terminaciones personales.

hablase, hablases, hablase, hablásemos, hablaseis, hablasen
hubiese, hubieses, hubiese, hubiésemos, hubieseis, hubiesen

Las dos formas son correctas, pero aquí se estudiarán y se practicarán las formas en **-ra**.

- Verbos de cambio radical

  Con respecto a los verbos que terminan en **-ar** y **-er,** ya que no hay cambios de raíz en la tercera persona plural del pretérito, tampoco los hay en el imperfecto de subjuntivo.

  empezar (ie): empezar~~on~~ → **empezara, empezaras, ...**
  volver (ue): volvier~~on~~ → **volviera, volvieras, ...**

  Para los verbos que terminan en **-ir,** las conjugaciones del imperfecto de subjuntivo en todas las personas reflejan el cambio de raíz en la tercera persona plural del pretérito.

  dormir (ue, u): durmier~~on~~ → **durmiera, durmieras, ...**
  pedir (i, i): pidier~~on~~ → **pidiera, pidieras, ...**

- Verbos con cambios ortográficos

  En cuanto a los verbos con un cambio ortográfico en la tercera persona plural del pretérito de indicativo, en el imperfecto de subjuntivo todas las personas reflejan el cambio de la **i** a la **y** entre dos vocales.*

  creer (y): creyer~~on~~ → **creyera, creyeras, ...**

- Verbos irregulares en el pretérito

  Los verbos irregulares en el pretérito —dar, decir, estar, haber, hacer, ir, poder, poner, querer, saber, ser, tener, y venir— tienen la misma irregularidad en el imperfecto de subjuntivo.

dar:	dier~~on~~	→	**diera, dieras, ...**
decir:	dijer~~on~~	→	**dijera, dijeras, ...**
estar:	estuvier~~on~~	→	**estuviera, estuvieras, ...**
haber:	hubier~~on~~	→	**hubiera, hubieras, ...**
hacer:	hicier~~on~~	→	**hiciera, hicieras, ...**
ir:	fuer~~on~~	→	**fuera, fueras, ...**
poder:	pudier~~on~~	→	**pudiera, pudieras, ...**
poner:	pusier~~on~~	→	**pusiera, pusieras, ...**
querer:	quisier~~on~~	→	**quisiera, quisieras, ...**
saber:	supier~~on~~	→	**supiera, supieras, ...**
ser:	fuer~~on~~	→	**fuera, fueras, ...**
tener:	tuvier~~on~~	→	**tuviera, tuvieras, ...**
venir:	vinier~~on~~	→	**viniera, vinieras, ...**

  En el **Capítulo 7** se presentaron los usos del presente de subjuntivo. Los usos del imperfecto de subjuntivo son parecidos a los del presente de subjuntivo con la diferencia de que en el caso del imperfecto de subjuntivo, la acción de la cláusula principal ocurre en el pasado. Como se vio en el capítulo anterior, el presente de subjuntivo se usa en cláusulas nominales, adjetivales y adverbiales. Ocurre el imperfecto de subjuntivo en las mismas situaciones, pero el verbo en la cláusula principal tiene que estar en el pasado.

- Cláusulas nominales

  PRESENTE DE
  PRESENTE   SUBJUNTIVO

  Mi madre quiere que yo estudie para abogada.

---

*Algunos verbos que siguen este patrón son: atribuir, caer, concluir, constituir, construir, contribuir, creer, destituir, destruir, disminuir, distribuir, excluir, huir, incluir, leer, poseer, reconstruir y sustituir.

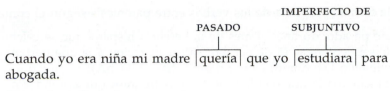

Cuando yo era niña mi madre │quería│ que yo │estudiara│ para abogada.

- Cláusulas adjetivales

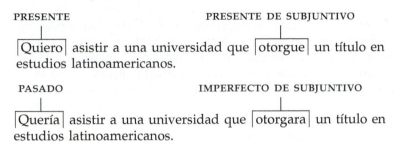

PRESENTE · · · · · · · · · · · · · · · · · PRESENTE DE SUBJUNTIVO

│Quiero│ asistir a una universidad que │otorgue│ un título en estudios latinoamericanos.

PASADO · · · · · · · · · · · · · · · · · IMPERFECTO DE SUBJUNTIVO

│Quería│ asistir a una universidad que │otorgara│ un título en estudios latinoamericanos.

- Cláusulas adverbiales

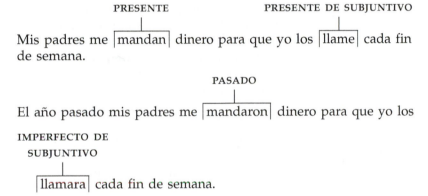

PRESENTE · · · · · · · · · · · · · · · PRESENTE DE SUBJUNTIVO

Mis padres me │mandan│ dinero para que yo los │llame│ cada fin de semana.

PASADO

El año pasado mis padres me │mandaron│ dinero para que yo los

IMPERFECTO DE
SUBJUNTIVO

│llamara│ cada fin de semana.

En el primer ejemplo de cada tipo de cláusula subordinada, el verbo de la cláusula principal está en el presente, por eso se usa el presente de subjuntivo en la cláusula subordinada. En el segundo ejemplo de cada sección, el verbo de la cláusula principal está en el pasado, por eso se usa el imperfecto de subjuntivo en la cláusula subordinada. Esto quiere decir que el imperfecto de subjuntivo, aunque esté en el pasado, también expresa una situación irreal como deseos, reacciones emotivas ante una situación, duda y negación de algo que ya ocurrió.

Práctica

A. Complete lógicamente las siguientes oraciones. Use el imperfecto de subjuntivo.

1. Mis padres siempre querían que yo…
2. El profesor que tuvimos el semestre pasado exigía que nosotros…
3. A nuestro profesor le molestaba que nosotros…
4. En la escuela secundaria era importante que nosotros…
5. Cuando era niño/a me daba mucho gusto que mis padres…
6. La administración de mi escuela secundaria requería que nosotros…
7. En la escuela primaria siempre me sorprendía que nuestra profesora…
8. No creí que el examen del capítulo anterior…
9. Cuando vivía en la casa de mis padres estaba prohibido que nosotros…
10. El año pasado mis amigas esperaban que todos nosotros…

B. Dé la forma apropiada de los verbos entre paréntesis según el contexto.

El año pasado, durante el mes de la herencia hispana que se celebró del 15 de septiembre al 15 de octubre, la organización a la que pertenezco, el Movimiento Estudiantil Chicano de Aztlán (MEChA)* organizó una gran celebración en la universidad, pero todos tuvimos que aprender mucho sobre cómo trabajar juntos. Por un lado, algunos miembros de MEChA querían que nosotros (1. invitar) a un ballet folclórico por la mañana y que (2. traer) una banda de reggaetón por la noche. Otros preferían que le (3. pagar) a un experto en la historia de MEChA y que no (4. gastar) dinero en bandas de música. Las MEChistas exigían que ese experto (5. ser) una mujer y que nosotros (6. mostrar) películas sobre la historia del movimiento chicano. Nuestro consejero de MEChA no creía que nosotros (7. poder) llegar a un acuerdo y decía que iba a ser una lástima que nuestros planes (8. cancelarse). Cuando algunos miembros de la organización se dieron cuenta de lo que pasaba llamaron a una reunión especial y recomendaron que nosotros (9. hacer) una lista de las prioridades del evento y que (10. votar) para ver qué ideas recibían más votos. Aunque algunos miembros preferían que (11. resolverse) las diferencias sin votación, la mayoría de los miembros decidió que era importante que todos (12. participar) en la votación y así se hizo. El resultado fue que trajimos un grupo folclórico, una experta en el movimiento chicano y mostramos varias películas por la noche e invitamos a miembros de la comunidad. Después de todo eso, ¡fue una gran celebración!

C. Dé la forma apropiada de los verbos entre paréntesis según el contexto.

1. Mi tío Carlos necesitaba un carro que (ser) económico y (funcionar) bien.
2. El semestre pasado yo buscaba un trabajo que (pagar) bien y (estar) cerca de mi casa.
3. El año pasado yo quería vivir en un vecindario donde no (haber) violencia y que (tener) muchos restaurantes buenos.
4. Nosotros íbamos a salir para Miami tan pronto como (poder).
5. Queríamos llegar antes de medianoche a menos que el tiempo (impedir) la salida del vuelo.
6. Yo creía que mis primas iban a venir a visitarnos a Madrid aunque (llover).
7. Queríamos preparar la cena despúes de que los huéspedes (llegar).
8. Yo necesitaba ordenar mi cuarto antes de que mamá (pasar) la aspiradora.
9. Tenía que ir al supermercado tan pronto como tú y yo (terminar) la tarea.
10. Era importante que el perro (quedarse) afuera para que los niños no (tener) miedo.

El uso del imperfecto de subjuntivo con el si hipotético

En oraciones que expresan acciones contrarias a los hechos, es decir, lo que se haría en una situación hipotética, se usa el imperfecto de subjuntivo. En estos casos, la cláusula principal lleva el verbo en el condicional mientras que en la cláusula subordinada que contiene el **si** hipotético se usa el imperfecto de subjuntivo.

> **Podría** tomar otra clase **si tuviera** más tiempo libre.
>
> **Llegaría** a clase a tiempo **si me levantara** más temprano.

---

*MEChA es una organización estudiantil en los Estados Unidos que promueve el acceso a la educación superior, la cultura y la historia chicana.

En ambos ejemplos la cláusula subordinada con **si** lleva el verbo en el imperfecto de subjuntivo mientras que la cláusula principal se conjuga en el condicional de indicativo.

Es de notar que la cláusula subordinada con **si** con mucha frecuencia se usa para comenzar la oración.

> **Si tuviera** el tiempo, **podría** tomar otra clase.
>
> **Si me levantara** más temprano, **llegaría** a clase a tiempo.

Cuando se usa una expresión con **si** con el verbo en el imperfecto de subjuntivo, se expresa una situación contraria a la realidad. Pero también se puede usar una cláusula subordinada con **si** con el verbo en el indicativo. Entonces el verbo en la cláusula principal también se conjuga en el indicativo. Cuando se usa el indicativo en la cláusula subordinada, no se expresa una situación hipotética sino una habitual (con el presente o imperfecto de indicativo en la cláusula principal) o posible (con el futuro de indicativo en la cláusula principal) si se cumple la situación estipulada en la cláusula subordinada.

> **Si tengo** tiempo, siempre **tomo** otra clase. (situación habitual)
>
> Cuando estudiaba en la universidad, **si tenía** tiempo **tomaba** otra clase. (situación habitual en el pasado)
>
> **Si tengo** tiempo, **tomaré** otra clase. (situación posible en el futuro)

Práctica

A. Dé la forma apropiada del verbo entre paréntesis.

1. Si nosotros (ir) a San Antonio, visitaríamos el museo del Álamo.
2. Si yo no (tener) exámenes finales, te acompañaría a visitar a tu familia en Los Ángeles.
3. Si nosotros (preparar) el examen final, no sería tan difícil.
4. Si me (ganar) la lotería, daría mucho dinero al Hispanic Scholarship Fund.
5. Si (poder) invitar a una mujer hispana famosa a mi universidad, invitaría a Dolores Huerta.
6. Si yo (ser) tú, estudiaría más antes del examen final.
7. Si nosotros (pasar) más tiempo en la biblioteca, sacaríamos mejores notas.
8. Si yo (estar) en mejor forma, correría en un maratón.
9. Si la profesora (saber) que nosotros estudiamos mucho, tal vez nos daría menos exámenes.
10. Si yo (conocer) al presidente, le hablaría de los retos de los estudiantes.

B. Complete lógicamente las siguientes oraciones.

1. Si yo no fuera estudiante, …
2. Iríamos a la playa todos los días si…
3. Si me ganara la lotería, …
4. Si pudiera cambiar algo de mi pasado, …
5. Si pudiera vivir en otra época, …
6. Me casaría el próximo año si…
7. Si tuviéramos más tiempo durante el fin de semana, …
8. Si pudiera salir con una persona famosa, …
9. Yo estaría en mejor forma si…
10. Si pudiera tener cualquier talento artístico, …

El uso del imperfecto de subjuntivo con **como si**

Con la frase **como si,** siempre se usa el imperfecto de subjuntivo porque también introduce una idea contraria a los hechos.

> Jane habla español **como si fuera** una hispanohablante nativa.
> Mis padres gastan dinero **como si fueran** ricos.

Práctica

Complete lógicamente las siguientes oraciones.

1. Nosotros vivimos como si...
2. La pareja baila como si…
3. Ellas hablan como si…
4. Yo canto como si…
5. Tú nadas como si…

Nuestro idioma

Palabras en español de origen inglés

En el mundo hispanohablante existe una influencia indiscutible del inglés en el campo de la tecnología y en los medios de comunicación. Existe también una gran difusión de la cultura estadounidense por medio de revistas, periódicos, la televisión, el cine y el Internet. La industria del cine, la música y los deportes son áreas en los que ejercen los Estados Unidos una influencia notable en todo el mundo y, como resultado, el idioma español ha adoptado una variedad de palabras de origen inglés. La globalización se ha intensificado el intercambio cultural entre los

Las banderas de los Estados Unidos y el Reino Unido

Estados Unidos y los países de habla hispana. La facilidad de comunicación terrestre, aérea y cibernética ha aumentado este contacto. La presencia de Gran Bretaña en Latinoamérica siglos atrás, también dejó algunas palabras inglesas en el español. La siguiente es una lista de algunas palabras españolas de origen inglés.

el aeróbic	el gol	el pedigrí
el bacón	el/la hippie	el pudin/budín
el bol	el hobby	el slip
el casting	el iceberg	el suéter
el chip	el jersey	el túnel
el chut	el líder	el vagón
el córner	el living	el voleibol
el esmoquin	el/la mánager	el yate
el ferry	el módem	
el footing	parquear	

Actividades

A. Conteste las siguientes preguntas.

1. ¿Sabe Ud. lo que significan estas palabras de origen inglés? Si hay algunas que no conoce, búsquelas en el diccionario y apréndalas.

2. ¿Emplea Ud. algunas de las palabras de esta lista? ¿Cuáles usa?

3. ¿Conoce Ud. otras palabras en español que tienen uso general en países hispanos específicos como **el freezer** en Puerto Rico y **el living** en Argentina?

B. En parejas, identifiquen categorías o patrones con respecto a estas palabras. ¿Qué conclusiones se pueden sacar al analizar esta lista?

Escritura

El editorial

Los periódicos y revistas tienen un consejo editorial que representa su opinión a través de ensayos conocidos como «editoriales». El editorial es un ensayo periodístico que casi siempre es anónimo en el sentido de que no representa la voz de un individuo sino la del periódico. Este grupo, cuyos miembros se conocen como «editorialistas», interpreta la posición del periódico en cuanto a los temas de interés de la actualidad lo que permite al lector conocer la opinión de dicho periódico sobre un tema dado. El editorial siempre aparece en la sección de opiniones de un periódico, ya que en este se presenta una opinión.

Los temas pueden ser de gran importancia política, económica, social o cultural o sobre noticias del momento. El tono del editorial puede variar desde muy serio y polémico (*controversial*) hasta más neutral y explicativo (*explanatory*).

La labor de los editorialistas consiste en: recoger todos los datos relacionados con el tema; exponer, aclarar e interpretar dichos datos; y presentarlos al lector de forma clara y precisa para que el lector vea la postura del periódico.

La estructura del editorial es parecida a la de otros estilos de escritura que hemos visto dado que tiene una introducción, un desarrollo y una conclusión. En muchos casos, se aproxima al formato de un ensayo expositivo (**Capítulo 4**) o al de un ensayo argumentativo (**Capítulo 6**).

- Introducción

  Un párrafo que resume el tema que trata y la postura del equipo editorial respecto al tema

- Desarrollo

  El cuerpo del ensayo en el que se exponen los datos recogidos que apoyan la postura del periódico

- Conclusión

  Una conclusión que pone de relieve la posición del equipo editorial sobre el tema

Cómo realizar un editorial

Paso 1: Identificar el tema

- Escoja el tema que va a presentar.
- Determine la posición que va a asumir con respecto al tema.
- Busque información sobre el tema.
- Tome apuntes sobre datos, citas, anécdotas, sus opiniones personales y las de otras personas.

Paso 2: Organizar la información

- Estudie la información que ha recopilado y escoja lo que quiere presentar en el editorial.
- Desarrolle su tesis.

Paso 3: Identificar al lector para el cual escribe

- Investigue quiénes forman la mayoría del público que leerá el editorial.
- Determine el tono y el estilo que usará basándose en el público que lo leerá.
- Determine la técnica que usará. ¿Comparación y contraste? ¿Causa y efecto? Determine el formato. ¿El de un ensayo expositivo? ¿El de un ensayo argumentativo? Repase los capítulos en que se tratan estos estilos de escritura.

Paso 4: Escribir un esquema

- Revise sus apuntes, organice sus ideas y escriba un esquema.

Paso 5: Escribir el primer borrador

- Desarrolle el primer borrador según el orden del esquema.
- Revise los párrafos y las oraciones para ver si estos conducen al lector a entender la posición del periódico en cuanto al tema.
- Escriba la conclusión y asegúrese de que esta surja de las ideas que expuso en el cuerpo del editorial.

Paso 6: Evaluar el primer borrador

- Lea de nuevo el primer borrador.
- Identifique claramente la introducción, el desarrollo y la conclusión.
- Tome apuntes sobre lo que crea necesario corregir.
- Comparta el editorial con un compañero (una compañera) para que lo lea y le haga sugerencias para mejorarlo.
- Evalúe las sugerencias de su lector(a) y escoja las que quiere incorporar.

Paso 7: Reescribir

- Revise cuidadosamente la gramática, la ortografía y la construcción de las oraciones y los párrafos.

- Revise detenidamente el texto hasta que el texto final sea satisfactorio.
- Escriba la versión final del editorial.

Ejemplo de un editorial*

«Es ahora o nunca»

Sí, lo sé, que con el tema de inmigración en nuestras páginas parecemos cuchillito de palo.[a] Pero saben qué, en *La Raza* creemos que esta insistencia refleja el genuino interés de la mayoría de nuestros lectores por una reforma migratoria integral. El artículo principal de esta edición refleja la injusticia que padece un joven estudiante que ha crecido en este país y ahora enfrenta la deportación por no tener «papeles». Como él, miles sufren la misma situación. El senador por Illinois Dick Durbin reintrodujo hace unos días la propuesta de ley *Dream Act,* un esfuerzo para dar residencia permanente a unos 68 mil estudiantes indocumentados traídos de niños por sus padres y que ahora serían más estadounidenses que muchos otros a no ser por la falta de la «*green card*». Nuestro sistema de leyes migratorias es tan deficiente que la propia Asociación Nacional de Abogados de Migración advierte que el tema no puede ser soslayado[b] en medio de la presente recesión. En su último informe el grupo asegura que ha recibido numerosas afirmaciones de los legisladores anticipando una reforma migratoria integral este año. No obstante, la agrupación alerta que si la ley no pasa en 2009, será imposible de promulgar[c] con las elecciones intermedias del próximo año. «Esto quiere decir que si se pierde la presente ventana para su aprobación, la reforma migratoria integral no sería discutida sino hasta el 2011», previenen.[d] Al esfuerzo de Durbin en busca de medidas de legalización se suma la campaña Familia Unida del congresista Luis Gutiérrez. El momento está creciendo. Pero el cielo está lleno de buenas intenciones, por lo que todos los interesados debemos involucrarnos en la campaña. Una buena idea de participación es la marcha del próximo viernes 1 de mayo en Chicago. ¡Sí se puede!

---

[a]parecemos… *we sound like a broken record*   [b]evitado   [c]publicar formalmente una ley
[d]advierten

---

*Se publicó el editorial el 5 de abril de 2009 en el periódico *La Raza* de Chicago. © 2009 *La Raza* newspaper. All rights reserved. Used by permission.

Práctica

A. Identifique las características de un editorial en el ejemplo anterior. ¿Cuál es el tema? ¿Cuál es la posición del periódico con respecto al tema? ¿Qué técnica de escritura utilizaron los editorialistas? ¿Cuál es el formato del editorial?

B. Busque algunos editoriales de periódicos hispanos. Identifique las características de un editorial y explique la posición del grupo editorial. ¿Qué mensaje quiere darle al lector?

¡Vamos a escribir!

Escriba un editorial sobre algún tema de interés actual que afecte a los hispanos en los Estados Unidos. Escoja un periódico hispano en el que le gustaría publicar el editorial y escriba para su público.

Ileana Ros-Lehtinen

Ileana Ros-Lehtinen nació en La Habana y reside actualmente en el estado de Florida. Ros-Lehtinen obtuvo una maestría en liderazgo educacional en la Universidad Internacional de la Florida y un doctorado en Educación Superior en la Universidad de Miami. Antes de comenzar su carrera política, Ros-Lehtinen fue una mujer de negocios y educadora. Fue elegida a la Cámara de Representantes del estado de Florida en 1982 y también sirvió un año en el senado de su estado. Fue la primera mujer hispana y la primera cubanoamericana en ser elegida, en 1989, a la Cámara de Representantes de los Estados Unidos, donde representa el Distrito número dieciocho de su estado. Actualmente es la republicana de mayor rango[a] en el Comité de Relaciones Extranjeras. En su capacidad como política, Ros-Lehtinen ha abogado por la prolongación del embargo comercial a Cuba y por un cambio democrático en la Isla.

―――――――
[a]de... *highest-ranking*

Luis Valdez

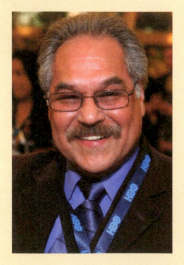

Luis Valdez nació en Delano, California, y actualmente reside en Los Ángeles. Valdez obtuvo la licenciatura en inglés en la Universidad Estatal de San José en 1964. Formó el famoso Teatro Campesino compuesto por trabajadores migrantes y así comenzó el Movimiento Teatral Chicano en los Estados Unidos. Valdez ha recibido doctorados honoríficos de Columbia College, de la Universidad Estatal de California en San José, de la Universidad del Sur de la Florida, de la Universidad de Rhode Island y del Instituto de las Artes de California. Ha escrito varias obras de teatro, entre ellas *Las dos caras del patroncito* (1965), *La quinta temporada* (1966), *Los Vendidos* (1967), *Zoot Suit* (1978), *Corridos* (1982) y otras. Su trabajo como guionista y director de cine comprende *Zoot Suit* (EE.UU., 1981), *La Bamba* (EE.UU., 1987) y *The Cisco Kid* (EE.UU., 1994). Valdez fue nominado para el Premio de Oro en la categoría de Mejor Musical por su labor en *Zoot Suit* y *La Bamba*.

Sandra Cisneros

Nació en Chicago y es la tercera de siete hijos y la única mujer. La escritora chicana actualmente vive en San Antonio, Texas. Obtuvo un título en la Universidad de Loyola en Chicago y, en 1978, una maestría en la Universidad de Iowa. Ha dictado cursos en la Universidad de California, Berkeley, la Universidad de Michigan y Our Lady of the Lake University como invitada especial. Entre sus obras más conocidas se encuentran las novelas *The House on Mango Street* (Arte Público, 1984) y *Caramelo* (Knopf, 2002), el poemario *My Wicked, Wicked Ways* (Third Woman Press, 1987) y las colecciones de cuentos *Woman Hollering Creek and Other Stories* (Random House, 1991) y *Vintage Cisneros* (Vintage, 2004). Su obra *Women Hollering Creek and Other Stories* recibió reconocimiento con el Premio New Voices del Quality Paperback Book Club, el Premio Anisfield-Wolf, el Premio Literario Lannan y fue seleccionada como libro del año por *The New York Times* y *American Library Journal*.

Sonia Sotomayor

Sonia Sotomayor, de origen puertorriqueño, nació en el Bronx, Nueva York. Sotomayor asistió a la Universidad de Princeton donde se graduó *summa cum laude*. Posteriormente recibió un título en Derecho en la Universidad de Yale donde también ejerció como editora del *Yale Law Journal*. En 1991 Sotomayor se convirtió en la primera mujer hispana y la persona más joven como jueza federal en el estado de Nueva York para el Segundo Circuito de Apelaciones Federales de Nueva York. Además, ha sido profesora adjunta en la Escuela de Derecho de la Universidad de Nueva York y en la Escuela de Derecho de Columbia University. En agosto de 2009 se convirtió en la primera jueza hispana del Tribunal Supremo de los Estados Unidos. Ha recibido títulos honoríficos de Lehman College, la Universidad de Princeton, Brooklyn Law School, Hofstra University y Northwestern University. También pertenece a la prestigiosa Sociedad Filosófica Americana.

A. ¡A charlar! En parejas, comenten las siguientes preguntas.

1. ¿Cuáles son algunas de las características que tienen en común estos hispanos destacados?

2. ¿Cuáles son algunas de las diferencias entre ellos?

3. ¿Cuál es la carrera o profesión de cada uno de estos personajes destacados?

4. ¿Saben de otros personajes destacados hispanos que tengan carreras como las de estos personajes? ¿Quiénes son?

B. ¡A escribir! Escriba una breve biografía similar a las que acaba de leer sobre un personaje de origen hispano que Ud. admire y que represente un modelo a seguir para los jóvenes hispanos.

Negocios

Lectura: Los hispanos en los Estados Unidos: Una fuerza en la economía estadounidense

En los Estados Unidos hay aproximadamente 45,5 millones de personas de origen hispano. Esta cantidad representa un 15,1% de la población de este país. Los hispanos compran, venden, invierten y ocupan puestos en todas las profesiones; no obstante, un alto porcentaje de ellos trabaja en el área de servicios. Aunque algunos de los inmigrantes hispanos en los Estados Unidos huyeron de la inestabilidad política de sus países, la gran mayoría viene en busca de una oportunidad para mejorar su situación económica y ofrecerle a su familia un futuro mejor.

Mediante la educación y el trabajo muchos han logrado participar del sueño americano, lo cual inspira a los inmigrantes que siguen llegando al país. Para muchos hispanos este sueño se basa en obtener ciertos elementos básicos —tales como trabajo, vivienda, educación, asistencia médica y, además, la oportunidad de participar en el disfrute de los atractivos y comodidades que nos ofrece la vida en este país.

Una reunión de negocios

Muchos hispanos en los Estados Unidos creen que a través de la educación pueden tener más oportunidades de trabajo y asegurarse de una calidad de vida más favorable. Según el Censo de Estadísticas Laborales de los Estados Unidos, en 2008 la tasa de desempleo para los trabajadores sin educación secundaria entre los 16 y 24 años de edad era de un 26,3% entre los hombres y de 25% entre las mujeres. Entre los que tenían un título universitario era de 8,7% entre los hombres y de 6,6% entre las mujeres. Si vemos la tasa de desempleo en general por grupo étnico entre los 16 y 24 años de edad observamos que entre los afroamericanos la tasa de desempleo era de 23,7%; la de los hispanos, 15,1%; la de los angloamericanos, 12,4%; y la de los asiáticos, 7,3%. Las estadísticas de los estudiantes universitarios procedentes de grupos minoritarios indican que los que pertenecen a los grupos étnicos que tienen el número más alto de alumnos en las universidades son también los que muestran la tasa de desempleo más baja. Mientras mayor educación o entrenamiento para un empleo, mejores las oportunidades laborales y mejores los salarios.

Los cambios sociales que llegaron al país a consecuencia de las campañas a favor de los derechos humanos y civiles que organizó Martin Luther King, Jr., a mediados del siglo XX, en parte resultaron en nuevas oportunidades educativas para los grupos minoritarios. Desde entonces y con la ayuda de becas[a] y préstamos estudiantiles,[b] en las universidades se ha visto un número elevado de hispanos en el estudiantado y también en la docencia.[c]

En un principio los hispanos trabajaban mayormente en las labores del campo y en la industria manufacturera. Y en la actualidad, la gran mayoría trabaja, en ventas al detall,[d] construcción, instalación, transporte, restaurantes de todo tipo, reparaciones, mantenimiento y en trabajos de oficina en capacidad de personal de apoyo.[e] Los salarios en muchos de estos empleos fluctúan entre los 17.400 y 25.000 dólares anuales— que aunque más altos de lo que cualquiera de estos empleados podría recibir en sus países de origen, mantienen a gran parte de la población en la pobreza.

Sin embargo, con el paso del tiempo y por medio de su esfuerzo y tenacidad, los hispanos han pasado a ser una parte importante en la vida económica de los Estados Unidos. Su presencia crece cada día más en todos los sectores de la economía y ya constituyen un mercado con un poder adquisitivo de unos 600.000 millones de dólares.

Los hispanos se han abierto camino en varias áreas del comercio mediante el establecimiento y desarrollo de tiendas especializadas en productos latinoamericanos que satisfacen necesidades propias de su cultura. Han montado[f] sus propios restaurantes donde se sirve la comida típica de su región o país de origen. La comida mexicana es tan popular en este país que ya forma parte de la dieta estadounidense.

Asimismo, en la policía estatal y federal hay una representación numerosa de hispanos, tanto que el conocido John Jay College of Criminal Justice en Nueva York, anunció que en el año 2008 la mayoría de sus alumnos era de origen hispano. También, hay jóvenes que se ganan la vida y mejoran su futuro y el de su familia al alistarse[g] en las fuerzas armadas de los Estados Unidos,[h] sector en el que siempre ha habido un alto número de hispanos y en el que también muchos de ellos se han destacado como oficiales de alto rango. Después de cumplir los años de servicio militar, los veteranos se acogen a los beneficios educativos a los que tienen derecho. La restitución[i] del *G.I. Bill,* que sufraga los gastos de los estudios universitarios, es un beneficio de gran valor para los jóvenes que sirven en las fuerzas armadas.

Además, muchos hispanos desempeñan labores profesionales en campos laborales de prestigio, entre ellos derecho, negocios, finanzas, periodismo, ciencias y otros. Ya existen entre los hispanos, gerentes y ejecutivos de medio y alto rango en las multinacionales y corporaciones del país y dueños de empresas muy exitosas. Hay empresarios hispanos de gran éxito como Luis Capó, que llegó a los Estados Unidos sin nada hace unos 50 años. Capó les aconseja a todos los que quieran emprender[j] un negocio que se adapten a la cultura empresarial de los Estados Unidos, que aprendan y trabajen muy duro y, sobre todo, que tengan gran pasión por lo que hagan. Según dice él mismo, el único enemigo en el camino hacia el éxito es uno mismo. En el campo de derecho, en mayo de 2009 el presidente de los Estados Unidos, Barack Obama nominó a Sonia Sotomayor al Tribunal Supremo.

---

[a]*scholarships* [b]préstamos… *student loans* [c]práctica y ejercicio del que enseña [d]ventas… *retail* [e]personal… *support staff* [f]abierto [g]al… *upon enlisting* [h]fuerzas… *U.S. Armed Forces* [i]*reinstatement* [j]montar

Otras áreas con una notable participación de hispanos son las artes, el mundo del espectáculo y el deporte. Como hemos visto en capítulos anteriores, hay varios actores, directores, escritores y otros tipos de artistas de origen hispano que han tenido mucho éxito en sus respectivos campos. El deporte genera cantidades de millones de dólares en el béisbol y el boxeo, y provee a los jóvenes de gran talento la oportunidad de ganar mucho dinero. Algunos de ellos a su vez ayudan a sus familias y a sus comunidades.

Los hispanos son una fuerza económica en los Estados Unidos y también en los países de donde provienen, ya que las remesas[k] que envían a sus países ayudan a la economía nacional de Latinoamérica. Sin embargo, a consecuencia de la contracción económica mundial, a partir de 2008 las cantidades de dinero que envían han disminuido. Los inmigrantes han sufrido un golpe económico considerable puesto que se han perdido los empleos relacionados con la construcción y los servicios, áreas con alto número de trabajadores hispanos. Según un informe del Centro Pew, el 30% declaró que su situación económica actual es mala; el 68% envía menos dinero a su familia en el extranjero y el 59% afirma que en su comunidad se han embargado[l] muchas casas. El 30% de la población hispana siente los efectos negativos en sus finanzas personales en comparación con el 21% de la población general del país, aunque los hispanos nacidos en los Estados Unidos han sufrido menos los resultados de la contracción económica comparados con los no nacidos en el país.

En resumen, la población hispana participa en la economía de los Estados Unidos en todos los ámbitos productivos y de servicios y es una parte esencial del mercado laboral estadounidense. Es una población que llega al país con deseos de trabajar en cualquier empleo que le ofrezca, siempre con la esperanza de mejorar su vida y la de su familia. También se ha incorporado a la vida del país mediante sus hábitos de consumo: comprar tanto lo necesario como también los nuevos productos tecnológicos; comprar automóviles y casas; celebrar bodas y quinceañeras; enviar dinero a sus familiares y vestirse y comer bien. Todos estos son símbolos que indican que han logrado sus metas. Dentro de este plan de progreso se encuentra el papel que juega la educación que los premia y premiará, como ha pasado con otros inmigrantes, con posiciones de liderazgo en todos los estratos[m] de la sociedad. El trabajo es un factor productivo que genera capital, y el capital a su vez, bien utilizado, nos facilita una vida mejor.

---

[k]cantidad de dinero que los inmigrantes mandan a sus familiares en sus países de origen
[l]*seized*   [m]niveles

DESPUÉS DE LEER

A. Comprensión

Conteste las siguientes preguntas sobre la lectura.

1. ¿Por qué vienen los inmigrantes hispanos a los Estados Unidos?
2. ¿Cómo define la lectura el sueño americano para los inmigrantes hispanos?
3. ¿Qué importancia ha tenido la educación en el desarrollo de la población hispana en los Estados Unidos?
4. ¿Cuál es la tasa de desempleo en general de los hispanos entre los 16 y 24 años de edad?
5. ¿En qué industrias hay mayor número de hispanos?

(Continúa.)

6. ¿En qué sectores del comercio, fuera de los servicios y la construcción, comienzan a despuntar los hispanos?

7. ¿Qué les aconseja el empresario Luis Capó a los que quieran emprender un negocio en los Estados Unidos?

8. ¿Qué definición del trabajo da la lectura?

B. ¡A charlar!

En grupos de tres, comenten las siguientes preguntas y temas.

1. ¿Están Uds. de acuerdo con la definición del sueño americano que da la lectura? Por qué sí o por qué no? ¿Todavía es posible lograrlo?

2. Según la lectura, ¿cómo son los hispanos una parte importante de la vida económica de los Estados Unidos?

3. ¿Creen Uds. que con la educación uno pueda tener más oportunidades de empleo y una calidad de vida más favorable?

4. Discutan a favor o en contra: Los inmigrantes indocumentados no tienen derecho a trabajar en los Estados Unidos.

5. Discutan a favor o en contra: Los inmigrantes hacen trabajos que otros no quieren hacer.

C. Investigación y conversación

Paso 1. Para investigar y contestar las siguientes preguntas relacionadas con el tema de la lectura, visite su buscador preferido en Internet y utilice las palabras clave que aparecen después de cada pregunta como punto de partida.

1. Busque información sobre Luis Capó. ¿A qué se dedica? ¿Cómo ha amasado un capital considerable?

   (*Luis Capó*)

2. Haga una búsqueda sobre por lo menos tres individuos de origen hispano que trabajen en un determinado campo laboral y que hayan tenido mucho éxito en ese campo en los Estados Unidos. El campo laboral puede ser negocios, periodismo, derecho, ciencias, las artes, los deportes, etcétera. ¿De dónde son sus antepasados? ¿A qué se dedican? ¿Qué tipo de formación (*education*) tienen? ¿Cómo lograron llegar al éxito?

   (*empresarios hispanos EE.UU., Patricia Cardoso, Carolina Herrera, Soledad O'Brien, Jorge Ramos y el sueño americano, Neyda Sandoval, Sandra Sotomayor, Goya Foods*)

Paso 2. En grupos de tres, compartan los resultados de su investigación del **Paso 1.**

Paso 3. Comenten las siguientes preguntas.

1. ¿Qué les impresionó más sobre Luis Capó? ¿Por qué?

2. De los individuos que investigaron, ¿hay algunos de ellos que les interesen más que otros? ¿Por qué?

3. ¿A qué quieren dedicarse después de terminar los estudios? ¿Les inspiran las personas que investigaron?

Proyecto final

En parejas, escojan uno de los siguientes proyectos y preséntenlo a la clase.

1. **Servicio comunitario: Traducción**

Investiguen cuáles son algunas de las organizaciones comunitarias que existen en su ciudad y algunos de los departamentos académicos o de servicio estudiantil en su universidad. Pónganse en contacto con una de esas organizaciones o con alguna oficina o departamento que da servicio a los estudiantes y ofrezca hacerles una traducción que necesiten para apoyar a la comunidad o a los estudiantes hispanohablantes. Puede ser un folleto de información, una carta a la comunidad hispanohablante, etcétera.

2. **Su herencia hispana: Presentación en PowerPoint**

Averigüen el origen de sus antepasados y preparen una presentación en PowerPoint para la clase sobre el país, región o estado de origen de Uds. En la presentación resalten algo de lo que Uds. están orgullosos/as.

3. **Contribuciones de los hispanos en los Estados Unidos: Presentación en PowerPoint**

Los hispanos en los Estados Unidos han contribuido al desarrollo económico, académico, cultural y político de este país. Escojan un área en la que Uds. creen que los hispanos hayan contribuido al desarrollo de los Estados Unidos, preparen una presentación en PowerPoint y preséntenla a la clase. Expliquen en su presentación cómo los hispanos han contribuido en el área que escogieron y mencionen algunos personajes destacados como modelos para apoyar su presentación.

Encuesta

¿Cuánto aprendió Ud. sobre los hispanos en los Estados Unidos, el tema del **Capítulo 8**? ¡Seguro que ha aprendido mucho! Ahora que ha llegado al final del capítulo, vuelva a la página 191 al principio del capítulo y complete la encuesta de nuevo. ¿La segunda vez que la tomó le fue mejor que la primera vez?

Verbos

A. Verbos regulares: Tiempos simples

INFINITIVO PARTICIPIO PRESENTE PARTICIPIO PASADO	INDICATIVO					SUBJUNTIVO		IMPERATIVO
	PRESENTE	IMPERFECTO	PRETÉRITO	FUTURO	CONDICIONAL	PRESENTE	IMPERFECTO	
hablar hablando hablado	hablo hablas habla hablamos habláis hablan	hablaba hablabas hablaba hablábamos hablabais hablaban	hablé hablaste habló hablamos hablasteis hablaron	hablaré hablarás hablará hablaremos hablaréis hablarán	hablaría hablarías hablaría hablaríamos hablaríais hablarían	hable hables hable hablemos habléis hablen	hablara hablaras hablara habláramos hablarais hablaran	habla tú, no hables hable Ud. hablemos hablad, no habléis hablen Uds.
comer comiendo comido	como comes come comemos coméis comen	comía comías comía comíamos comíais comían	comí comiste comió comimos comisteis comieron	comeré comerás comerá comeremos comeréis comerán	comería comerías comería comeríamos comeríais comerían	coma comas coma comamos comáis coman	comiera comieras comiera comiéramos comierais comieran	come tú, no comas coma Ud. comamos comed, no comáis coman Uds.
vivir viviendo vivido	vivo vives vive vivimos vivís viven	vivía vivías vivía vivíamos vivíais vivían	viví viviste vivió vivimos vivisteis vivieron	viviré vivirás vivirá viviremos viviréis vivirán	viviría vivirías viviría viviríamos viviríais vivirían	viva vivas viva vivamos viváis vivan	viviera vivieras viviera viviéramos vivierais vivieran	vive tú, no vivas viva Ud. vivamos vivid, no viváis vivan Uds.

B. Verbos regulares: Tiempos compuestos

INDICATIVO				SUBJUNTIVO	
PRESENTE PERFECTO	PLUSCUAMPERFECTO	FUTURO PERFECTO	CONDICIONAL PERFECTO	PRESENTE PERFECTO	PLUSCUAMPERFECTO
he has ha hemos habéis han { hablado comido vivido	había habías había habíamos habíais habían { hablado comido vivido	habré habrás habrá habremos habréis habrán { hablado comido vivido	habría habrías habría habríamos habríais habrían { hablado comido vivido	haya hayas haya hayamos hayáis hayan { hablado comido vivido	hubiera hubieras hubiera hubiéramos hubierais hubieran { hablado comido vivido

C. Verbos irregulares

INFINITIVO / PARTICIPIO PRESENTE / PARTICIPIO PASADO	INDICATIVO					SUBJUNTIVO		IMPERATIVO
	PRESENTE	IMPERFECTO	PRETÉRITO	FUTURO	CONDICIONAL	PRESENTE	IMPERFECTO	
andar andando andado	ando andas anda andamos andáis andan	andaba andabas andaba andábamos andabais andaban	anduve anduviste anduvo anduvimos anduvisteis anduvieron	andaré andarás andará andaremos andaréis andarán	andaría andarías andaría andaríamos andaríais andarían	ande andes ande andemos andéis anden	anduviera anduvieras anduviera anduviéramos anduvierais anduvieran	anda tú, no andes ande Ud. andemos andad, no andéis anden Uds.
caber cabiendo cabido	quepo cabes cabe cabemos cabéis caben	cabía cabías cabía cabíamos cabíais cabían	cupe cupiste cupo cupimos cupisteis cupieron	cabré cabrás cabrá cabremos cabréis cabrán	cabría cabrías cabría cabríamos cabríais cabrían	quepa quepas quepa quepamos quepáis quepan	cupiera cupieras cupiera cupiéramos cupierais cupieran	cabe tú, no quepas quepa Ud. quepamos cabed, no quepáis quepan Uds.
caer cayendo caído	caigo caes cae caemos caéis caen	caía caías caía caíamos caíais caían	caí caíste cayó caímos caísteis cayeron	caeré caerás caerá caeremos caeréis caerán	caería caerías caería caeríamos caeríais caerían	caiga caigas caiga caigamos caigáis caigan	cayera cayeras cayera cayéramos cayerais cayeran	cae tú, no caigas caiga Ud. caigamos caed, no caigáis caigan Uds.
creer creyendo creído	creo crees cree creemos creéis creen	creía creías creía creíamos creíais creían	creí creíste creyó creímos creísteis creyeron	creeré creerás creerá creeremos creeréis creerán	creería creerías creería creeríamos creeríais creerían	crea creas crea creamos creáis crean	creyera creyeras creyera creyéramos creyerais creyeran	cree tú, no creas crea Ud. creamos creed, no creáis crean Uds.
dar dando dado	doy das da damos dais dan	daba dabas daba dábamos dabais daban	di diste dio dimos disteis dieron	daré darás dará daremos daréis darán	daría darías daría daríamos daríais darían	dé des dé demos deis den	diera dieras diera diéramos dierais dieran	da tú, no des dé Ud. demos dad, no deis den Uds.
decir diciendo dicho	digo dices dice decimos decís dicen	decía decías decía decíamos decíais decían	dije dijiste dijo dijimos dijisteis dijeron	diré dirás dirá diremos diréis dirán	diría dirías diría diríamos diríais dirían	diga digas diga digamos digáis digan	dijera dijeras dijera dijéramos dijerais dijeran	di tú, no digas diga Ud. digamos decid, no digáis digan Uds.

C. Verbos irregulares (*continuación*)

INFINITIVO / PARTICIPIO PRESENTE / PARTICIPIO PASADO	INDICATIVO						SUBJUNTIVO		IMPERATIVO
	PRESENTE	IMPERFECTO	PRETÉRITO	FUTURO	CONDICIONAL		PRESENTE	IMPERFECTO	
estar estando estado	estoy estás está estamos estáis están	estaba estabas estaba estábamos estabais estaban	estuve estuviste estuvo estuvimos estuvisteis estuvieron	estaré estarás estará estaremos estaréis estarán	estaría estarías estaría estaríamos estaríais estarían		esté estés esté estemos estéis estén	estuviera estuvieras estuviera estuviéramos estuvierais estuvieran	está tú, no estés esté Ud. estemos estad, no estéis estén Uds.
haber habiendo habido	he has ha hemos habéis han	había habías había habíamos habíais habían	hube hubiste hubo hubimos hubisteis hubieron	habré habrás habrá habremos habréis habrán	habría habrías habría habríamos habríais habrían		haya hayas haya hayamos hayáis hayan	hubiera hubieras hubiera hubiéramos hubierais hubieran	
hacer haciendo hecho	hago haces hace hacemos hacéis hacen	hacía hacías hacía hacíamos hacíais hacían	hice hiciste hizo hicimos hicisteis hicieron	haré harás hará haremos haréis harán	haría harías haría haríamos haríais harían		haga hagas haga hagamos hagáis hagan	hiciera hicieras hiciera hiciéramos hicierais hicieran	haz tú, no hagas haga Ud. hagamos haced, no hagáis hagan Uds.
ir yendo ido	voy vas va vamos vais van	iba ibas iba íbamos ibais iban	fui fuiste fue fuimos fuisteis fueron	iré irás irá iremos iréis irán	iría irías iría iríamos iríais irían		vaya vayas vaya vayamos vayáis vayan	fuera fueras fuera fuéramos fuerais fueran	ve tú, no vayas vaya Ud. vayamos id, no vayáis vayan Uds.
oír oyendo oído	oigo oyes oye oímos oís oyen	oía oías oía oíamos oíais oían	oí oíste oyó oímos oísteis oyeron	oiré oirás oirá oiremos oiréis oirán	oiría oirías oiría oiríamos oiríais oirían		oiga oigas oiga oigamos oigáis oigan	oyera oyeras oyera oyéramos oyerais oyeran	oye tú, no oigas oiga Ud. oigamos oíd, no oigáis oigan Uds.
poder pudiendo podido	puedo puedes puede podemos podéis pueden	podía podías podía podíamos podíais podían	pude pudiste pudo pudimos pudisteis pudieron	podré podrás podrá podremos podréis podrán	podría podrías podría podríamos podríais podrían		pueda puedas pueda podamos podáis puedan	pudiera pudieras pudiera pudiéramos pudierais pudieran	

C. Verbos irregulares (continuación)

INFINITIVO PARTICIPIO PRESENTE PARTICIPIO PASADO	INDICATIVO					SUBJUNTIVO		IMPERATIVO
	PRESENTE	IMPERFECTO	PRETÉRITO	FUTURO	CONDICIONAL	PRESENTE	IMPERFECTO	
poner poniendo puesto	pongo pones pone ponemos ponés ponen	ponía ponías ponía poníamos poníais ponían	puse pusiste puso pusimos pusisteis pusieron	pondré pondrás pondrá pondremos pondréis pondrán	pondría pondrías pondría pondríamos pondríais pondrían	ponga pongas ponga pongamos pongáis pongan	pusiera pusieras pusiera pusiéramos pusierais pusieran	pon tú, no pongas ponga Ud. pongamos poned, no pongáis pongan Uds.
querer queriendo querido	quiero quieres quiere queremos queréis quieren	quería querías quería queríamos queríais querían	quise quisiste quiso quisimos quisisteis quisieron	querré querrás querrá querremos querréis querrán	querría querrías querría querríamos querríais querrían	quiera quieras quiera queramos queráis quieran	quisiera quisieras quisiera quisiéramos quisierais quisieran	quiere tú, no quieras quiera Ud. queramos quered, no queráis quieran Uds.
saber sabiendo sabido	sé sabes sabe sabemos sabéis saben	sabía sabías sabía sabíamos sabíais sabían	supe supiste supo supimos supisteis supieron	sabré sabrás sabrá sabremos sabréis sabrán	sabría sabrías sabría sabríamos sabríais sabrían	sepa sepas sepa sepamos sepáis sepan	supiera supieras supiera supiéramos supierais supieran	sabe tú, no sepas sepa Ud. sepamos sabed, no sepáis sepan Uds.
salir saliendo salido	salgo sales sale salimos salís salen	salía salías salía salíamos salíais salían	salí saliste salió salimos salisteis salieron	saldré saldrás saldrá saldremos saldréis saldrán	saldría saldrías saldría saldríamos saldríais saldrían	salga salgas salga salgamos salgáis salgan	saliera salieras saliera saliéramos salierais salieran	sal tú, no salgas salga Ud. salgamos salid, no salgáis salgan Uds.
ser siendo sido	soy eres es somos sois son	era eras era éramos erais eran	fui fuiste fue fuimos fuisteis fueron	seré serás será seremos seréis serán	sería serías sería seríamos seríais serían	sea seas sea seamos seáis sean	fuera fueras fuera fuéramos fuerais fueran	sé tú, no seas sea Ud. seamos sed, no seáis sean Uds.
tener teniendo tenido	tengo tienes tiene tenemos tenéis tienen	tenía tenías tenía teníamos teníais tenían	tuve tuviste tuvo tuvimos tuvisteis tuvieron	tendré tendrás tendrá tendremos tendréis tendrán	tendría tendrías tendría tendríamos tendríais tendrían	tenga tengas tenga tengamos tengáis tengan	tuviera tuvieras tuviera tuviéramos tuvierais tuvieran	ten tú, no tengas tenga Ud. tengamos tened, no tengáis tengan Uds.

C. Verbos irregulares (continuación)

INFINITIVO PARTICIPIO PRESENTE PARTICIPIO PASADO	INDICATIVO					SUBJUNTIVO		IMPERATIVO
	PRESENTE	IMPERFECTO	PRETÉRITO	FUTURO	CONDICIONAL	PRESENTE	IMPERFECTO	
traer trayendo traído	traigo traes trae traemos traéis traen	traía traías traía traíamos traíais traían	traje trajiste trajo trajimos trajisteis trajeron	traeré traerás traerá traeremos traeréis traerán	traería traerías traería traeríamos traeríais traerían	traiga traigas traiga traigamos traigáis traigan	trajera trajeras trajera trajéramos trajerais trajeran	trae tú, no traigas traiga Ud. traigamos traed, no traigáis traigan Uds.
venir viniendo venido	vengo vienes viene venimos venís vienen	venía venías venía veníamos veníais venían	vine viniste vino vinimos vinisteis vinieron	vendré vendrás vendrá vendremos vendréis vendrán	vendría vendrías vendría vendríamos vendríais vendrían	venga vengas venga vengamos vengáis vengan	viniera vinieras viniera viniéramos vinierais vinieran	ven tú, no vengas venga Ud. vengamos venid, no vengáis vengan Uds.
ver viendo visto	veo ves ve vemos veis ven	veía veías veía veíamos veíais veían	vi viste vio vimos visteis vieron	veré verás verá veremos veréis verán	vería verías vería veríamos veríais verían	vea veas vea veamos veáis vean	viera vieras viera viéramos vierais vieran	ve tú, no veas vea Ud. veamos ved, no veáis vean Uds.

D. Verbos con cambio de raíz y con cambios ortográficos

INFINITIVO / PARTICIPIO PRESENTE / PARTICIPIO PASADO	INDICATIVO					SUBJUNTIVO		IMPERATIVO
	PRESENTE	IMPERFECTO	PRETÉRITO	FUTURO	CONDICIONAL	PRESENTE	IMPERFECTO	
pensar (ie) pensando pensado	pienso piensas piensa pensamos pensáis piensan	pensaba pensabas pensaba pensábamos pensabais pensaban	pensé pensaste pensó pensamos pensasteis pensaron	pensaré pensarás pensará pensaremos pensaréis pensarán	pensaría pensarías pensaría pensaríamos pensaríais pensarían	piense pienses piense pensemos penséis piensen	pensara pensaras pensara pensáramos pensarais pensaran	piensa tú, no pienses piense Ud. pensemos pensad, no penséis piensen Uds.
volver (ue) volviendo vuelto	vuelvo vuelves vuelve volvemos volvéis vuelven	volvía volvías volvía volvíamos volvíais volvían	volví volviste volvió volvimos volvisteis volvieron	volveré volverás volverá volveremos volveréis volverán	volvería volverías volvería volveríamos volveríais volverían	vuelva vuelvas vuelva volvamos volváis vuelvan	volviera volvieras volviera volviéramos volvierais volvieran	vuelve tú, no vuelvas vuelva Ud. volvamos volved, no volváis vuelvan Uds.
dormir (ue, u) durmiendo dormido	duermo duermes duerme dormimos dormís duermen	dormía dormías dormía dormíamos dormíais dormían	dormí dormiste durmió dormimos dormisteis durmieron	dormiré dormirás dormirá dormiremos dormiréis dormirán	dormiría dormirías dormiría dormiríamos dormiríais dormirían	duerma duermas duerma durmamos durmáis duerman	durmiera durmieras durmiera durmiéramos durmierais durmieran	duerme tú, no duermas duerma Ud. durmamos dormid, no durmáis duerman Uds.
sentir (ie, i) sintiendo sentido	siento sientes siente sentimos sentís sienten	sentía sentías sentía sentíamos sentíais sentían	sentí sentiste sintió sentimos sentisteis sintieron	sentiré sentirás sentirá sentiremos sentiréis sentirán	sentiría sentirías sentiría sentiríamos sentiríais sentirían	sienta sientas sienta sintamos sintáis sientan	sintiera sintieras sintiera sintiéramos sintierais sintieran	siente tú, no sientas sienta Ud. sintamos sentid, no sintáis sientan Uds.
pedir (ie, i) pidiendo pedido	pido pides pide pedimos pedís piden	pedía pedías pedía pedíamos pedíais pedían	pedí pediste pidió pedimos pedisteis pidieron	pediré pedirás pedirá pediremos pediréis pedirán	pediría pedirías pediría pediríamos pediríais pedirían	pida pidas pida pidamos pidáis pidan	pidiera pidieras pidiera pidiéramos pidierais pidieran	pide tú, no pidas pida Ud. pidamos pedid, no pidáis pidan Uds.

D. Verbos con cambio de raíz y con cambios ortográficos (continuación)

INFINITIVO / PARTICIPIO PRESENTE / PARTICIPIO PASADO	INDICATIVO					SUBJUNTIVO		IMPERATIVO
	PRESENTE	IMPERFECTO	PRETÉRITO	FUTURO	CONDICIONAL	PRESENTE	IMPERFECTO	
reír (ie, i) / riendo / reído	río	reía	reí	reiré	reiría	ría	riera	ríe tú, no rías
	ríes	reías	reíste	reirás	reirías	rías	rieras	ría Ud.
	ríe	reía	rio	reirá	reiría	ría	riera	riamos
	reímos	reíamos	reímos	reiremos	reiríamos	riamos	riéramos	reíd, no riáis
	reís	reíais	reísteis	reiréis	reiríais	riáis	rierais	rían Uds.
	ríen	reían	rieron	reirán	reirían	rían	rieran	
seguir (ie, i) (ga) / siguiendo / seguido	sigo	seguía	seguí	seguiré	seguiría	siga	siguiera	sigue tú, no sigas
	sigues	seguías	seguiste	seguirás	seguirías	sigas	siguieras	siga Ud.
	sigue	seguía	siguió	seguirá	seguiría	siga	siguiera	sigamos
	seguimos	seguíamos	seguimos	seguiremos	seguiríamos	sigamos	siguiéramos	seguid, no sigáis
	seguís	seguíais	seguisteis	seguiréis	seguiríais	sigáis	siguierais	sigan Uds.
	siguen	seguían	siguieron	seguirán	seguirían	sigan	siguieran	
construir (y) / construyendo / construido	construyo	construía	construí	construiré	construiría	construya	construyera	construye tú, no construyas
	construyes	construías	construiste	construirás	construirías	construyas	construyeras	construya Ud.
	construye	construía	construyó	construirá	construiría	construya	construyera	construyamos
	construimos	construíamos	construimos	construiremos	construiríamos	construyamos	construyéramos	construid, no construyáis
	construís	construíais	construisteis	construiréis	construiríais	construyáis	construyerais	construyan Uds.
	construyen	construían	construyeron	construirán	construirían	construyan	construyeran	
conducir (zc) / conduciendo / conducido	conduzco	conducía	conduje	conduciré	conduciría	conduzca	condujera	conduce tú, no conduzcas
	conduces	conducías	condujiste	conducirás	conducirías	conduzcas	condujeras	conduzca Ud.
	conduce	conducía	condujo	conducirá	conduciría	conduzca	condujera	conduzcamos
	conducimos	conducíamos	condujimos	conduciremos	conduciríamos	conduzcamos	condujéramos	conducid, no conduzcáis
	conducís	conducíais	condujisteis	conduciréis	conduciríais	conduzcáis	condujerais	conduzcan Uds.
	conducen	conducían	condujeron	conducirán	conducirían	conduzcan	condujeran	

Cómo citar fuentes

Libro

Un solo autor
Apellido, nombre del autor. *Título del libro*. Ciudad en que se publicó: el nombre de la editorial, el año del copyright.

Lozoya, Jorge Alberto. *Cine mexicano*. México D.F.: Conaculta, 2006.

Dos o más autores
Apellido del autor principal, nombre del autor principal y nombre del segundo autor + apellido del segundo autor. *Título del libro*. Cuidad en que se publicó: el nombre de la editorial, el año del copyright.

Irisarri, Ángeles de y Magdalena Lasala. *Moras y cristianas*. Barcelona: Emecé, 1998.

Artículo

Revista
Apellido, nombre del escritor. «Título del artículo». *Nombre de la publicación volúmen:número*. (Fecha): página(s).

Romero, Angie. «Never scared». *Latina* 13:2. (noviembre 2008): 94–98.

Periódico
Apellido, nombre del escritor. «Título del artículo». *Nombre del periódico*, fecha, página.

Aznárez, Juan Jesús. «América Latina, fábrica de emigrantes». *El País*, 12/10/2005, 7.

Entrevista que no ha sido publicada

Si la entrevista la hizo Ud.
Apellido del entrevistado, nombre. Entrevista personal. Lugar de la entrevista, fecha.

Hayek, Salma. Entrevista personal. México, D. F., 15 noviembre 2009.

Si la entrevista la hizo otra persona
Apellido del entrevistado, nombre. Entrevista de + nombre de entrevistador. Lugar de la entrevista, fecha.

Pastoriza Iyodo, Benito. Entrevista de Daniela Suárez. Lima, Perú, 2 junio 2009.

En Internet
Título de la fuente. Fecha de publicación. Nombre de la organización o instituto afiliado con el sitio Web. Fecha de acceder al sitio. Dirección electrónica.

El cine mexicano de los noventa (1989–1996). 20 de septiembre de 2006. Más de Cien Años de Cine Mexicano. 24 de abril de 2009. http://cinemexicano.mty.itesm.mx/pelicula8.html.

Para más ejemplos, favor de consultar *The Chicago Manual of Style*, que se puede encontrar en la sección de referencia de la biblioteca.

Reglas de silabificación y acentuación

División de palabras en sílabas

Muchas palabras en español llevan acento ortográfico. Para aprender a poner los acentos, primero hay que saber cómo se dividen las palabras en sílabas, qué sílaba de una palabra dada lleva el énfasis tonal (también llamada sílaba tónica) y cuáles son las distintas clases de palabras según donde lleven el énfasis tonal.

Reglas básicas de la división de palabras en sílabas

- Por lo general, las sílabas en español empiezan con una consonante y terminan con una vocal (consonante + vocal).

  casa = ca-sa   para = pa-ra   música = mú-si-ca

- Dos vocales se dividen a no ser que una de las vocales sea una **i** sin acento o una **u** sin acento. Acentos sobre las otras vocales no afectan la división de palabras en sílabas.

feo = fe-o	preocupado = pre-o-cu-pa-do
río = rí-o	actúe = ac-tú-e
necesario = ne-ce-sa-rio	bueno = bue-no
boicoteo = boi-co-te-o	aplauso = a-plau-so
avión = a-vión	después = des-pués

- Normalmente si una palabra tiene dos consonantes seguidas, las consonantes se dividen.

  ritmo = rit-mo   símbolo = sím-bo-lo   centra = cen-tra

- La **rr, ll, ch,** nunca se dividen porque se les consideran un solo sonido.

  puertorriqueño = puer-to-rri-que-ño   caballo = ca-ba-llo
  bachata = ba-cha-ta

- La **cc** y la **nn** siempre se dividen y forman sílabas separadas.

  acción = ac-ción   innato = in-na-to

- La **r** y la **l** nunca se separan de ninguna consonante que las preceda, excepto la **s** y la **n.**

clase = cla-se	grado = gra-do	arreglo = a-rre-glo
explicación = ex-pli-ca-ción	expresar = ex-pre-sar	
Enrique = En-ri-que	isla = is-la	

- La **h** nunca se separa de la vocal que la siga.

  alcohol = al-co-hol   prohíbe = pro-hí-be

- Combinaciones de tres o cuatro consonantes se dividen según las reglas ya mencionadas. Dentro de estas combinaciones la **s** no se separa de la vocal que la precede.

estructura = es-truc-tu-ra	convertir = con-ver-tir	extraño = ex-tra-ño
obscuro = obs-cu-ro	constante = cons-tan-te	estrella = es-tre-lla
inflexible = in-fle-xi-ble	instrucción = ins-truc-ción	

Reglas de acentuación y clases de palabras de acuerdo con la sílaba tónica

Agudas

Estas son las palabras cuyo énfasis tonal cae en la última sílaba de la palabra. En los ejemplos, la sílaba tónica se representa con el número 1 y también está subrayada (*underlined*). Dichas palabras llevan acento escrito sobre la vocal en la última sílaba si terminan en **n, s** o vocal.

a-za-<u>frán</u>	bo-<u>tín</u>	fran-<u>cés</u>	ca-<u>fé</u>	tam-<u>bor</u>
3 2 1	2 1	2 1	2 1	2 1

Llanas o graves

Estas son las palabras cuyo énfasis tonal cae en la penúltima sílaba. En los ejemplos, la sílaba tónica se representa con el número 2 y también está subrayada. En estas palabras se acentúa la vocal en la penúltima sílaba, cuando no termina en **n, s** o vocal.

a-<u>zú</u>-car	<u>ár</u>-bol	<u>bai</u>-lan	<u>ce</u>-los	prin-ci-<u>pa</u>-les	<u>sal</u>-sa
3 2 1	2 1	2 1	2 1	4 3 2 1	2 1

Esdrújulas

Palabras de esta clase tienen el énfasis tonal en la antepenúltima sílaba y siempre se acentúa la vocal en la antepenúltima sílaba. En los ejemplos se representa la sílaba tónica con el número 3 y también está subrayada.

<u>gé</u>- ne-ro	<u>mú</u>-si-ca	<u>ór</u>-ga-no	in-<u>dí</u>-ge-na	in-<u>tér</u>-pre-te
3 2 1	3 2 1	3 2 1	4 3 2 1	4 3 2 1

Las vocales: Diptongos, triptongos e hiatos

Las vocales del español son **a, e, i, o, u.** Se clasifican como vocales fuertes y vocales débiles. Esta clasificación determina si una combinación de vocales forma una sílaba o más de una.

Las vocales fuertes: son **a, e, o**

Las vocales débiles: son **i, (y), u**

La vocal **u** no tiene sonido cuando le precede la **q** y le sigue la **e** o la **i** en las sílabas -que- y -qui-.

queso   **quie**ro   **qui**zás

La vocal **u** tampoco tiene sonido si le precede la **g** y le sigue la **e** o la **i** en las sílabas -gue- y -gui-.

guerra   **gui**tarra

Sin embargo, la **u** sí tiene sonido en las sílabas -gue- y -gui- cuando se representa con dos puntitos sobre sí misma —ü— para formar los sonidos «gwe» y «gwi», respectivamente. Se le llama diéresis a este signo ortográfico.

bilin**güe**   lin**güi**sta   **güi**ro

Diptongos

Un diptongo es un conjunto de dos vocales distintas que forman una sola sílaba y tienen un solo sonido.

En una palabra se forma un diptongo cuando contiene una sílaba en la que se combinan las siguientes vocales.

- una vocal débil (**i** [**y**], **u**) + una fuerte (**a, e, o**)

  f**ie**l   f**ue**go

- una vocal fuerte + una débil

  l**ey**   de**u**da

- una vocal débil + otra vocal débil

  vi**u**da   f**ui**

Cuando una palabra con diptongo se divide en sílabas, el diptongo nunca se separa.

deu-da   fiel   fue-go   fui   ley   viu-da

Triptongos

En una palabra se forma un triptongo cuando contiene una sílaba en la que se combinan:

una vocal débil + una vocal fuerte + una vocal débil

averig**uái**s   limp**iái**s   m**iau**

Cuando una palabra con triptongo se divide en sílabas, el triptongo nunca se separa.

a-ve-ri-guáis   lim-piáis   miau

Hiatos

El hiato se forma cuando dos vocales —una fuerte y una débil— se separan en dos sílabas en vez de mantener el diptongo. En estos casos se requiere acento escrito en la vocal débil para que caiga énfasis sobre esta vocal. Ya que dos vocales que llevan énfasis no pueden estar juntas en una misma sílaba, las vocales pasan a formar dos sílabas en vez de una.

co-re-o-gra-fí-a   Ma-rí-a   pa-ís   ra-í-ces   Ra-úl   ta-í-nos

Monosílabos

Los monosílabos son palabras que contienen una sola sílaba.

de   dé   fue   ley   sol   vio

Ciertos monosílabos tienen la misma pronunciación pero no se los puede intercambiar. Las diferencias principales entre estos monosílabos tienen que ver con su significado y, en menor grado, su función gramatical en la oración. En la lengua escrita, se distingue entre estos monosílabos con un acento. Es decir, si el monosílabo lleva acento (por ejemplo: **dé**), tiene un significado y una cierta función gramatical. Si el monosílabo no lleva acento (por ejemplo: **de**), tiene otro significado y pertenece a otra clase gramatical.

MONOSÍLABO	EJEMPLO	TRADUCCIÓN AL INGLÉS	FUNCIÓN GRAMATICAL EN LA ORACIÓN
aun	**Aun** (Incluso/Hasta) de vieja me gusta bailar.	*even*	adverbio
aún	**Aún** (Todavía) no lo he visto.	*yet, still*	adverbio
cual	Esa es la casa en la **cual** vive Marc Anthony.	*(to/in/of) which*	pronombre relativo
cuál	¿**Cuál** es su casa?	*which*	adjetivo
de	La guitarra es **de** Juan.	*of, from*	preposición
dé	No se lo **dé.**	*give*	verbo **dar** conjugado en la 3ª persona singular del imperativo
	Mi madre quiere que (yo) le **dé** más dinero. Yo quiero que mi madre me **dé** más dinero.	*give*	verbo **dar** conjugado en la 1ª ó 3ª persona del presente de subjuntivo
el	**El** perro de Suzy se llama Chico.	*the*	artículo definido masculino
él	Me lo dijo **él.**	*he*	pronombre de sujeto
mas	Quise convencerlo, **mas** fue imposible.	*but*	conjunción equivalente a **pero** o **sino**
más	Quiero **más** azúcar en el café.	*more*	adverbio
mi	Ésa es **mi** casa.	*my*	adjetivo posesivo
mí	¿Eso es para **mí?**	*me*	pronombre personal
que	El hombre, **que** vino esta tarde, se compró una partitura musical.	*who, that*	pronombre relativo
	Yo quiero **que** vengas a Cuba con nosotras.	*that*	conjunción
qué	¿**Qué** quieres? ¡**Qué** bueno verte!	*what, how*	adjetivo
se	**Se** lo di.	*him, her, you*	pronombre del complemento indirecto
se	Ella **se** levanta temprano.		pronombre reflexivo de la 3ª persona singular/plural
	Se baile bien en el Caribe.		**se** impersonal
	Se dan lecciones de piano.		**se** pasiva
	Se me olvidó la cartera en el concierto.		**se** accidental
sé	**Sé** tocar la trompeta.	*I know (how to)*	verbo **saber** conjugado en la 1ª persona del presente de indicativo
	Sé buen músico.	*be*	verbo **ser** conjugado en la 2ᵈᵃ persona singular del imperativo
si	**Si** llueve, no iremos al festival de hip hop.	*if*	conjunción
sí	Dile que **sí.**	*yes*	adverbio
	Está muy encerrado en **sí** mismo.	*himself, herself, themselves*	pronombre personal reflexivo
te	¿**Te** divertiste del concierto?	*yourself, your, you*	pronombre reflexivo
	Te quiero.	*you*	pronombre del complemento directo o indirecto
	Te he comprado un CD.		
té	Me gusta el **té** verde.	*tea*	sustantivo
tu	**Tu** carro es muy bonito.	*your*	adjetivo posesivo
tú	**Tú** sabes mucho de la música.	*you*	pronombre de sujeto

Index

Credits